A
Alquimia
de Saint
Germain

ELIZABETH CLARE PROPHET
E MARK L. PROPHET

A
Alquimia
de Saint
Germain

FÓRMULAS PARA A
AUTOTRANSFORMAÇÃO

Tradução
Terezinha Batista dos Santos

18ª edição

BestSeller
Rio de Janeiro | 2024

CIP-BRASIL. CATALOGAÇÃO NA PUBLICAÇÃO
SINDICATO NACIONAL DOS EDITORES DE LIVROS, RJ

S144a   Saint-Germain, conde de, -1784 (Espírito)
       A alquimia de Saint Germain : fórmulas para a autotransformação
/ [transcrito por Elizabeth Clare Prophet, Mark L. Prophet] ; tradução
Terezinha Batista dos Santos. – 18. ed. – Rio de Janeiro: BestSeller, 2024.

       Tradução de: Saint Germain on alchemy
       ISBN 978-65-5712-041-5

       1. Obras psicografadas. I. Prophet, Elizabeth Clare. II. Prophet,
Mark L. III. Santos, Terezinha Batista dos. III. Título.

                             CDD: 133.93
21-72535   CDU: 133.9

Meri Gleice Rodrigues de Souza – Bibliotecária – CRB-7/6439

Texto revisado segundo o novo Acordo Ortográfico da Língua Portuguesa.

Título original
Saint Germain on Alchemy

*Dedico este livro aos discípulos
do Oriente e do Ocidente, primeiros
alquimistas da Era de Aquário*

Direitos exclusivos de publicação em língua portuguesa para o Brasil
adquiridos pela EDITORA BEST SELLER LTDA.
Rua Argentina, 171, parte, São Cristóvão
Rio de Janeiro, RJ — 20921-380
que se reserva a propriedade literária desta tradução

Impresso no Brasil

ISBN 978-65-5712-041-5

*Dedico este livro aos discípulos
do Oriente e do Ocidente, primeiros
alquimistas da Era de Aquário.*

Sumário

Al-qui-mi-a a pedra filosofal, a alquimia, 1: ciência química medieval e filosofia espe-
culativa cujo propósito é obter a transmutação de metais vis em ouro, a descoberta
de uma cura universal para a doença, a descoberta de uma forma de prolongar in-
definidamente a vida e o poder mágico ou grandioso da transmutação; 2: poder ou
processo de transformar alguma coisa comum em alguma coisa especial; 3: transmutação misteriosa ou inexplicável; 4: a — arcaico: liga dourada b — trombeta dourada.

Saint Germain como o
Homem Prodigioso da Europa

A alquimia de
Saint
Germain

O Homem Prodigioso da Europa

— Você teria a bondade de me dizer — indagou a condessa V. Georgy — se seu pai esteve em Veneza por volta de 1710?

— Não, madame — replicou o conde, indiferente —, perdi meu pai há muito mais tempo; mas morei em Veneza no final do século passado e no princípio deste século; tive a honra de fazer-lhe a corte nesta época...

— Queira perdoar-me, mas isto é impossível; o conde de Saint Germain que conheci naquela ocasião contava pelo menos 45 anos de idade, e você não aparenta mais do que essa idade.

— Madame — replicou o conde, sorrindo —, Eu sou muito velho.

— Mas então você deve ter quase cem anos de idade.

— Isto é bem possível — replicou Saint Germain.

Ele *foi* o Homem Prodigioso da Europa — isto nós sabemos. Mas teria sido ele o terceiro filho desaparecido do príncipe Ferenc Rakoczy II, soberano húngaro destronado? Ou teria ele, como o mestre Ascenso Saint Germain, materializado um corpo a fim de parecer descendente da casa real da Hungria? Seu nascimento, sua morte e sua verdadeira identidade estão envoltos em mistério.

Contudo, uma coisa é certa: ele era totalmente visível nas cortes reais — e invisível! Viram-no "desaparecer" ao deixar os aposentos particulares do rei e da rainha em Versalhes. Sem dúvida, seus feitos como conde de Saint Germain são verdadeiros pontos de exclamação nos diários de notáveis do século XVIII.

Nas memórias da corte de madame de Pompadour, do príncipe Karl de Hesse e de madame d'Adhémar, ele é lembrado como *l'homme extraordinaire*. Descrito como esguio, mas bem proporcionado, de estatura mediana e traços agradáveis, seus olhos eram encantadores e cativavam aqueles que porventura os observassem. Ele usava diamantes em todos os dedos — e nas fivelas dos sapatos. Mesmo depois da extraordinária conversa com a condessa de Georgy, em 1767, ele não envelheceu.

Madame d'Adhémar encontrou-o em 1789. "Era ele mesmo, em pessoa… sim, com a mesma fisionomia que tinha em 1760, enquanto meu rosto estava coberto de sulcos e marcas da decrepitude."

Um homem que não envelhecia, um mistério. Aparentemente, nada havia que ele não pudesse fazer. Foi admirado como grande filósofo, diplomata, cientista, curandeiro, artista e músico. Conhecia tão profundamente a história que parecia ter realmente vivenciado os fatos que relatava. Madame de Pompadour lembra que "vez por outra ele recontava anedotas da corte de Valois [casa real francesa de 1328 a 1589], ou de príncipes ainda mais antigos, com tamanha exatidão de detalhes que praticamente criava a ilusão de que ele fora testemunha ocular daquilo que narrava".

Seu conhecimento abrangia não apenas o tempo passado, mas estendia-se também a todo o globo. "Ele havia viajado o mundo inteiro", escreveu de Pompadour, "e o rei ouvia de bom grado as narrativas de suas viagens pela Ásia e África,

14

e suas histórias sobre as cortes da Rússia, da Turquia e da Áustria."

Ele falava pelo menos doze idiomas com tanta fluência que era considerado oriundo dos muitos lugares que visitava. Dentre eles, incluíam-se o francês, o alemão, o inglês, o italiano, o espanhol, o português, o russo e os idiomas do oriente. "Os sábios e os estudiosos orientais comprovaram o conhecimento do conde de Saint Germain", escreveu uma condessa na corte de Luís XV. "Os primeiros consideraram-no mais versado nos idiomas de Homero e Virgílio do que eles mesmos; com os últimos, ele falava em sânscrito, chinês, árabe, com uma mestria que indicava sua prolongada permanência na Ásia."

Ele esteve com o general Clive na Índia, em 1755, onde disse ter aprendido a fundir joias. Na corte do xá da Pérsia, de 1737 a 1742, monsieur de Saint Germain exibiu seus talentos na precipitação e aperfeiçoamento das pedras preciosas, particularmente dos diamantes.

Ele também viajou ao Japão, segundo seu relato a madame d'Adhémar. É impossível saber que outros lugares ele visitou, pois Saint Germain aparecia e reaparecia de maneira imprevisível por toda a Europa. No entanto, havia um propósito por trás de todos os atos do Homem Prodigioso. E suas maravilhas iam muito além da simples genialidade.

Ele tinha habilidades curativas e utilizava as ervas medicinais. Alguns especularam ter sido a utilização das ervas, combinada com seus hábitos alimentares simples, que prolongou a vida de Saint Germain. O príncipe Karl de Hesse escreveu: "Ele tinha o conhecimento total das ervas e plantas, e havia criado medicamentos dos quais fazia uso constante, e que prolongaram sua vida e sua saúde."

Ele deu um elixir a madame V. Georgy que, durante 25 anos, fê-la aparentar ter 25 anos, segundo relatos da época. Ela viveu tanto tempo, que passou a ser chamada de a velha condessa eterna.

Saint Germain também prescreveu um chá de ervas para manter a saúde do exército russo, e ofereceu-se para curar em três dias Giacomo de Casanova de uma enfermidade aguda. O pândego, contudo, declinou das drogas, pois não confiava em ninguém, nem mesmo no mais confiável dos alquimistas, pois já enganara muitos deles.

O conde era um virtuose no piano e no violino, bem como pintor, poeta e artesão consumado. Aonde quer que fosse, ele era saudado como estudioso, estadista e bom contador de estórias. Formou sociedades secretas, ocupou uma posição proeminente dentre os rosacruzes, os maçons e os cavaleiros templários da época, além de escrever o clássico do ocultismo *The Most Holy Trinosophia,* utilizando uma mistura de idiomas modernos e hieróglifos ancestrais. Monsieur de Saint Germain nunca confirmou nem negou tudo que se dizia a seu respeito. Ao contrário, ele respondia com um sorriso ou uma atitude evasiva estudada. Sua habilidade como alquimista foi louvada por Luís XV, que lhe ofereceu um laboratório e uma residência no castelo real de Chambord. E suas demonstrações alquímicas tinham algo de miraculoso, segundo seus cronistas.

Madame du Hausset, *femme de chambre* de madame de Pompadour, escreveu extensamente a respeito dos prodígios de Saint Germain. Suas memórias contam-nos que, em 1757, "o rei ordenou que lhe trouxessem um diamante de tamanho médio que tinha um defeito. Após mandar pesá-lo, sua majestade disse ao conde: 'O valor deste diamante como está, e com este defeito, é de seis mil libras; sem a imperfeição, ele valeria pelo menos dez mil. Você se encarregaria de me fazer ganhar quatro mil libras?' Saint Germain examinou a pedra com muita atenção e disse: 'É possível; isto pode ser feito. Eu o devolverei dentro de um mês.'"

"Na ocasião aprazada, o conde de Saint Germain trouxe de volta o diamante sem um defeito e deu-o ao rei. A pedra estava envolta numa tela de amianto, que ele retirou. O rei mandou pesá-la imediatamente e verificou que seu peso diminuíra muito pouco. Sua majestade então enviou o diamante para seu joalheiro… sem contar nada do que acontecera. O joalheiro ofereceu-lhe 9.600 libras pela pedra. O rei, entretanto, pediu o diamante de volta, e disse que iria guardá-lo como curiosidade."

Em uma corte europeia, este Merlim do século XVIII pediu que lhe trouxessem vários ossos de um cervo e galhos de uma árvore. De posse desses "ingredientes", entrou sorrateiramente na sala de jantar de um grande palácio. Algum tempo depois, reapareceu e instou os convidados a acompanhá-lo. Quando as portas se abriram, todos ficaram estarrecidos: no interior do recinto havia uma floresta com cervos pastando em torno de uma mesa carregada de iguarias da alta cozinha.

Com a mesma facilidade, Saint Germain realizou o sonho do alquimista — a transformação de metais vis em ouro.

Em 1763, o conde Karl Cobenzl escreveu em uma carta que Saint Germain realizara "bem diante de meus olhos… a transmutação de ferro em um metal tão belo quanto o ouro, e no mínimo igualmente bom para todos os trabalhos de um ourives". O marquês de Valbelle relatou ter visto Saint Germain transformar uma moeda de prata de seis francos em ouro.

Casanova escreveu acerca de uma experiência análoga, na qual Saint Germain transformou uma moeda de doze soldos em uma moeda de ouro. Contudo, na sua opinião, aquilo não passara de um truque, e ele insinuou que Saint Germain havia substituído uma moeda pela outra. Este repreendeu-o: "Aqueles que são capazes de nutrir dúvidas com relação ao meu trabalho, não são dignos de dirigir-me a palavra" e, com uma reverência, mandou que o descrente saísse imediatamente do seu laboratório, e para sempre.

O conde não era apenas um alquimista, mas um adepto oriental, comportando-se como um yogue meditando na postura de lótus e tranquilizando animais com o seu espírito ardente.

Um admirador holandês, J. van Sypesteyn, escreveu: "Às vezes ele entrava em transe e, quando novamente se recuperava, dizia ter passado o período inconsciente em terras longínquas; outras vezes, ele desaparecia durante um tempo considerável e de repente reaparecia, deixando claro que estivera em outro mundo, em comunicação com os mortos. Além disso, ele se orgulhava de sua capacidade de domesticar abelhas e fazer com que as cobras ouvissem música."

Mestre dos mestres — *ele não era um charlatão*. Tampouco era um produto da imaginação. Saint Germain é citado nas cartas de Frederico o Grande, Voltaire, Horace Walpole, Casanova e está presente inclusive nos jornais da época — *The London Chronicle*, de junho de 1760, um jornal florentino, *Le Notizie del Mondo*, em julho de 1770, e também na *Gazette of the Nederlands*.

Os segredos de estado de diversos países lhe foram confiados, mostrando gozar da confiança duradoura daqueles com quem lidava na corte. Ele foi enviado em missões de negociação por Luís XV, um dos primeiros a praticar a diplomacia secreta. Os arquivos da França contêm evidências de que estadistas prussianos, holandeses e ingleses de seu tempo consideravam o conde uma autoridade em muitos setores.

"Ele parecia mais intimamente familiarizado com os segredos de cada corte do que o *chargé d'affaires* do rei", escreveu madame de Pompadour. Voltaire observou que Saint Germain conhecia os segredos dos primeiros-ministros da Inglaterra, França e Áustria.

Conquanto muitos suspeitassem que ele era um trapaceiro e vigarista, estava claro que o dinheiro não era o seu objetivo. Ele sempre viveu bem, e madame de Pompadour escreve que o conde presenteou o rei com belos quadros e distribuiu "diamantes e joias com surpreendente prodigalidade". Sem dúvida, não seria esta a atitude de um caçador de tesouros.

Na verdade, ele era um filantropo. O príncipe Karl de Hesse descreveu-o como "o amigo da humanidade, que ansiava pelo dinheiro apenas para dá-lo aos pobres; um amigo dos animais, seu coração preocupava-se tão somente com a felicidade dos outros".

"Onde quer que o conhecessem pessoalmente, Saint Germain deixava atrás de si uma impressão favorável, bem como a lembrança de inúmeros gestos de bondade e às vezes de muitos gestos nobres. Um sem-número de chefes de família pobres e de instituições de caridade foi por ele auxiliado em sigilo", escreveu van Sypesteyn.

Em *Estudos sobre a alquimia,* Saint Germain explica que na realidade ele precipitava bens para dar aos pobres. "Quando servi na Europa para dissipar parte da pobreza e da confusão que ali imperavam", ele escreve, "utilizei a alquimia universal a fim de produzir a substância que, conquanto de natureza temporária, atendia a inúmeras necessidades humanas.

Mas por que tantas extravagâncias na corte? O que ele estava tentando provar? O conde procurava exatamente galvanizar — com inteligência, senso de humor e sua presença imperiosa e profética — uma era que enfrentava o inevitável fim da velha ordem. Seu plano de ação consistia em estabelecer os Estados Unidos da Europa — antes que a influência sangrenta da Revolução Francesa nada deixasse de bom ou mau das casas reais da Europa.

Outro dos objetivos de Saint Germain era acelerar o progresso da ciência e da tecnologia, a fim de elevar o homem a uma capacidade de maior consciência espiritual. Vez por outra, ele representou o papel de santo padroeiro da Revolução Industrial.

O conde Karl Cobenzl testemunhou o desenvolvimento, por ele implementado, das técnicas de produção em massa, entre elas o branqueamento do linho, para que se assemelhasse à seda italiana, o tingimento e preparo de peles "que superavam todos os marroquins do mundo, e o mais perfeito curtimento; o tingimento de sedas, levadas a uma perfeição até aquele momento desconhecida; o tingimento de lãs; o tingimento da madeira, nas cores mais brilhantes... com os ingredientes mais simples e, consequentemente, a um preço bastante razoável".

E, acreditem ou não, Saint Germain realmente montou uma fábrica de chapéus para o conde Cobenzl! Iniciou também a produção em massa de seus inúmeros inventos, patrocinando, ao mesmo tempo, outras evoluções tecnológicas. "Sou muito necessário em Constantinopla; e na Inglaterra", disse a um escritor de memórias, "para preparar duas invenções que vocês terão no próximo século — os trens e os barcos a vapor".

Seu objetivo, aparentemente, era ajudar a ascensão de uma classe média, ao mesmo tempo convencendo a monarquia a realizar uma transição suave para a idade moderna. Ele realizou o primeiro de seus objetivos, mas a apatia das classes dominantes e as intrigas dos conselheiros corruptos frustraram o sucesso do último.

Os monarcas, embora admirassem os feitos miraculosos do conde, declaravam-nos "interessantes". Sempre dispostos a deixar-se entreter por ele, esses monarcas não eram facilmente estimulados a agir. Quando se tratava de seguir os conselhos do conde, eles o ignoravam educadamente; e seus ministros, corroídos pela inveja, desprezavam-no.

Constitui um exemplo a missão secreta malograda de Luís XV. Ele enviou Saint Germain como seu emissário a Amsterdam, para negociar um tratado de paz que poria fim à guerra entre a aliança franco-austríaca e os ingleses e prussianos.

Sem demora, o embaixador francês em Amsterdam tornou conhecimento do fato, ofendeu-se porque o rei pretendia servir-se de um "estrangeiro obscuro" em seu lugar e queixou-se ao ministro do Exterior, o duque de Choiseul, que imediatamente ordenou a prisão de Saint Germain. O duque não desejava a paz, pelo menos não naquele momento, especialmente uma paz cujo crédito ele não poderia reivindicar.

No dia seguinte, diante do rei e de seu conselho, Choiseul expôs a missão, assegurando: "Estou convencido de que ninguém aqui teria a audácia de desejar negociar um Tratado de Paz sem o conhecimento do ministro das Relações Exteriores de sua majestade!"

O rei, como de hábito, escolheu o caminho de menor resistência. Não desafiou seu ministro nem defendeu Saint

Germain, guardando silêncio sobre a sua participação na questão. Contudo, sua missão de paz, desacreditada, fracassou; o conde conseguiu evitar a prisão — talvez com o auxílio do rei ou, mais provavelmente, graças a sua própria presciência.

O mesmo tratamento continuou a ser ministrado sob Luís XVI, mas desta vez Saint Germain estava preparado. Em primeiro lugar, pediu uma audiência à rainha. Madame d'Adhémar estava presente e registrou a cena. Ele explicou detalhadamente a Maria Antonieta os detalhes do terror que estava por vir e implorou-lhe que alertasse Luís.

Ele disse: "Ainda se passarão alguns anos numa tranquilidade enganosa; então, de todos os pontos do reino surgirão homens sedentos de vingança, de poder e de dinheiro; aniquilarão tudo que estiver em seu caminho... A guerra civil explodirá com todo seu horror; trará em seu rastro o assassinato, a pilhagem, o exílio. Aí irão lamentar-se por não me terem ouvido."

Ele disse à rainha que queria ver o rei sem o conhecimento de monsieur de Maurepas, fazendo a seguinte observação a respeito do conselheiro-chefe do rei: "Ele é meu inimigo; ademais, classifico-o entre aqueles que promoverão a ruína do reino, não por maldade, mas por incapacidade." Afirmando sua disponibilidade "às ordens de suas majestades", monsieur de Saint Germain despediu-se da rainha.

Tencionando deixar o país, ele partiu para Paris, explicando a madame d'Adhémar que sabia que o rei iria falar com Maurepas e que não tinha desejo algum de ser lançado na Bastilha, e ter de recorrer a um milagre para sair. Ela protestou, afirmando que o rei talvez não tivesse aquela atitude. Neste caso, replicou, ele voltaria a tempo. Maria Antonieta procurou o rei imediatamente, que por sua vez interrogou madame d'Adhémar a respeito do conde, afirmando que ele "havia alarmado seriamente a rainha". Sem dúvida, Luís pediu o conselho de Maurepas, que classificou Saint Germain de tratante; em seguida, o conselheiro ambicioso dirigiu-se imediatamente à residência de madame d'Adhémar, a fim de prender o Homem Prodigioso. Saint Germain não foi encontrado. Tao logo declarara sua intenção de trancafiar Saint Germain na Bastilha, a porta de seu quarto se abriu e o taumaturgo entrou. Aproximando-se de Maurepas, ele disse:

"Monsieur *le Comte* de Maurepas, o rei convocou-o para receber seus bons conselhos, e o senhor está pensando apenas em manter sua própria autoridade. Opondo-se à minha visita ao monarca, o senhor está colocando a monarquia em perigo, pois apenas tenho um tempo limitado para conceder à França, e este tempo acabou, não voltarei a ser visto aqui até que três gerações consecutivas estejam no túmulo. Disse à rainha tudo que me foi permitido dizer-lhe; minhas revelações ao rei teriam sido mais completas; infelizmente, o senhor se interpôs entre sua majestade e mim. Nada terei a reprovar a mim mesmo quando uma horrenda anarquia devastar toda a França. Quanto a essas calamidades, o senhor não irá vê-las, mas o fato de tê-las propiciado constituirá um memorial suficiente de sua pessoa... Não espere homenagens da posteridade, ministro frívolo e incapaz! O senhor estará entre os causadores da ruína dos impérios."[*]

---

[*] Monsieur de Maurepas morreu em 1781, sete anos e meio antes da queda da Bastilha, fim simbólico do *ancien regime*. A história recorda-o como aquele que dissuadiu Luís XVI de instituir reformas que poderiam ter impedido a Revolução e permitido à França evitar o Reinado do Terror, passando com suavidade da monarquia para a república.

"Após dizer tudo isto de um só fôlego, Saint Germain caminhou em direção à porta, fechou-a e desapareceu", escreve madame d'Adhémar. "Todos os esforços para encontrar o conde foram em vão."

E a lição é aprendida com sabedoria e a duras penas: um alquimista de extrema proficiência, até mesmo o iniciado dos séculos, com a melhor das intenções e a solução para problemas globais e a ascensão e declínio das nações, deve submeter-se ao livre-arbítrio dos mortais. Ele pode aconselhar, mas não comandar; e, quando ignorado, é obrigado a retirar-se.

Monsieur de Saint Germain continuou a escrever cartas à rainha alertando-a da ruína iminente, mas, quando a crise chegou a um determinado ponto, ele não pôde fazer mais nada para deter a revolução que vinha sendo forjada desde a morte do estadista mestre, Luís XIV.

Muitos anos depois, pouco antes de irromper a tempestade, Saint Germain encontrou madame d'Adhémar mais uma vez, nas primeiras horas da manhã, em uma capela em *Récolets*, Paris. Ele profetizou o fim do rei e da rainha, afirmando ser tarde demais para salvá-los. Segue-se o registro do diálogo, feito por madame d'Adhémar:

— O que eu lhe disse, e também à rainha? Que monsieur de Maurepas poria tudo a perder, transigindo em excesso. Eu fui Cassandra, ou um profeta do mal. E agora, qual a sua opinião?

— Ah, conde, sua sabedoria será inútil.

— Madame, aquele que semeia ventos colhe tempestades. Jesus assim falou no Evangelho, talvez não diante de mim, mas de todo modo suas palavras permanecem escritas, e as pessoas poderiam ter-se beneficiado com as minhas.

— Novamente! — disse, tentando sorrir, mas ele, sem atentar para minha exclamação, falou:

— Escrevi para a senhora, *nada posso fazer, minhas mãos estão atadas por algo mais forte do que eu mesmo.* Existem momentos em que a retirada é impossível, e outros em que *Ele* se pronuncia e a sentença é executada. *Nós estamos entrando em um período assim.*

— O senhor vai ver a rainha?

— Não, ela está condenada.

— Condenada! A quê?

— À morte!

Ah, desta vez não consegui conter um grito, pus-me de pé, repelindo o conde com minhas mãos e dizendo, com a voz trêmula:

— Ah, o senhor também! O senhor! Como, o senhor também!

— Sim, eu... eu, como Cazotte.

— O senhor sabe...

— Coisas de que a senhora nem mesmo suspeita. Volte ao palácio, vá e diga à rainha para tornar cuidado, pois este dia ser-lhe-á fatal; existe uma conspiração, planeja-se o assassinato.

— O senhor me enche de horror, mas o conde d'Estaing assegurou...

— Ele ficará aterrorizado, e irá esconder-se.

— Mas monsieur de Lafayette...

— Um balão levado pelo vento! Neste momento estão decidindo o que farão com ele, se ele será instrumento ou vítima; ao meio-dia tudo estará decidido.

— Monsieur — falei —, o senhor poderia prestar serviços inestimáveis aos nossos soberanos, se quisesse.

— E se eu não puder?

— Como?

Sim, e se eu não puder? Achei que não deveria ser ouvido. A hora do repouso passou, e os decretos da Providência devem ser cumpridos.

— Em palavras simples, o que eles querem?

— A ruína completa dos Bourbons; eles irão bani-los dos tronos que ocupam e, em menos de um século, irão retornar à condição de simples indivíduos, em seus diferentes ramos.

— E a França?

— Reino, república, império, governos mistos, atormentada, agitada, dilacerada; dos tiranos espertos ela passará às mãos de ambiciosos sem mérito. Ela será dividida, repartida, cindida em pedaços; e não estou usando pleonasmos, os tempos vindouros trarão a derrocada do império; o orgulho sacudirá ou abolirá as distinções, não por virtude, mas por vaidade, e será a vaidade que os fará voltar a elas. Os franceses, semelhantes a crianças brincando com algemas e estilingues, brincarão com títulos, honrarias, condecorações; tudo será um brinquedo para eles, até o uniforme da Guarda Nacional; os gananciosos devorarão as finanças. O déficit atual é de cerca de cinquenta milhões, em nome do qual está sendo feita a Revolução. Bem! Sob a ditadura dos filantropos, dos retóricos, dos bem-falantes, a dívida do Estado ultrapassará vários milhares de milhões!

Ele se despediu de madame d'Adhémar com as seguintes palavras: "Desempenharei meu papel mais uma vez e irei deixá-la. Tenho uma viagem até a Suécia; um grande crime está sendo maquinado naquele país, e vou tentar impedi-lo.

Sua majestade Gustavo III me interessa, ele vale mais do que a sua reputação.*

Deixando a pequena capela, o Homem Prodigioso desapareceu! A criada de confiança de madame d'Adhémar, que permanecera à porta da igreja, não viu passar ninguém.

Madame d'Adhémar, aturdida com as palavras de Saint Germain, permaneceu na capela e resolveu não alertar a rainha naquele dia, mas aguardar até o final da semana. Mas então já era tarde demais.

A profecia de Saint Germain cumpriu-se em todos os seus surpreendentes detalhes. Madame d'Adhémar voltou a vê-lo na Place de la Révolution, em 16 de outubro de 1793, na decapitação de Maria Antonieta. O mestre esteve com ela no fim, assim como estivera com ela desde o começo, zelando pela soberana desde o momento em que ela chegara à França, proveniente da Áustria, para tornar-se a rainha francesa malfadada.**

Em seguida, Saint Germain apoiou Napoleão, em uma última tentativa de estabelecer os Estados Unidos da Europa; o Petit Caporal aceitou o poder de Saint Germain, mas não seus conselhos, procurando utilizá-los em proveito próprio, indo além das instruções do mestre — e então Saint Germain retirou-se, como já estava acostumado, deixando o ambicioso e temerário Napoleão com sua Waterloo.

Para Saint Germain, este foi o golpe de misericórdia. Sua oportunidade para evitar a retribuição devida a uma era ha-

---

* Gustavo III da Suécia, monarca cujo reinado tornou-se conhecido como o Iluminismo sueco, introduziu reformas tais como o livre comércio e a liberdade de imprensa, fortalecendo ao mesmo tempo a monarquia. Na atmosfera criada por uma conspiração aristocrática contra ele, o rei foi mortalmente ferido por um tiro em março de 1792.

** Décima sexta e última filha do imperador do sacro Império Romano, Francisco I e Maria Theresa, Maria Antonieta desposou Luís XVI em bodas de conveniência entre os Habsburgos e os Bourbons, em 1770.

via passado. Assim, o "mensageiro místico" deixou a Europa. A partir daí, até seu retorno, em 1981, a única voz do destino que o continente iria ouvir ou considerar seria a do Carma.

Quando Napoleão era ainda uma criança, Franz Gräffer lembra-se das palavras do conde: ..."É preciso ter estudado nas pirâmides como eu estudei. Ao termo deste século, desaparecerei da Europa e dirigir-me-ei para a região dos Himalaias. Repousarei; preciso de repouso. Exatamente daqui a oitenta e cinco anos, as pessoas pousarão novamente os olhos em mim. Adeus, eu os amo."[*]

A rejeição a Saint Germain pelas cabeças coroadas da Europa fê-lo partir do mundo visível. E as palavras da lamentação de Jesus poderiam perfeitamente ter sido suas: "Oh, Jerusalém, Jerusalém, tu que mataste os profetas, apedrejaste aqueles que te foram enviados, quantas vezes quis eu ajuntar os teus filhos, como a galinha ajunta os seus pintos debaixo das asas, e tu não quiseste!"

Ele mesmo afirma: "Sempre é assim conosco, povo verdadeiro; os impostores são bem-vindos, mas fora com todo aquele que afirmar que isto vai passar!"

Em sua dedicação à causa da liberdade do mundo, Saint Germain trabalhava diligentemente em inúmeras frentes. "Não conseguindo assegurar a atenção da corte de França e de outras cabeças coroadas da Europa", disse ele, através de seu mensageiro do século XX, Mark L. Prophet, "voltei-me para o aperfeiçoamento da humanidade em geral, e reconheci existirem muitos que, famintos e sedentos de integridade,

---

[*] Ver I, Cooper-Oakley, *The Comte de Saint Germain: The Secret of Kings* (Londres: The Theosophical Publishing House Limited, 1912), pp. 1, 27-29, 36-38, 42, 43, 50-52, 66-67, 72-73, 87-91, 99, 144-45. Disponível na Summit University Press.

seriam de fato preenchidos com o conceito de uma união perfeita, que os inspiraria a dominar o Novo Mundo e a criar uma União entre os estados soberanos. Assim, os Estados Unidos nasceram como um filho de meu coração, e a Revolução Americana constituiu o meio de promover a liberdade em toda a sua glória, manifestando-se de leste a oeste."

Mesmo antes do colapso na França, Saint Germain já se dedicava à formação de uma união mais perfeita das Treze Colônias. De acordo coma tradição, no dia 4 de julho de 1776, ele influenciou um dos signatários da Declaração da Independência, que proferiu um discurso apaixonado, incentivando os patriotas: "Assinem aquele documento!"

Em reunião em Cambridge, Massachusetts, ele, "o misterioso e velho professor", inspirou a criação da bandeira. Ao longo da Revolução, ele protegeu o general George Washington e, chegado o momento, ungiu o mestre Maçom como primeiro presidente dos Estados Unidos da América.

Fiel à sua palavra, Saint Germain reapareceu em fins do século XIX para auxiliar os mestres M. (El Morya), K.H. (Koot Hoomi) e Serapis Bey na fundação da Sociedade Teosófica. Na década de 30, Saint Germain entrou em contato com Guy e Edna Ballard e deu-lhes as iniciações e revelações, por eles registradas nos livros *Mistérios desvelados, A presença mágica* e os *Discursos do* Eu sou.

Em 1958, o mestre Ascenso El Morya, em nome de Saint Germain, fundou, através de Mark L. Prophet, The Summit Lighthouse em Washington, D.C., para continuar a publicação dos ensinamentos dos mestres Ascensos e manter contato semanal com seus discípulos em todo o mundo através de cartas chamadas Pérolas de sabedoria.

Sob os auspícios de The Summit Lighthouse, Saint Germain patrocinou em seguida a Fraternidade dos guardiões da Chama, oferecendo lições graduadas sobre lei cósmica àqueles que desejassem juntar-se a ele, guardando a chama da vida para a humanidade. Saint Germain ditou os *Estudos sobre alquimia* em 1962 e os *Estudos intermediários sobre alquimia* surgiram em 1970. *Trilogia sobre a Chama Trina da vida* foi apresentada pelo mestre como uma transição entre os dois primeiros, enquanto que *A alquimia da palavra* representa a sua tutela sobre as nossas almas, através de revelações e interpretações comunicadas durante os últimos 25 anos de nosso serviço juntos.

Saint Germain, como ele mesmo reconhece, nunca abandonou sua atividade nos bastidores para contatar com almas de luz, não apenas na Europa e nos Estados Unidos, mas em todo o mundo. Saint Germain envida esforços incessantes para impedir a Terceira Guerra Mundial, o holocausto nuclear, as previsões terríveis de Nostradamus, os perigos da profecia de Fátima e uma série de males que batem às portas das nações, cujo ribombar faz lembrar a visão de Jesus para esses tempos finais, registrada nos Evangelhos e no Apocalipse.

Se os capitães e os reis, os poderosos e os fracos têm ignorado esse porta-voz da liberdade no mundo — esse alquimista do fogo sagrado por excelência —, os guardiões da chama da liberdade em todas as nações insistem em não esquecê-lo.

Em determinado ponto de sua carreira, perdendo a fé nas classes dominantes e em qualquer capacidade que porventura elas pudessem ter para modificar o rumo da história, ouviu-se Saint Germain exclamar: "Oh, deem-me dez mil faxineiras, capazes de entregarem-se fielmente à causa! Com elas lhes mostrarei como modificar o mundo com a verdade divina."

E assim foi... Através de pessoas simples, que o Senhor e Abraham Lincoln também amavam, a missão de Saint Germain de promover a liberdade individual, a paz e a iluminação na terra, continua a todo vapor e sem paralelos na história da humanidade. Ele apresenta uma mensagem e um movimento mundial, originário do povo. Ele chama a este movimento sua revolução iminente da consciência superior!

Todos os amantes da liberdade na terra, todos os espíritos estimulados pela chama da liberdade merecem conhecer seu nome, estabelecer contato com seu coração, estudar suas obras e apoiar sua causa — que é a causa de todos os povos do planeta Terra.

Com tal propósito, este pequeno livro, *A alquimia de Saint Germain,* é apresentado ao mundo com a maior alegria neste Dia de Ação de Graças de 1985.

Deus seja louvado por enviar-nos o amado Saint Germain para libertar nossos corações cativos, em nome de Jesus!

Elizabeth Clare Prophet

28 de novembro de 1985
Retiro do Royal Teton
"onde meu coração está"
Montana, EUA.

Mark L. Prophet

ELIZABETH CLARE PROPHET

O significado interior da alquimia é simplesmente onicomposição, sugerindo a relação de toda a criação com as partes que a compõem. Assim, a alquimia, quando corretamente entendida, trata do poder consciente de controlar as mutações e transmutações no interior da matéria e da energia, até mesmo no interior da própria vida. É a ciência do místico e o ponto forte do homem realizado que buscou e descobriu ser uno com Deus, dispondo-se então a representar seu papel.

SAINT GERMAIN

Livro Um

Estudos sobre
alquimia

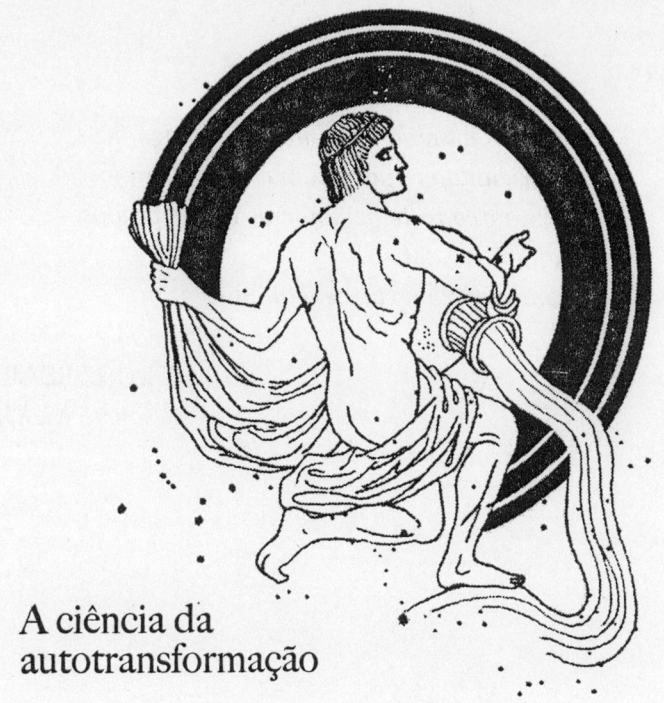

A ciência da
autotransformação

Saint Germain

Muitas manhãs eu contemplei, magníficas,
Acariciando os picos com olhar soberano,
com áureo rosto beijando os verdes prados,
pálidos regatos
dourando com celeste alquimia!

SHAKESPEARE
Soneto XXXIII

CAPÍTULO 1

A lei da transferência de energia

Há dois mil anos, quando Cristo caminhou sobre as águas do mar da Galileia, sua demonstração constituiu uma manifestação da lei natural da levitação, atuando dentro de uma estrutura energética de coesão, adesão e magnetismo — princípios que tornam possível o voo orbital. Os átomos de luz que compõem o corpo do Cristo absorveram, segundo a sua vontade, uma quantidade adicional de raios cósmicos e substância espiritual, cuja semelhança com a luz física tornou leve o corpo do Cristo, possibilitando-lhe, assim, andar sobre o mar como se anda sobre a terra.

Seu corpo consistia tão somente num raio de luz brilhando sobre as águas. O mais fascinante de tudo foi sua capacidade de transferir sua autoridade sobre a energia para Pedro, através do poder da própria visão que Pedro teve do Cristo, numa manifestação radiosa e iluminada.

Contudo, desviando temporariamente seus olhos do Cristo, Pedro mergulhou em uma vibração e vórtice humanos de medo, que imediatamente tornaram seu corpo denso, fazendo-o afundar parcialmente nas águas furiosas. A mão consoladora do Cristo, estendida por puro amor, refez o elo alquímico; e o fluxo de energia espiritual, através da sua mão, uma vez mais elevou Pedro, colocando-o em segurança.

Outro exemplo do mestre Jesus liberando um fluxo de energia — como no caso da mulher que tocou a bainha de sua veste sem conhecê-lo — mostra o amor impessoal de Deus, que responde igualmente ao chamado da fé de qualquer uma das criaturas moldadas por ele de maneira tão maravilhosa e pura, na suprema esperança da liberdade cósmica absoluta para todos.

Esses dois exemplos referem-se a aspectos da grande lei cósmica que não são de conhecimento geral, mas que costumam ser discutidos ou abordados por grupos religiosos. A lei da transferência de energia é fundamental para a ciência da alquimia; pois, sem ela, é impossível "criar" matéria. Esta é a lei: não se pode criar algo a partir do nada.

O verdadeiro conhecimento da lei impessoal da transferência de energia é igualmente fundamental para a correta compreensão da grande lei. Porquanto ela prova que Deus, que faz o sol brilhar tanto para os justos como para os injustos,[1] manifesta-se através de ambos.

Jesus declarou, durante sua missão na Palestina, que "se faz violência ao reino dos céus e pela força dele se se apoderam".[2] Assim, é preciso compreender que se pode arrebatar às mãos de Deus alguns dos segredos que comandam as forças da natureza e controlam a matéria, ainda que o indivíduo e a motivação não sejam absolutamente puros. Entretanto, que ninguém pense que aquele que assim agir escapará à prestação de contas, pois ele é totalmente responsável pelo uso ou abuso da energia deste mundo.

Não optei por iniciar minha exposição sobre a alquimia com um alerta e uma explicação sensata para assustar as pessoas, mas sim para imprimir em todos os leitores um profundo e permanente respeito por Deus — único temor permitido em nossa oitava. Na realidade, é o temor sagrado que engendra, no íntimo de todos aqueles que amam a grande lei de amor, o total respeito e adoração à sabedoria que fez toda a criação, tão espantosa e maravilhosamente, à imagem da liberdade destemida.

Todos aqueles que utilizarem mal os poderes do universo, com fins egoístas, mais cedo ou mais tarde perceberão ser forçoso abandonar o controle de seus ganhos mal adquiridos; e o preço a pagar é verdadeiramente assustador. Produzir matéria para alimentar os pobres, curar ao menor toque uma mão definhada, despertar os mortos e até mesmo deixar de lado a lei natural e realizar, graças à magia da alquimia, milagres dos prodígios infinitos — esta se afigura, aos olhos da humanidade, a máxima utilização da graça celestial.

Permita-me abraçar o Espírito da liberdade que torna possível ao homem, criado à imagem do Deus livre, imortal e amoroso, realizar essas coisas e muitas mais, em benefício da sociedade e para felicidade de seus benfeitores. Mas, acima de tudo, permita-me louvar o uso adequado da ciência divina abençoada da alquimia espiritual.

O alquimista milenar sempre foi uma figura pitoresca, até mesmo para seus próprios contemporâneos. Entretanto, o tempo acrescentou à sua imagem uma glória muito maior do que aquela que ele porventura tenha possuído, sobretudo quando são abordados os aspectos do mistério.

É nas graças simples da vida que os homens encontrarão sua liberdade, embora os aspectos mais complexos constituam expressões progressivas das leis da vida que ampliarão o bem-estar desta terra e de todos os seus povos, utilizando todo o bem em favor do mundo adorável da liberdade, inconcebível até mesmo para as mentes de um Novo Atlante!

O mesmo se aplica à sociedade mundial. Passaremos agora a considerar o indivíduo e seu papel na utilização da alquimia.

O significado interior da alquimia é simplesmente *composição do todo*, sugerindo a relação de toda a criação com as partes que a compõem. Assim, a alquimia, quando corretamente entendida, trata do poder consciente de controlar mutações e transmutações no interior da matéria e da energia, até mesmo no interior da própria vida. E a ciência do místico e o ponto forte do homem realizado que buscou e descobriu ser uno com Deus, dispondo-se então a desempenhar o seu papel.

Ao longo dos anos, os homens têm procurado glamourizar-me com a sedução da distância no tempo e no espaço, que sempre confere fascínio à visão. Não quero depreciar-me, visto ser uma criação do Pai, mas, juntamente com o amado Jesus e outros dentre os grandes mestres da nossa Fraternidade, interessa-me especialmente que cada homem obtenha seu lugar correto e o entendimento adequado sobre a maneira como deveria exercitar a autoridade no universo, em seu próprio mundo e em seus próprios negócios.

Que todos aqueles que iniciarem este estudo façam-no sabendo que tenho um propósito ao falar aqui, e que este propósito é fazer de cada um de vocês alquimistas no verdadeiro sentido da palavra. Isto significa que vocês precisam familiarizar-se, em níveis interiores, com a totalidade da química de Deus e com a maneira como cada faceta da criação manifesta-se na matéria, em sua consciência e em sua vida cotidiana.

Para que isto seja feito adequadamente, vocês deverão meditar e reler essas lições inúmeras vezes, convocando a mim e a seu próprio Eu divino, a sua presença do Eu sou, para que seja elucidado qualquer ponto que não fique imediatamente evidente. Quando obtiverem o grau interior de alquimista do fogo sagrado, que lhes é conferido por seu próprio Cristo pessoal, imediatamente tornar-se-ão candidatos à admissão na corte exterior da Grande Fraternidade Branca. Este fator por si só constitui um grande incentivo para que possam tornar-se proficientes na genuína alquimia espiritual.

Sempre foi uma falácia do pensamento humano negar os chamados milagres da vida do grande avatar Jesus. No entanto, ele, como filho de Deus, revelou a todos fórmulas poderosas que, se compreendidas e praticadas, há muito teriam transformado o planeta em um paraíso da perfeição.

Portanto, basta de tolices humanas e da criação humana! Como teria dito Shakespeare:

Saia o que é velho,
A decadência e o bolor
Dessa massa informe:
Entre, então, a vastidão eterna
De um espírito desacorrentado —
Ser de tamanha liberdade
Que o movimento parece
Apartado até mesmo da realidade
E projeta a imagem
Da eterna esperança
Na mais diminuta gema ou gota de orvalho
Engastada em uma flor perfeita.

Eu sou para a libertação de todos,
amorosamente,

41

CAPÍTULO 2

O propósito da sua experiência alquímica

O vácuo é energia improdutiva. O alquimista precisa de-senvolver a noção do valor do tempo e do espaço e da oportunidade de manipular a ambos. A liberdade é adquiri-da através da busca e da conquista, mas sobretudo através da conquista do ser finito. O verdadeiro domínio do finito pro-vém do amor interiorizado, do chamado interior da alma, arrebatador e quase magnético, que vai ao encontro da sua fonte divina.

Somente o grandioso influxo da luz cósmica de Deus pode libertar a alma das sombras aprisionadoras da sua cria-ção humana. Congregue, então, a pureza de propósito que tornará benévola sua intenção criativa; desafie incansavel-mente os elementos básicos que afloram como diabetes para perturbar e colocar à prova o plano que você iniciou; em seguida, pacientemente, desenvolva seu desígnio divino — o propósito de sua experiência alquímica.

A verdadeira ciência do Espírito é mais exata do que as medidas do mundo podem determinar. Portanto, conhece a Ti mesmo como o pilar branco ou o elixir do qual toda criação deve provir de maneira ordenada. Se as ideias funda-mentais não são produzidas a partir de ti, que és o alquimista, então todo o ato e desafortunado ou uma imitação da obra de outrem. Bem, se tu imitas Deus, pode-se verdadeiramente dizer de ti: "Muito bem!"; mas se e a vaidade da espécie humana, então, podemos lamentar atua consciência. O Eu verdadeiro do homem, do qual provêm todos os desígnios virtuosos é digno de ser consultado quanto ao que é desejável criar. Por conseguinte, o verdadeiro alquimista inicia sua experiência estabelecendo uma comunhão consigo mesmo, a fim de perceber os pensamentos inspiradores da mente radiosa do seu Criador.

A sociedade molda um grande número de seus conceitos errôneos pela imitação das qualidades e estados de consciência inferiores. Para corrigirem esses conceitos, para forjarem uma cultura enobrecedora, para traçarem as linhas do bom caráter, homem e sociedade devem buscar exemplos sublimes.

Que os homens que gostariam de praticar a alquimia aprendam primeiro a espelhar os grandes exemplos de todas as eras, que usaram o céu como seu desígnio, e que aprendam, depois, a selecionar as melhores qualidades de suas vidas, para que a alquimia possa ser utilizada segundo sua intenção divina, como o mais nobre dos métodos de realização dos desejos do coração, aqui e agora.

Tenho fortes suspeitas de que muitos de meus ouvintes, mas poucos, se é que há alguns, dos estudiosos mais sinceros, estão ansiosos para que lhes seja conferida sem demora a pedra filosofal ou as propriedades mágicas que irão torná-los, de acordo com a sua própria vontade, uma combinação de Aladim e Midas, com um traço de benevolência.

Declaro aqui, àqueles que assim pensam, que, embora vá conferir tremendo conhecimento no campo da ciência da alquimia durante todo este estudo de nove partes, duvido muito que, a menos que venham a absorver os segredos das primeiras lições com profunda humildade, permitindo-me, como instrutor, o privilégio de preparar os ensinamentos de acordo com a vontade de Deus, esses indivíduos, ao final, não se encontrem aquém das suas expectativas. E não será por culpa do ensinamento ou do instrutor!

Não pretendo fazer um discurso extenso acerca das vaidades da vida mundana, mas gostaria de ressaltar que a Fraternidade espera transmitir esses ensinamentos agora para evitar que nossos alunos cometam os erros de alguns dos primeiros alquimistas, cujo único propósito parecia ser a aquisição de riquezas e glórias, bem como a capacidade de produzir, a partir de substâncias universais, as energias necessárias para a transformação dos metais vis em ouro.

Permitam-me acrescentar rapidamente que nem todos os alquimistas da antiguidade restringiram seus objetivos aos ganhos temporários. Na verdade, inúmeras almas resolutas perseguiram a alquimia com a mesma reverência com que empreenderiam a busca do Santo Graal, vendo-a como uma arte divina e origem dos mistérios cristãos, como quando o Cristo transformou a água em vinho, nas bodas em Caná da Galileia.[1]

Desejamos ver os conceitos originais da alquimia recebendo novo significado, e desejamos ver o significado a ela conferido nas escolas de mistérios tornar-se primordial. Pois as aplicações atuais desta ciência devem ser traduzidas para uma dimensão superior, se a humanidade quiser colher todos os seus benefícios.

Se esta ciência espiritual não for utilizada para libertar os indivíduos e a sociedade da servidão, confusão e compromisso com as densidades do pensamento humano — e este é nosso desejo —, os propósitos a ela atribuídos por Deus não serão cumpridos. Nós que buscamos o elevado chamado do alquimista desejamos que todos alcancem um local onde poderão ensinar e exaltar as finalidades primordiais da vida aos jovens do mundo, como sendo muito mais grandiosa do que os meros prazeres temporais, que na realidade servem a um objetivo menor para o alquimista divino do que a chupeta para um bebê em aleitamento.

Não pensem que, pelo fato de despender todo este tempo introduzindo a essência do tema, minha discussão não é pertinente aos fatos em questão. A menos que cada um compreenda a necessidade de praticar individualmente seu direito, concedido por Deus, de utilizar o poder com sabedoria e amor, não será possível evitar a queda nos abismos da ilusão e da racionalização.

Ora, o plano de Deus é que todos na Terra busquem a compreensão de si mesmos e de seu destino. A presunção nascida do orgulho intelectual fez com que muitos estudiosos sinceros, e até mesmo um sem-número de mestres mundanos de uma ciência ou outra, caíssem nas armadilhas de sua própria criação; e, em muitos casos, nunca chegaram a saber quando a armadilha fora lançada.

Portanto, ninguém poderá pensar em omitir alguns dos temas aqui incluídos, simplesmente porque parece já conhecê-los ou porque já os analisou antes. Colocamos muitas pérolas do pensamento nas frases mais improváveis, que, embora despretensiosas e fáceis, podem exigir mais do que persistência de investigação, até mesmo de um coração sincero.

São Pedro expressou a indagação: "E se o justo dificilmente se salva, onde aparecerá o ímpio e o pecador?"[2] Convém ao aspirante a alquimista perceber que esta é uma ciência exata e verdadeira, cuja iluminação é conferida ao homem por Deus em pessoa. Sua finalidade é ensinar a humanidade a obter por si mesma todas as dádivas e virtudes misericordiosas de que suas correntes de vida podem necessitar para encontrar o caminho de volta ao lar, ao coração de Deus.

Não estou afirmando que vocês não podem aprender a materializar todos os desejos do seu ser — e este aspecto da alquimia é, para alguns, a parte mais fácil, enquanto para outros continua a ser a mais difícil. Estou dizendo que o propósito desses desejos deve ser contemplado, mais do que a ciência maravilhosa que é promover-lhes a manifestação a partir do invisível. Porquanto criar um padrão valioso constitui a mais nobre das tarefas, merecedora de Deus no homem, o único que pode torná-lo livre para cumprir seu destino imortal.

Labutamos aqui embaixo e aguardamos no alto que os filhos deste mundo abandonem a pilhagem e o saque da guerra para cultivarem a educação dos desvalidos, para renunciarem ao desejo de diferenciação de classe e para se oferecerem como príncipes do reino, a fim de servir com eficiência às necessidades do seu semelhante, empobrecido mas nobre. Na atualidade, estamos determinados a buscar os fiéis de todas as nações e a conferir-lhes os meios para que possam fugir, individualmente, do cativeiro autoimposto dos tempos e obter sua própria herança inestimável.

Naturalmente, esta herança não é temporal nem passageira. Contudo, servindo na Europa para eliminar uma parte da pobreza e da confusão que ali imperam, utilizei a alquimia universal para produzir a substância que, embora de natureza temporária, supriu muitas necessidades humanas e foi, ao mesmo tempo, consoladora e valiosa para o mundo e para as vidas pessoais de meus beneficiários.

Nada vejo de errado na ideia, nem tampouco olho desfavoravelmente para o fato de que vocês possuam uma fonte para satisfazer todas as suas necessidades. Sinto sua necessidade de manter a humildade e gratidão constantes, pois Deus coloca em suas mãos a chave do controle das forças naturais.

Novamente, e não menos importante do que qualquer ideia aqui contida, surge a necessidade constante de compreender o esquema ou plano universal da criação, de modo que todos os seus planos e ações estejam em harmonia com a lei eterna e os princípios cósmicos.

Espero não ter amedrontado nem desencorajado os estudiosos da alquimia a empreender este maravilhoso estudo divino. Todavia, agora estou livre para prosseguir com outros atrativos, pois ampliei o princípio eternamente manifesto da inteligência imortal de Deus, a que alguns chamam de inspiração, enquanto outros chamam simplesmente de a mente de Deus.

O que quer que os homens denominem como uma qualidade, é a sua posse que conta os nove pontos da lei. Portanto, ame a emanação da sabedoria divina aqui contida, a qual, como um raio de sol brilhando por entre as árvores, toca, com seus dedos de luz, todos os locais por onde passa. Porquanto você só pode possuir verdadeiramente através do amor.

Eu sou a ressurreição e a vida do propósito cósmico no seu interior.

Em nome da liberdade, permaneço

Saint Germain

CAPÍTULO 3

A ciência sagrada

O domínio do destino individual é controlado por uma interação de muitas forças cósmicas, fundamentalmente benignas; mas, na atual sociedade mundial, devido à má compreensão dos propósitos terrestres e celestiais pela espécie humana, estas forças têm sido utilizadas para outros fins, em geral caóticos e desintegradores.

A alquimia, originalmente, pretendia ser um meio de valorizar o destino individual, colocando à disposição a técnica de transformação dos metais vis em ouro, produzindo assim a opulência nos negócios do praticante bem-sucedido. A dedicação dos primeiros alquimistas ao conhecimento de seus segredos foi total, santificada pela coordenação de suas mentes com os trabalhos de suas mãos.

Estes alquimistas realizaram suas experiências sob a perseguição das forças reacionárias fortemente arraigadas daquela época; e sua persistência na busca é um tributo às suas vidas e honra. Assim, eles produziram e legaram à humanidade os resultados genuínos de seus esforços, como realizações científicas e conhecimento filosófico reconhecidos, para abençoar a cultura e os arquivos da ordem mundial.

Deve-se tornar cada vez mais explícito para os estudiosos deste curso que estou determinado a introduzir em suas mentes e sentimentos um novo conceito de liberdade. Os conceitos globais aqui apresentados mostram, a seu ser total, que a chave da alquimia, que deve preceder a aquisição de todas as outras chaves, é a mestria pessoal, em nível maior ou menor.

Esta chave deve ser reconhecida como aquilo que é, pois a mestria pessoal é a chave de todo autoconhecimento. Então, ela deve ser compreendida e utilizada, ao menos em parte. E você deve reconhecer, sem qualquer dúvida, que é você o alquimista que determinará o desígnio de sua criação. Ademais, você deve conhecer seu eu como o Eu verdadeiro e sua criação como algo proveniente deste Eu.

Algumas pessoas poderão surpreender-se ao saber que os vórtices fervilhantes dos pensamentos e sentimentos discordantes do homem exercem diariamente um efeito hipnótico sobre praticamente todos os habitantes da terra. Estes tendem a anular a grande concentração do poder criativo e inteligente que é direito inato de todo homem, mulher e criança deste planeta, embora seja empregado conscientemente por muito poucos.

Conquanto um número cada vez maior de pessoas esteja buscando a liberdade, os elementos reacionários, sejam eles dotados ou não de um propósito, procuram sobrecarregar a espécie com novos grilhões, a cada vez que é assegurada a libertação de uma ou outra forma de cativeiro humano.

O alquimista, para obter sucesso, deve estar consciente de sua liberdade de criação, concedida por Deus. As restrições e barreiras impostas à alma como formas de cativeiro humano devem ser evitadas. Contudo, em todos os casos, elas devem ser diferenciadas das leis necessárias que estruturam a sociedade. A beleza e a integridade devem ser colocadas nos lados esquerdo e direito, a fim de lembrar ao futuro alquimista sua responsabilidade para com Deus e o homem de contemplar suas obras antes de revelá-las e verificar se de fato são boas e benéficas para todos os homens.

Estou incluindo nestes estudos sobre a alquimia métodos de visualização que irão conferir aos estudiosos que os aplicarem, como eu fiz, a capacidade de realizar para Deus e o homem um serviço da maior importância.

Confio que o mito da igualdade humana será dissipado e que, na dignidade das oportunidades iguais, as evoluções deste lar planetário passarão a conhecer e amar em todos o potencial do Cristo em expansão. Assim, a evolução da humanidade será caracterizada por uma maior maleabilidade da alma e por menor desconhecimento do propósito universal do homem, para desenvolver seus talentos individuais, superando o que até então existiu na Terra.

Como os primeiros alquimistas obtiveram algum sucesso sondando os segredos do universo, tornaram-se profundamente conscientes da necessidade de se unirem e de esconder do domínio público determinadas descobertas por eles feitas. Um certo número de ordens religiosas e sociedades secretas surgiu a partir destas necessidades, e seus remanescentes sobreviveram até os dias de hoje.

A necessidade de, ao mesmo tempo, reprimir e expressar foi reconhecida, assim como os homens esclarecidos de hoje compreendem que a harmonia na ordem social e entre as nações, bem como a erradicação das causas da guerra e dos conflitos civis, removeriam todas as razões para subtrair qualquer conhecimento que se mostrasse universalmente benéfico.

Permitam-me declarar — porquanto posso falar à luz do verdadeiro conhecimento — que os primeiros alquimistas não foram tão malsucedidos como a história gostaria que os homens acreditassem. Inúmeras foram as suas descobertas, incluindo o conhecimento secular e religioso, científico e filosófico. Acima de tudo, eles revelaram um sem-número de verdades que, posteriormente, tornou-se de conhecimento geral.

O mundo não deve descartar todas as histórias que têm sido contadas acerca da supressão dos inventos e de novas ideias com finalidades políticas e econômicas. Quando é adequado a seus propósitos, homens em posições de importância frequentemente instruem seus mercenários para que mantenham em segredo o próprio conhecimento que pertence aos séculos e que é herança dos povos de todas as nações.

Não obstante tais procedimentos ignóbeis, os mestres da sabedoria jamais transmitirão tal conhecimento à humanidade, até que a alquimia da razão cure, em um número suficiente de representantes da raça, a ruptura interna causada pelo egoísmo, para que a tocha do conhecimento possa ser eternamente erguida pela mão altruísta da Justiça. Estou preparando suas mentes, nestas três primeiras lições, para que melhor possam assimilar a plena liberação da chama da sabedoria que se tornou parte deste curso. Frequentemente, os homens se desesperam porque não entraram na posse de determinados conhecimentos muito antes destes lhes chegarem às mãos. Este sentimento é sem dúvida compreensível, mas nenhum lamento desprovido de uma orientação positiva é desejável.

É preferível que os homens percebam o agora do presente como o momento de Deus, em vez dos pergaminhos enrugados de eras passadas. Os hieróglifos desbotados dos erros de ontem não podem refutar a verdade atual, nem tampouco agir como panaceia para a cura de suas semeaduras desastrosas; servem apenas como contraste capaz de ampliar a atual sensação de gratidão que se glorifica em tal progresso como o que agora se manifesta, a fim de dissipar a ignorância de épocas anteriores.

Espera-se do estudioso da alquimia a dedicação determinada para utilizar as energias de hoje a fim de abrir as portas das esferas futuras. Portanto, ele deve fazer com que sua presente expansão da ciência da alquimia seja suficiente para transformar as qualidades inferiores da natureza humana em um altar, no qual a chama da realidade viva iluminará a grandiosidade da idade de ouro que está emergindo agora no interior da mente crística.

Seus esforços, da mesma maneira, devem ser suficientes para equilibrar os sofrimentos causados pela injustiça no mundo. E ele deverá trabalhar para assegurar à posteridade eras de crescente e abundante progresso, iluminação, felicidade e espiritualidade universal.

Quando utilizados pelo alquimista, os símbolos e a simbologia propriamente compreendidos estão literalmente carregados de significado. Por exemplo, o mercúrio é o símbolo da velocidade e traduz para a consciência a ideia de prontidão reverente, atenta, que rapidamente dota a química da ação com a intensidade da aplicação.

O sal relaciona-se com a ideia de individualidade e relembra à humanidade da necessidade de fazer com que o eu retenha o sabor[1] da sua origem divina, em vez da cristalização da identidade dentro da Sodoma e Gomorra da materialidade indicada na figura histórica da esposa de Lot.[2]

O fogo, como vida, é o catalisador que pode ser propagado a partir da luz cósmica no interior dos raios cósmicos, a fim de intensificar e purificar a radiância da vida na forma pretendida. Ademais, a invocação consciente da vida torna todas as manifestações do alquimista duplamente seguras.

A terra simboliza as densidades cristalinas naturais criadas a partir das energias do Espírito e sustentadas pelos seres do reino elemental. Estes diminutos criadores, em sua mimetização da discórdia entre os homens, transferiram para a natureza os padrões desarmoniosos da espécie humana.

Assim, a convergência do erro humano sobre o corpo planetário manifestou-se como espinho, cardo, inseto e feras predadoras. A caixa de Pandora de formas astrais foi aberta pelas civilizações retardatárias, cujo livre-arbítrio e egoísmo desorientados perverteram as energias da vida até mesmo em outros sistemas de mundos. É esta discórdia, imposta aos próprios átomos da substância, que o alquimista tem de eliminar de seu laboratório antes que possa criar. É esta escória que o alquimista purificará pelo fogo.

Não espero que cada leitor compreenda imediatamente todos os conceitos incluídos nesse curso. Conquanto seja verdade que defendo a simplicidade na expressão das leis básicas de Deus, tenho consciência também de que as formas-pensamento formuladas na ordem superior produzirão o bem maior, à medida que o mundo for capaz de aceitá-las.

Portanto, incluo aqui elementos destinados a desafiar aqueles de cada nível de consciência a estudarem, para que sejam aprovados na chama de Deus no nosso interior.[3] Assim, os avanços alquímicos individuais serão obtidos por todos que aplicarem fielmente os ensinamentos.

O tipo mais insidioso de cativeiro é aquele em que o prisioneiro não tem consciência de seus grilhões. Estou certo de que a verdadeira ciência da alquimia pode servir para libertar todos os seres humanos que a aceitarem. Por conseguinte, em respeito a este propósito supremo, considero-a a ciência sagrada.

Lembrem-se, filhos abençoados dos homens, que o propósito da verdadeira ciência deve ser aumentar a felicidade e libertar a raça de todas as condições externas que não se prestem a exaltar o homem na grandiosidade prístina de seu propósito cósmico original.

Todas as postulações — sejam de natureza científica, religiosa, econômica ou social — devem ser infundidas com a liberdade que possibilita o progresso dos homens. Todos aqueles que procuram conduzir a humanidade progressivamente em direção a esses campos devem admitir a possibilidade de mudança sem, de modo algum, desafiar aqueles sustentáculos infalíveis do espírito humano, identificados como "vida, liberdade e a busca da felicidade".

Certamente a oportunidade de progresso e liberdade para inovar não pode afetar a imutabilidade da verdade divina ou da integridade do Logos, cujo poder profere a palavra a partir daquelas alturas desimpedidas às quais aspiramos conjuntamente.

Eu sou progressivamente seu na ciência sagrada,

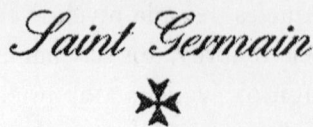

Saint Germain

✠

CAPÍTULO 4

Ouse fazer!

Versatilidade! Sou eternamente grato a esta qualidade magnífica da criação! O universo é fragmentado; expande-se a partir de um centro de unidade para uma diversidade de luz, cor, som e densidade. Cada participante de uma cena, seja ela pastoral ou de fealdade transitória, deve lembrar que as partículas de raios de luz que compõem as vestes de toda a criação conectam-se diretamente com a Grande Origem e Nascente da unidade cósmica.

Em minhas experiências históricas anteriores à minha ascensão — idêntica em sua ação à elevação de Jesus, o Cristo — encontrei-me em constante estado de graça atenta, na qual meus ouvidos e olhos interiores fixavam-se em uma esfera adorável de luz e perfeição, que serviu para remover o ferrão da existência terrestre de minha consciência, produzindo um alívio que meus amigos não perceberam. Frequentemente eles tentavam descobrir a causa de minha serenidade interior sem compreender sua origem.

Os contatos com meus irmãos terrestres, e as aparições que fiz desde minha ascensão, nem sempre ocorreram em circunstâncias em que aqueles que encontrei tornaram-se consciência de minha identidade ou de meu poder. Posso humildemente afirmar que, como em outros casos similares, em que um dos componentes da hoste ascensa decide abrir o véu da matéria e de *maya* para entrar em contato direto com a humanidade não ascensa, esta "sem o saber, acolheu anjos".[1]

Sei perfeitamente que alguns de meus leitores podem alegar que, como sou um dos que atravessaram o véu, essa liberação de minhas palavras é de natureza psíquica ou espiritualista. Permitam-me prontamente afirmar que não se trata de nenhuma das duas hipóteses. Graças a Deus, minha corrente de vida não precisa aderir a formas tão limitadoras.

O fato de que estamos expressando ou "vibrando" nossa vida em dimensões superiores, nas quais as faculdades humanas comuns da visão e audição não atuam, não torna nosso serviço nem nossa realidade menos eficientes, nem tampouco me força a aceitar os métodos de comunicação supracitados. Abençoados, vocês nem sempre percebem, através dos meios habituais, as ondas de rádio, porquanto elas permanecem inaudíveis até serem detectadas pelo milagre da válvula elétrica; portanto, confiem na capacidade dos céus de comunicar-se com o homem diretamente.

Graças à minha dedicação à causa sagrada da liberdade, desde minha ascensão mantenho um contato constante com uma ou mais correntes de vida encarnadas na Terra — e isto por decreto cósmico e com a aprovação da hierarquia celestial. O bem-amado Jesus e outros grandes luminares que desceram na plenitude do plano divino, da mesma maneira, apareceram a seus discípulos ao longo dos séculos e, ocasionalmente, manifestam-se a homens e mulheres de hoje sem maiores esforços do que aqueles empregados para sintonizar o rádio ou mudar o canal da televisão.

O meu propósito, ao debater o tema das mensagens aladas do céu, procedentes de tão grande nuvem de testemunhas[2] não é tão estranho à alquimia como a princípio poderia parecer; porquanto retrata uma parte necessária de meu programa para a causa da liberdade, da qual esta série atual sobre a alquimia é parte integrante.

Vejam, abençoados, a criação do visível é totalmente dependente daquelas essências que não são visíveis a olho nu. Entretanto, as ideias centrais, que ocupam as mentes da maioria das pessoas — provenientes, como são, dos efeitos transitórios da causalidade humana —, não têm peso suficiente para merecerem comentários ou serem investidas com uma realidade permanente.

Estou certo de que vocês concordarão que, assim como a esfera de experiências humanas comuns torna-se monótona tanto para as grandes almas como para as pequenas, é uma bênção magnífica para elas serem capazes de observar as oitavas superiores da criação, por meio de uma consciência ajustada, retirando, assim, inspiração diretamente da mente da natureza e do Deus da natureza.

A ignorância, com sua violação da lei, priva o indivíduo e a sociedade da iluminação. A única cura reside na obediência iluminada, juntamente com uma atenção científica voltada para os pormenores da lei.

Os benefícios da sabedoria divina permanecem desconhecidos para muitos que supõem que as velhas teorias familiares são adequadas para a satisfação das exigências do momento, e que, nada além do empirismo ou do método empírico, é exigido. Na verdade, os princípios aceitos na ciência moderna, apenas parcialmente verdadeiros, são incompletos e, por conseguinte, oferecem um fundamento inadequado sobre o qual repousa a pesquisa avançada e o controle dos elementos.

Uma atitude de complacência não possibilita o progresso de qualquer empreitada, humana ou divina. Assim, onde a graça é abundante, essa atitude não é encontrada. A complacência continua a ser um baluarte da ignorância reativa, impedindo a humanidade de partilhar a abundância que os céus esperam lançar sobre aquelas almas livres, cuja pureza de coração e natureza sincera as tornam mais receptivas aos nossos pensamentos.

Antes de conferir-lhes um conhecimento alquímico, seja de que profundidade for, desejo estimulá-los à nobreza divina que é tão real quanto a luz do dia e sua maior força para defrontar os desafios do amanhã! Isto pode exigir uma certa análise do espírito daqueles alquimistas sinceros, cujas incursões ao desconhecido foram produtivas em mais de um aspecto.

Até mesmo as almas que não conseguiram descobrir um método de transformar metais vis em ouro beneficiaram-se, muito mais do que poderiam imaginar, com as bênçãos que lhes foram ministradas como resultado de sua busca. Até mesmo as perseguições serviram para uni-las na sinceridade de propósito que, em meio à diversidade humana, com suas tendências lamentáveis à ganância e ao egoísmo, constitui por si só uma realização.

Tenho a esperança de que vocês irão se preparar para a vitória em suas realizações. Acima de tudo, estejam prontos para efetuar as transformações necessárias em seus pensamentos e em suas ideias preconcebidas, a fim de que lhes seja possível alcançar a vitória. Se o homem espera ser bem-sucedido na alquimia, que na verdade depende das leis superiores da ciência espiritual, ele deve nutrir a fé, sobre a qual repousará a força de sua invocação e concentração.

A fusão do metal, o controle das forças atômicas e o direcionamento da energia eletrônica pela mente do homem atuando em dimensões superiores, tornam-se suficientemente fáceis, uma vez adquirida a compreensão. Contudo, após anos de dependência dos cinco sentidos e da aceitação resultante da limitação mortal, estou certo de que vocês poderão compreender a grande importância da inter-relação de seu pensamento com novas possibilidades, a fim de que ele possa atuar livre das restrições humanas e do arrefecimento de um ardor divino, por parte daqueles que afirmam, por não terem conhecimento "É impossível!" Permitam-me dizer a todos, em nome da liberdade: *Experimentem!*

Enquanto estiverem preparando sua consciência para a recepção do conhecimento do amanhã, apercebam-se então da necessidade de avaliar a origem dos conceitos relativos à limitação.

Meus queridos, vocês devem ser sãos e equilibrados em tudo o que fizerem, mas observem que a verdadeira ciência chega ao limite do miraculoso para aqueles que não compreendem suas fórmulas. Vocês se aproximam de uma parede sólida com a ideia de que não poderão atravessá-la; entretanto, ela não é realmente sólida, mas tão cheia de buracos quanto a tela de um galinheiro. Vocês não podem andar sobre carvões em brasa sem queimar os pés, no entanto, curandeiros de uma cultura menos esclarecida do que a sua conseguem fazê-lo impunemente.

Incontáveis milagres do Cristo têm sido reproduzidos por homens e mulheres de épocas e regiões variadas desde o seu magnífico advento; contudo, graças ao ceticismo e esquecimento dos homens, toda essa maravilha foi relegada à esfera do mito ou do imaginário de mentes ingênuas. Permitam-me pleitear uma renovação da fé no poder de Deus, porquanto esta é a exigência de todos os futuros prodígios de realização espiritual, em prol dos propósitos sagrados da própria lei universal.

Sem fé, não apenas é impossível agradar a Deus,[3] mas declaro que é impossível manifestar a perfeição das suas leis. Sendo a fé um requisito tão fundamental, não valeria a pena se cada um reexaminasse as suas próprias razões para duvidar?

Observe-se que a maioria das dúvidas provêm de padrões de autoilusão e da prática do logro e dos fracassos da mente humana em cumprir sua integridade manifesta. Percebendo, então, que tais condições negativas provêm da consciência do erro, não seria muito melhor se todos olhassem para Mim (a presença de Deus Todo-poderoso) e vivessem?[4]

Com Deus todas as coisas são possíveis,[5] mas, como em todas as ciências, nem sempre a proficiência surge sem o conhecimento e sua utilização reiterada. Os poucos que constituem exceções a esta regra podem ser chamados de gênios, mas, quando a totalidade da lei for compreendida, ficará provado que até mesmo eles têm suas horas de estudo aplicado e de prática.

Desejo ressaltar particularmente que a finalidade de nossa revelação dos segredos alquímicos neste curso é depositar em suas mãos, e no laboratório de suas consciências, o conhecimento da lei que nós temos utilizado há séculos, com o maior sucesso e com o respeito à vida que são fundamentais para uma mente inquisitiva, sustentada pela intenção amorosa de um coração honesto.

Aqui a simples curiosidade é substituída por uma grandiosidade moral que eleva de tal maneira o homem acima de seus semelhantes que faz dele estrela divina no firmamento de seus contemporâneos. Elevado, mas não por falso orgulho ou equívocos intelectuais, o verdadeiro alquimista mantém-se com o semblante humilde, contemplando em expectativa o instrutor que irá transmitir-lhe, se sua atitude e aplicação forem corretas, o conhecimento inestimável dos séculos.

Posso esperar ternamente que vocês releiam as primeiras lições e assimilem a partir daí um novo conceito de progresso e de novas possibilidades? Estou determinado a que muitos nesta classe sejam bem-sucedidos, e continuarei a fazer minha parte tanto no alto como embaixo, em sua oitava, para que isto se realize e para que grande iluminação, esperança, paz e compreensão nasçam e se renovem dentro de todos vocês.

Eu sou sinceramente seu,

Saint Germain

✠

CAPÍTULO 5

A necessidade, o poder e o motivo para a transformação

O momento presente tem de ser utilizado como um cálice de oportunidades espirituais. A vida tem de ser satisfeita através dos seus maiores objetivos, honrada pela adoração aos princípios gloriosos e valorizada pelo serviço desinteressado. Meus amados, o poder da transformação está dentro de cada homem. Exaltem este poder e venerem-no acima de todas as condições limitadoras, e atentem para a expansão da alquimia do Ser!

Transmutem as ilusões da substância ensombrecida que detêm a elevação do seu espírito. Percebam que as condições das limitações humanas nada mais são que fantasmas que desfilam no palco da existência mortal, tão somente para serem colocados em repouso eterno pela realidade eterna.

Cada homem deve tornar-se consciente de suas escolhas e optar pela liberdade ou pelos grilhões, ao explorar a química de seu estado atual, focalizando-o no espelho da verdade, decidindo-se então a alterar cada condição inferior, construindo dentro do cadinho da hora este progresso sagrado que é gerado pela percepção eterna.

Eliminem, então, a obsessão insensata e vil de terem se originado na consciência da matéria, esta natureza possessiva, a perversão da Mãe que, deixando de compreender a plenitude das possibilidades cósmicas, limita-se às ninharias e bagatelas da posse temporal. Permitam que os céus utilizem sua consciência para expandir seus horizontes em direção ao infinito, e então descortine, finalmente, as belas possibilidades presentes nas condições externas mais difíceis. Proporcionem riqueza aos pobres de espírito, entendimento aos ricos e compaixão a todos.

Frequentemente uma corrente de vida pode ter em abundância as mesmas qualidades que faltam ao seu semelhante. Intercambiem suas virtudes, exaltando os vales do outro, e confiem na vida para eliminar os picos do orgulho alheio e do seu próprio. Transmutem as condições em seu mundo que vocês não desejam, por meio de esforços determinados e persistentes. Cada ser divino que exalta a vida de Deus em vocês sabe que o poder para realizar tais feitos encontra-se em suas mãos hoje mesmo, ao alcance de sua inteligência e de seu espírito.

Construam aquelas torres de realização que compõem a Cidade Celestial e envolvem o mundo da essência física, a mente consciente e os sentimentos de seu coração com a radiância das esferas imortais. Contemplando o universo com esperanças renovadas, observem a necessidade de sustentar a visão adequada.

A vaidade tem dominado a terra por um tempo demasiado longo. Oportunidades maravilhosas, semelhantes a espíritos na noite, desapareceram ao alvorecer, repelidas pelos frios grilhões que aprisionam a alma em um manto de momentos desintegradores, que descem na ampulheta das horas.

O filho de Isabel perguntou ao Cristo: "És tu aquele que estava para vir, ou havemos de esperar outro?"[1] A resposta do Cristo referia-se a seus feitos miraculosos: os surdos passaram a ouvir, os cegos a ver e os coxos a andar. A lição contida em sua resposta estimula cada existência a aceitar a grandiosidade de sua própria realidade.

Todos devem perceber que a vida ministrou-lhes suas graças magníficas e grandiosas por meio da consciência do "Eu sou ele", que deve emergir da gruta da materialidade. A divisão grosseira da totalidade em componentes incompletos e frágeis — o conceito que os homens têm de si mesmos, de serem como partículas distanciadas de sua Origem — leva-os a travarem um embate em meio aos infortúnios humanos, em vez de aceitarem o conceito grandioso de unidade cooperativa, carregado com o poder do amor e da liberdade ilimitados.

A verdade eleva a todos e a ninguém derrota, exceto aqueles inimigos da integridade, cujas incompreensões obscuras os tornam pouco mais do que animais selvagens na selva da criação humana. Até mesmo estes recebem mais compaixão da vida do que são merecedores. Sei disto porque o registro me é colocado diante dos olhos. A bem-amada Kuan Yin pediu a misericórdia e concedeu-a livremente a todos, sem limite e sem preço.

Esta é a grande dádiva de Deus: ele sempre retribui com mais amor à vida do que a vida jamais lho concede. Desinteressadamente, a magnitude de Deus envia uma torrente de amor quando algumas gotículas seriam suficientes e, por conseguinte, arrasta a humanidade para o caminho ascendente do peregrino, independente das ideias equivocadas dos homens.

Ora, olhar para outrem não é solução para seus problemas; tampouco alcançará a pretendida realização que Deus guarda para ti, filho abençoado do homem. Como alquimista iluminado pela tocha do conhecimento divino, consciente do esplendor da verdadeira individualidade, você deve reunir a força do reino invisível e utilizar os processos da alquimia transmutativa no âmago de seu próprio mundo e de seus negócios, a fim de dominar diariamente todas as condições externas através de meios espirituais e complementos físicos à sua disposição.

Fazer tijolos sem palha² nem sempre pode constituir uma exigência, e pode parecer extremamente difícil, mas, para o alquimista determinado, constitui simplesmente um obstáculo a ser superado.

Nenhum indivíduo que habita a terra no momento deve limitar seu reconhecimento do conceito o-momento-é-agora, galgando cada onda de oposição e avançando na crista da vitória. Todos devem considerar sua vida — em qualquer século ou era — passível de transformações para melhor, possuindo cada um a capacidade de superar qualquer situação quando assim o desejar. A lei e a justiça constituem fatores naturais de controle, mas o universo, comandado por sua própria lei, possui métodos criativos para transcender esta lei, aproximando-se de dimensões cósmicas e expandindo-se geometricamente ao infinito.

Os amantes da liberdade devem rejeitar ideias ultrapassadas com a mesma rapidez com que são capazes de descartar conceitos antigos como vestes obsoletas. Para os homens da época de Copérnico foi difícil aceitar a sua teoria de que a terra e os outros planetas giravam em torno do sol; defendiam dogmaticamente a convicção de que a terra, e não o sol, era o centro do universo. Fórmulas químicas da matéria fundamental e complexa são simples para o químico; entretanto, para o inculto, não passam de uma miscelânea de símbolos.

Nosso objetivo neste curso não é simplesmente oferecer conhecimentos, mas promover a sua aceitação deste conhecimento, por meio de uma metodologia *a priori*, necessária porque a prova categórica das leis alquímicas é universal e necessariamente vista através de suas ações no homem!

Que haja luz em sua órbita pessoal e na esfera de seu ser. A vida não é uma experiência, mas a humanidade tem feito dela um experimento. A espécie humana tem seguido na maré do universo periférico de efeitos, negligenciando ao mesmo tempo a esfera de causalidade. Toda a infelicidade origina-se nos fatores básicos da causa. Procure sanar as imperfeições e você obterá a sua própria cura e a autorrevelação.

Estou interessado em empreender uma completa reversão das atitudes deletérias humanas, substituindo-as por métodos e conceitos tão corretos que cada vida poderá elevar-se rapidamente do campo de força humano, com seu magnetismo gravitacional pesado, que impede a progressiva ascensão da humanidade.

Por meio da transmutação, permitam que todos os futuros alquimistas atuem em primeiro lugar para transformarem a si mesmos aqui e agora, adquirindo assim uma paz interior e uma sensação de realização externa — sobretudo ao final de cada etapa da vida. Não há a menor dúvida de que, se não for mantido um foco interior e exterior, no qual o bem é destacado, a concentração do controle positivo, que tem a capacidade de alterar substâncias internas e externas, não poderá manifestar a bênção que Deus deseja que todos possuam e exercitem todos os dias.

Meus amados, uma existência vivida em troca de recompensa ou punição não é uma *raison d'être*. O destino inerente à vida esquiva-se à compreensão inteligente de muitos seres da terra e fundamenta-se apenas em alguns poucos. Diariamente, milhares de pessoas divertem-se com as loterias, as corridas ou os jogos de azar, esperando, contra todas as probabilidades, saírem vencedoras, ignorando, ao mesmo tempo, a mais certa de todas as leis: a finalidade cósmica.

Aqueles que negam Deus ou a própria vida fazem-no movidos por uma carência de experiência genuína. Não testemunharam o alvorecer da razão pura em si mesmos. Preferem aceitar aquelas ideias populares, associadas à "não credulidade"!

Bem, inúmeras são as perdas para pessoas assim. E, embora eu não esteja esperando transformar cada um desses indivíduos, repito aqui minha admoestação, qual seja, de que todos deveriam sentir-se inspirados a persistir no seu empenho. Esta busca vale todos os esforços. Eu conheço a lei; a alquimia da ação é sua própria comprovação.

Aqueles que desejam estabelecer um debate para comprovar a não existência ou não essencialidade de uma Causa Primeira talvez não queiram perder o prazer transitório de tal ação. Contudo, se acederem à lógica divina, o grão dourado da verdade substituirá a palha seca do orgulho nos sistemas rígidos e incontestáveis do intelecto humano, o qual desdenha a verificação de qualquer conhecimento que não seja vivenciado pelos sentidos físicos.

É comum os indivíduos apreciarem a ideia de que estão *en rapport* com intelectos respeitáveis. Ora, creio que os séculos que vivi antes de minha ascensão e aqueles outros tantos que transcorreram desde então conferem-me uma certa autoridade neste âmbito. Nem o ego nem a motivação humana me inspirariam a escrever esta obra. Tenho consciência apenas do profundo amor que nutro pela terra, enquanto unidade de progresso cósmico, e desejo transmitir aqui um pouco da doce simplicidade deste amor e a sabedoria por ele inspirada.

Vejamos agora como é razoável supor que um número suficiente de pessoas, servindo em harmonia, pode transformar a condição mais cristalizada e criar um influxo de amor capaz de varrer colinas e vales com um movimento inspirado, a fim de curar o abismo existente entre as realidades da alquimia eterna (a alquimia de Deus) e as artificialidades provenientes das profundezas do erro grosseiro. Então o ouro emergente da integridade e da integração pessoal constituirá uma dádiva partilhada igualmente por todos; o indivíduo refletirá o gênio puro, e a ordem social, o reino dos céus.

As forças que gostariam de acorrentar a humanidade aos seus erros passados e, deste modo, impedir que a chama da paz seja liberada no momento presente deverão ser detidas, tanto na terra como no céu.[3] E a humanidade deverá erguer-se para anunciar a morte dessas forças, aqui e agora, e a guerra terá fim. A libertação da desordem só poderá ser encontrada no verdadeiro entendimento da vida e da alquimia do ser.

Passo a passo, estou conduzindo-os à correta compreensão da alquimia. Nas primeiras lições, lembrei-lhes a responsabilidade — sua responsabilidade de provar a lei do seu ser com o uso correto da alquimia. Agora estou lembrando-lhes a necessidade de efetuar mudanças em si mesmos, onde esta for desejável. Finalmente, passarei a orientá-los na arte e na prática da precipitação.

Conhecer aquilo que vocês querem precipitar constitui um pré-requisito para a aplicação dos métodos da precipitação. Esta foi a verdade ensinada por Jesus, no Pai Nosso, quando ele disse: "Não se faça a minha vontade, e, sim, a Tua."[4]

A vontade de Deus, a vontade do Mais Alto, é a vontade do Eu verdadeiro — a sua parte mais importante. Porquanto o eu inferior, embora retenha, através da alma, a capacidade de estabelecer contato com esse Eu Superior, não passa de um amontoado de impulsos abarrotados de pequenos bocados de conhecimento humano; advogo que você se familiarize com a realidade de si mesmo. Pois esta realidade é o gênio em você, capaz de proporcionar a Aladim (simbolizando o alquimista que esfrega a lâmpada do conhecimento puro) os desejos corretos do seu ser imortal.

Considere, então, a necessidade de mudar (Teu é o reino), o poder de mudar (Teu é o poder) e a motivação para mudar (Tua é a glória), e desenvolva, a partir da chama transitória da sinceridade, o sol permanente da esperança renovada.

Misericordiosamente, Eu sou

Saint Germain

✠

CAPÍTULO 6

Fatores formativos

Ah, o molde — aí está a dificuldade! Sim, e o mofo[1] também contamina. Mas quão bela é a esperança original dos céus para cada corrente de vida!

Após a descida até a forma e a substância material, sobrevêm aqueles anos de formação nos quais as pressões, clamorosas e silenciosas, forjam sua impressão na consciência íntegra e imaculada do indivíduo. A começar pelas primeiras tolices afetuosas de pais e parentes, ocorre um acúmulo gradativo de fatores ambientais que servem para criar padrões e conceitos na tela delicada da mente embrionária.

Esses fatores formativos continuam a exercer sua influência multíplice sobre a personalidade plástica do homem. Assim, essa individualidade, a princípio inteiramente identificada com o bem divino, é alterada e moldada por uma infinidade de padrões de experiência. Assim também o exemplo, seja para o bem como para o mal, esculpe a mente e o ser do homem.

Contudo, a experiência não é a única maneira de expandir a consciência. Pois cada momento passado com Deus ou com um dos integrantes da sua legião cósmica exalta e amplia a consciência individual, transmitindo iluminação instantaneamente — num piscar de olhos.[2]

A comprovação empírica da imperfeição humana é resumida nas vidas passadas/presentes da massa da humanidade.

A vida em cativeiro e a vida em perigo aviltam o significado da existência. A religião e a esperança de salvação surgem no coração humano e desabrocham na árvore humana! ("Este, recobrando a vista, respondeu: Vejo os homens, porque como árvores os vejo, andando."[3])

A alquimia da transformação foi necessária na época de Jesus e ainda é necessária, pois frequentemente o molde é imperfeito e o produto não pode superar sua matriz.

Declarei que o mofo também contamina; assim, dirijo a atenção dos leitores para o acúmulo não transmutado de misérias e imundícies humanas, as quais, como lixo, juncam as calçadas da consciência humana, exalando um mau cheiro dos estábulos literários do mundo. A crosta de mofo mascara-se como cultura legítima, minando, ao mesmo tempo, a respeitabilidade das almas cheias de vigor.

A liberdade de imprensa não se destinava a permitir a licenciosidade dos corruptores das mentes da juventude, nem tampouco deveria ser utilizada para confundir e desorganizar o populacho, inundando seus cérebros com propaganda ultranacionalista e discriminações preconceituosas. Ao contrário, o poder da luz pretendia irradiar-se através de uma imprensa livre e estimular todos a possuírem a noção correta de destino cósmico.

Estados Unidos, meu país amado! Quão preciosos são os passos de teus heróis, cantados e não cantados; contudo, o coração de todas as mães pode orgulhar-se, justamente, de oferecer, com o "consentimento dos governados", o fruto de sua vida — filhos e filhas eminentes que, do âmago dessa nação tão amada, servem à causa da liberdade em toda a terra.

Porque cada efeito calamitoso do molde e do mofo deve ser neutralizado, estou transmitindo estas observações relativas à liberdade pessoal, por meio do correto uso da alquimia. Não estou afirmando que nada mais será dito com respeito ao tema para confrontar e concluir o curso, mas apresento aqui meu conselho a todos que utilizarem a alquimia para a ampliação de sua própria evolução pessoal, segundo o plano divino, transformando assim, para melhor, sua atual situação.

Aqueles que estiverem familiarizados com o processo de refinação de metais preciosos têm consciência do calor intenso que é necessário para liquefazer inúmeros metais. O calor é igualmente necessário para liberar as impurezas e corpos estranhos do metal puro. A separação da escória ocorre de duas maneiras: 1) uma porção é vaporizada e passa para a própria atmosfera do ambiente, onde o forno de refinamento está funcionando; e 2) grande parte dessa substância indesejável é trazida à superfície e extraída pelo refinador atento.

Neste sentido, poucos são os pais dotados do tipo de conhecimento que possibilitaria a seus filhos conhecer, desde o começo, os princípios de sua liberdade plena. Não estou afirmando que o mundo está desprovido de aspirações e de boas intenções, mas os caminhos pavimentados não parecem conduzir aos melhores lugares. Assim, as crianças do mundo tornam-se mais experientes, a cada geração, nas artes e ofícios da guerra e em inúmeros costumes da sociedade, sem que sejam estimuladas a conhecer a sociedade regenerada e pacífica dos santos!

De modo geral, poucos nascem e crescem com a correta compreensão do propósito universal. E faz-se necessário que os destinos pessoais, frequentemente na contracorrente do fluxo universal, sejam periodicamente frustrados e interrompidos.

As páginas da história estão cheias de relatos de declínios de tiranos e derrocada de monstros desorientados. Fracassos e sucessos em muitas esferas obtêm reconhecimento, enquanto o homem comum move-se no cemitério da mediocridade. Nada está mais distante do plano de Deus e da natureza do que esses simulacros do nível ideal de perfeição.

Quão errôneo é o conceito de um destino passível de ser moldado pelos equívocos humanos. Quão nobres são estes que reconhecem um intelecto, uma mente, um supervisor espiritual e um Criador, cuja previdência, maior ainda do que a de seus emissários, é revelada como uma montanha de propósitos universais, que deve ser escalada pelos bravos que não hesitam nem temem em confiar na sabedoria daqueles primeiros alpinistas dos cumes escarpados.

Aqueles que estão ligados à linha vital desses pioneiros espirituais recebem maior orientação, porquanto os irmãos mais velhos oferecem-lhes, amorosamente, a liberdade das eras como uma dádiva de fé. Esta dádiva é oferecida a todos os que, aceitando esta fé, são capazes, da mesma maneira, de congregar toda a vontade para buscá-la e a perseverança necessária para deixá-la moldá-los de forma mais pura ainda, em uma cumulação de pureza cuja realidade é o tesouro dos céus!

Queridos amigos da liberdade, vocês se encontram neste momento no limiar das verdades alquímicas superiores, as quais apresentarei na sétima lição; entretanto, vocês precisam contemplar sua vida de maneira condizente com o Espírito da alquimia universal. Deixem de agir compelidos pela vaidade do reconhecimento, mas sejam movidos pelo valor da realização necessária e porque o serviço é necessário e meritório por si só. Deus precisa de um veículo através do qual possa manifestar-se no mundo da forma, e vocês emprestam-lhe suas mãos e pés!

Vocês precisam compreender o mistério da unidade, por meio do qual um fio de contato entre cada vida e sua origem serve para interligar todos os seres vivos a um grande painel central de controle. Aqui a interação de pensamento e sentimento é preservada, para que não lese nenhuma parte da vida na montanha sagrada de Deus.

Considerem toda a beleza que a vida pode ter. Percebam-na como ouro puro. Todas as causas de infelicidade, todas as vibrações da discórdia, do medo, da dúvida, da desconfiança, da condenação, da crítica, do julgamento, da hipocrisia e de todos os traços negativos fazem parte do molde humano ou do mofo que precisa ser eliminado como escória, antes que a pureza possa regenerar uma corrente de vida, possibilitando ao indivíduo partilhar livremente das águas da vida.[4]

Não basta que os homens aproximem-se para beber quando o convite das fontes superiores for feito. Eles deverão construir novos odres para guardar o novo vinho da bondade e determinação infinitos.[5] Isto é alquimia espiritual; e sábios são aqueles que primeiro a dominam em si mesmos, antes de tentarem governar os elementos nos outros ou na natureza, pois assim é o carma justificado pela sabedoria e tornado benigno. O pecado não se aproxima de tal praticante, pois suas motivações, intenções e métodos são puros, e seus atos são também justos.

Alquimistas benévolos, o simples fato de estarem estudando este curso deve indicar seu interesse pelo aperfeiçoamento. Na própria palavra *aperfeiçoamento* encontra-se uma lição espiritual que deve ser dominada.

As palavras *impressão* e *prova* se combinam[*] aqui para indicar que a vida traz suas impressões ao âmago da sua consciência para provar o valor de cada impressão. Cada pensamento vão é levado a julgamento ante a magnificência que é a mais alta glória de Deus, a luz superior na câmara abobadada dos céus.

A mente de Cristo é sinônimo de mente de luz, e caracteriza aquele cuja sintonia é especificamente direcionada para a inteligência superior. O influxo de impressões do mundo como um todo deve ser direcionado pelo estudioso, em busca de comparação e comprovação dos padrões puros dos propósitos do céu.

Quando estes são aperfeiçoados pelo fogo alquímico, tornam-se parte da especialidade de cada homem, no campo dos objetos úteis e das ideias — matrizes permanentes para o bem, atraindo para a consciência do homem outras de sua espécie. Assim é o reino da individualidade expandido nas asas da sabedoria celestial, comprovado dia após dia pelo discurso murmurado das alturas da vigilância espiritual.

O alquimista sincero sabe que a inteligência incomensurável, criadora de tudo que existe, abre poderosas asas de luz sobre todo o cosmo. Tal como no alto, no Macrocosmo, assim é abaixo, no microcosmo, no universo miniaturizado da aparência, onde esta inteligência é individualizada! Os cuidados vigilantes de Deus manifestam-se em seus propósitos maravilhosos como a presença Guardiã, que busca não a profanação, mas a realização gloriosa de cada pessoa, na qual brilha a chama da vida sempre-presente, todo-poderosa.

---

[*] Jogo de palavras em que o autor utiliza a combinação das palavras "impressão" e "provar" para formar "improving", que significa "aperfeiçoar" em inglês e resulta das palavras "impression" e "proving". (*N. da T.*)

A suposta morte física não representa o fim do ser. Ela simplesmente divide a vida eterna em compartimentos de identidade e experiência, nos quais a expansão e a oportunidade podem ser utilizadas em sua plenitude, e cada molde ultrapassado pode ser descartado. Fragmentos esquecidos podem ser reunidos pelo buscador e tecidos, fio por fio, em uma tapeçaria de tamanha beleza que fará palpitar de gratidão o coração daquele que a contemplar, pela perfeição e glória presentes em cada dia da eternidade!

Tenho consciência do desânimo do homem, causado pela identificação com elementos de desintegração na sociedade. Estou perfeitamente ciente das falácias praticadas em nome da religião. Contudo, não me preocupo tanto com estas questões, mas sim com aquelas vidas que emergem do crisol da experiência com vestes maravilhosas, tecidas com ouro puro.

Sua vida jamais deve ser vazia, pois a vida o observa, e a vida é inteligente e obsequiosa. A vida é palpável e real. A vida é sincera e delicada. A vida é dramática e avança rumo à glória.

A estrada superior, diferentemente da estrada inferior, é o caminho do alquimista, cujo coração irradia a glória, ao longo do dia e ao longo dos caminhos empoeirados do homem, percorridos por seus pés peregrinos — transmutando, transmutando e transmutando este pó na mais pura radiância!

Eu sou a vida, Eu sou a verdade e Eu sou o caminho,

Saint Germain

✠

CAPÍTULO 7

Métodos de transferência

A luz é a chave alquímica! As palavras "Haja luz"[1] constituem o primeiro *fiat* da criação e o primeiro passo da precipitação correta. Quando o homem, ele mesmo uma manifestação de Deus, deseja seguir o exemplo do Pai supremo e efetuar a precipitação, como um verdadeiro filho da luz deve aprender a fazer, ele precisa seguir esses métodos utilizados pela inteligência suprema, se quiser obter resultados valiosos e uniformes.

Analisando os métodos óbvios do Criador e observando a natureza, vocês poderão inferir muita coisa de valor, se exercitarem-se para pensar de maneira independente. Pois é necessário ultrapassar os simples silogismos humanos e penetrar a consciência ilimitada de Deus, o grande mestre alquimista, "vai e procede tu de igual modo",[2] considerando sempre benéficos os seus serviços.

Quando vocês tornarem a decisão interior de experimentar a arte da precipitação, em primeiro lugar criem uma imagem mental do objeto que desejam produzir, incluindo tamanho, proporções, substância, densidade, cor e qualidade definidos, formando uma imagem detalhada. Quando a visualização da imagem em sua mente estiver completa, vocês deverão selá-la imediatamente. Este passo é fundamental para a liberação rápida e eficiente da imagem no mundo da matéria-forma.

Procurem compreender bem este passo; não pensem que, selando seu plano, vocês estarão fechando as portas para o desenvolvimento do seu desenho. Não se trata disto, pois podem ser realizados aperfeiçoamentos em modelos subsequentes; entretanto, se vocês não liberarem a cópia para os elementais e construtores da forma como uma obra concluída, eles não poderão promover a sua manifestação. As palavras "Está terminado!" são, portanto, o segundo *fiat* da criação, após "Haja luz!"

Agora que vocês criaram uma matriz de pensamento e selaram-na contra a intromissão da irradiação mental contrária de outras pessoas, seja ela consciente (em alguns casos devido à inveja ou ao ego) ou inconsciente, devido à resistência da mente coletiva ao progresso, vocês deverão cumprir a terceira regra, para proteger sua intenção criativa e "não dizer nada a ninguém". Também esta é uma lei da precipitação — que lhes permite evitar os raios concentrados dos padrões de pensamento e sentimento humanos, que podem ser extremamente prejudiciais para um experimento alquímico bem-sucedido, a menos que determinadas garantias sejam ativadas.

Evitem, então, a dissipação de energia, devido à intromissão de uma multiplicidade de mentes, exceto quando dois ou mais indivíduos estiverem cooperando especificamente na precipitação conjunta. Aqueles que possuem uma natureza científica e estão familiarizados com a dispersão de Coulomb e a lei de Rutherford compreenderão de que maneira a energia do pensamento, como ondas dispersando outras ondas, como se fossem compostas de partículas minúsculas, consegue produzir uma penetração de intensidade suficientemente grande para romper o campo de energia magnética do pensamento, concentrando o padrão específico da matriz criativa.

Cada discípulo deve reconhecer que figuras geométricas como o quadrado, o triângulo, o círculo, a elipse e o paralelogramo são utilizadas quase universalmente na criação, no mundo tridimensional macrocósmico e microcósmico. Embora formas superiores de criatividade sejam encontradas no mundo matemático da álgebra, do cálculo e da trigonometria, a simbologia mais elevada de todas as conhecidas por nós nos níveis espirituais interiores é a ciência dos ritmos engrâmicos.

Este estudo trata do controle e liberação de energia, com engramas (termo por nós utilizado para referir-se à chave causal subjacente aos efeitos observados pelos cientistas do mundo e chamados por eles de engramas), com o uso de mantras, com o armazenamento de energia fohática e com salvaguardas ativando princípios de demarcação entre as evoluções da consciência humana nos planos da matéria e o mundo da perfeita ordem divina que existe nos planos do Espírito.

Contemplando esta ciência, deve-se ter em mente que até mesmo a consciência onipresente e infinita de Deus, que se estende até a esfera da criação material, avança através da escala da expressão criativa, de padrões simples até aqueles de complexidade cada vez maior.

O estudioso da alquimia deve considerar a memória, quando utilizada como instrumento da mente superior, como um valioso complemento de sua experiência, porquanto os processos da memória humana são realmente notáveis. E, quando estes são coordenados com o corpo mental, sempre advém a ação suprema. Assim, um grande número de indivíduos é capaz de memorizar e executar toda uma sinfonia sem falhas perceptíveis. Os matemáticos também demonstram possuir uma maravilhosa capacidade de controle mental com seus cálculos, que aproximam-se da precisão infinita.

Assim, que cada estudioso da alquimia possa reconhecer ser ele mesmo possuidor de uma mente superior que é capaz de reter padrões de dimensões infinitas. Esta mente atua de maneira independente da mente externa, desprovida de restrições humanas de qualquer tipo. Desse modo, enquanto veículo da mente superior, um corpo de memória purificado, alimentando, como faz, as impressões desta mente para a mente exterior, é indispensável ao alquimista.

Que o discípulo sincero, capaz de analisar e colocar em prática os métodos de controle da memória e da mente, que são os métodos do próprio Deus, adquira o hábito de conceder conscientemente a esta mente superior abençoada, ou Cristo pessoal, a responsabilidade de elaborar e aperfeiçoar as ideias e padrões rudimentares de sua criação. Pois muitos destes padrões, que, a princípio, pareciam ter sido concebidos conscientemente pelo alquimista, com frequência tiveram sua origem no interior da porção mais elevada do Eu abençoado.

Lembrem-se, sua mente superior permanece ativa durante 24 horas de cada dia em dimensões ampliadas. Este consolador abençoado, desconhecido e não vivenciado por vocês externamente, espera o chamado à ação e atua livre das limitações habituais de espaço/tempo. Assim, utilizem a mente superior como seu aprendiz e mestre; pois o Espírito Santo da verdade que aí atua pode conduzi-los a toda a verdade![3]

Gostaria de chamar a atenção dos discípulos para o fato de que, se assim o desejarem, eles poderão prestar auxílio incomensurável a si mesmos nas artes alquímicas, graças à leitura exterior. Contudo, é preciso ter cuidado com isto, para que os atalhos da tecnologia e da teoria científica não sirvam para desviar o poderoso fluxo da alquimia, enquanto ciência grandiosa, para atalhos do materialismo, onde se diz que os fins justificam os meios.

Estou perfeitamente ciente de que muitos temas relacionados não apenas seriam tediosos, mas também estariam além da compreensão de alguns de nossos alunos. Procurando não impedir a humanidade em geral de obter as bênçãos da alquimia, expus deliberadamente muitos desses pontos de maneira a torná-los de fácil compreensão. Todavia, que ninguém pense que todo conhecimento pode ser alcançado através de uma só abordagem ou sem esforços e estudo.

Sugiro àqueles que desejarem outras informações técnicas para ampliar o curso, o estudo da propagação das ondas, da mecânica da teoria quântica, da química e da física elementar e avançada, da sismologia, da astronomia, da geologia e de temas correlatos. Estes estudos, juntamente com os cursos humanísticos, as religiões mundiais e as peças de Shakespeare, serão tremendamente valiosos, pois vocês serão orientados a partir do interior e também por seus gostos pessoais.

Ninguém deve pensar que o estudo de tais temas extracurriculares é absolutamente necessário ou exigido pelos mestres, pois os ensinamentos mais importantes estão incluídos aqui — conquanto nas entrelinhas, em alguns casos. Deixem que Deus seja o guia; e, àqueles que não reconhecem suas rédeas, eu digo, a ventura é o que é!

Nutro uma leve esperança de que a ciência material não olhará com demasiada desconfiança o controle da matéria através do poder da mente e do espírito. Duvido que a religião possa negar com correção os supostos milagres que demonstram (se neles se acreditar) como os indivíduos que habitam a terra têm sido capazes de efetuar a transmutação, que é simplesmente a transformação de uma forma em outra, como, por exemplo, a água em vinho;[4] a ampliação e multiplicação da substância atômica e molecular, como por exemplo a multiplicação de pães e peixes;[5] e a precipitação dos elementos, como por exemplo a descida do fogo dos céus.[6] Feitos igualmente maravilhosos, realizados por mestres ascensos e não ascensos, indicam uma ciência extremamente exata do controle sobre a matéria e da energia.

Eu, por meu turno, jamais questionei a verdade desses assuntos, simplesmente porque sempre mantive, humildemente, minha fé no poder do bem, eternamente duradouro. Ademais, demonstro ativamente as leis da alquimia, que fazem de todo o processo de controle da matéria e da energia uma questão cotidiana.

Compreendo que os não iniciados ou aqueles que jamais testemunharam esses chamados milagres podem facilmente questionar a sua autenticidade. Alquimistas de Deus, não lhes peço aqui para acreditar apenas. Peço-lhes que comecem a demonstrar, até certo ponto, essas verdades por si mesmos!

Poucos estudiosos da lei superior têm sido capazes de exteriorizar com sucesso um ou mais dos objetos visíveis diretamente do universal, como uma rosa, uma pedra preciosa ou uma taça de essência líquida, acelerando mente e corpo. Naturalmente, estamos ansiosos para ver as pessoas alcançarem o poder de produzir toda e qualquer coisa diretamente do universal.

No entanto, tais segredos dificilmente podem ser escritos ou explicados em sua plenitude, pois não podemos perturbar o atual sistema econômico até que a justiça maior seja estabelecida pela humanidade na Terra. Por outro lado, esses segredos tampouco podem ser ocultados, justificadamente, aos meritórios. Assim, incluímos explicações maravilhosas neste curso, as quais, aos olhos daqueles que têm fé ou daqueles que estão se esforçando para adquiri-la, abrirão inúmeras portas de progresso.

Todo mestre Ascenso possui esses poderes de precipitação à sua disposição, por conseguinte jamais lhes faltam as coisas boas. Que a humanidade não ascensa se interrogue: Quanto tempo você passará desperdiçando sua energia na tentativa de ampliar uma existência árida no seio da Natureza, que para alguns de fato afigura-se árida, quando todas as suas necessidades podem ser satisfeitas por meio do controle das leis cósmicas, demonstradas por Jesus Cristo e outros grandes instrutores, em suas próprias vidas no passado?

O uso da palavra *luz* na alquimia inclui a luz em seus aspectos visíveis conhecidos e também em suas características invisíveis, algumas delas ainda desconhecidas da ciência física. Quando produzi joias raras e pedras preciosas por meio da alquimia, os métodos por mim utilizados não poderiam ter sido aplicados com facilidade pelo homem comum que não tivesse, graças à disciplina, fé e quietude meditativa, estabelecido o controle mental necessário.

Esses métodos são conhecidos por todos os iniciados; e apenas um iniciado poderia ter sido tão tentado pelas forças das trevas quanto Jesus, que, consciente de seu poder alquímico, rechaçou a tentação para utilizar a alquimia durante o período em que sua fé foi colocada à prova. Em vez de aliviar o desconforto físico ordenando "que estas pedras se transformem em pães",[7] como ele poderia ter feito, Jesus ofereceu sua fidelidade à presença suprema de Deus e à palavra de Deus, reconhecendo-as como muito mais importantes do que as exigências de seu corpo físico. Tal atitude permitiu-lhe passar no teste e preparar-se para as disciplinas que lhe deram sua vitória na cruz e no túmulo, elevando-o acima da colina de Betânia, para os braços de Deus.

Contudo, a alquimia do progresso espiritual afigura-se menos importante para muitos que preferem os métodos mais espetaculares dos fenômenos psíquicos à realização das transformações que irão torná-los semelhantes a Deus. Dificilmente imaginam os homens que a promessa "todas essas coisas vos serão acrescentadas"[8] inclui o poder de controlar os ventos e as ondas, a matéria e a energia, quando o homem fizer do reino de Deus seu primeiro e mais importante objetivo.

Todavia, faz-se necessário o equilíbrio, e mais uma vez tenho o prazer de dizer aos estudiosos que o uso da alquimia, destinado a efetuar mudanças na oitava física, não é nem um pouco desregrado, em sua utilização correta.

Os métodos da alquimia podem ser descritos com simplicidade e facilmente assimilados, mas seus preceitos exigem a prática de um artista magistral. No entanto, os resultados podem surgir das maneiras mais variadas, se o discípulo ao menos começar a tentar. Existem inúmeros métodos de precipitação, mas apresentarei apenas um deles aqui, e apenas em parte.

Em primeiro lugar, elaborem uma matriz mental do objeto desejado, em seguida determinem onde querem manifestá-lo. Se vocês conhecem a substância material de que ele é composto, memorizem seu padrão atômico; caso contrário, recorram à inteligência divina dentro da sua mente superior para registrar o padrão para vocês, a partir da inteligência universal, e imprimam-na em seu corpo da memória e em sua mente.

Reconheçam que a luz é uma energia que se manifesta universalmente na terra, graças ao centro solar do ser, ponto focal do Cristo neste sistema solar. Invoquem a luz para que assuma o padrão atômico que vocês desejam, fundindo-se em torno deste padrão e, em seguida, "densifiquem-na" em uma forma. Invoquem a multiplicação desta estrutura atômica, até que as moléculas da substância comecem a preencher o vazio, ocupando o espaço no qual vocês querem que o objeto apareça.

Quando o contorno geral estiver preenchido com a ação vibratória da substância quadridimensional que representa a manifestação desejada, peçam que a densidade atômica desça totalmente a uma forma e substância tridimensionais dentro do padrão estabelecido pela matriz de suas mentes; e então aguardem os resultados.

Não fiquem tensos se sua manifestação não for imediata ou se, após um período de tempo considerável, aparentemente não houver resultados. Lembrem-se, abençoados, que o desespero destrói a própria fé sobre a qual se fundamenta a sua experiência. Pois a fé é a certeza de coisas almejadas, a evidência dos fatos que não se vêem,[9] e vocês devem manter a fé ao empunharem o véu diáfano que compõe a imagem mental.

Se vocês passaram anos envolvidos com as emoções humanas, absorvendo a discórdia da consciência de massa e as dúvidas e temores da humanidade, esses registros precisam ser consumidos pelo fogo alquímico, a fim de abrir caminho para essas ideias e formas mais nobres imaginadas por vocês. Vocês devem dedicar seu tempo e energias às suas novas ideias. Assim começarão a tecer uma teia de realizações dedicadas à espiritualidade, à espiritualização da consciência material e à materialização de conceitos celestiais aqui na Terra, onde o reino de Deus deve manifestar-se.

Gostaria de ressaltar que o método de esquadrinhamento utilizado na projeção de imagens televisivas, no qual um efeito de uma corrente eletrônica fluoresce em uma tela e as partículas eletrônicas deslizam em padrão linear horizontal, de modo a criar em um microssegundo uma imagem ocular, não pode ser utilizado com sucesso na precipitação alquímica, sendo mais apropriado para a projeção de imagens mentais a distância. Na precipitação, uma rápida expansão dos raios luminosos em três dimensões deverá ocorrer; e, no método da tela, a imagem ótica se dá em uma dimensão, em um só plano horizontal.

O estudo da citologia e da embriologia proporcionará ao aluno uma compreensão de como uma única célula multiplica-se e reproduz-se. Quando vocês estão lidando com a manifestação instantânea, a velocidade e intensidade da luz devem chegar a níveis e força surpreendentes.

Deve-se observar que o exercício deste controle sobre a matéria pela mente não constitui tarefa comum. Embora não possa afirmar que pessoas comuns são incapazes de dominar a técnica de execução dessas leis e que o mais humilde dos indivíduos não possa ser investido, ou investir a si próprio, de tamanha autoridade, dentro dos direitos inalienáveis concedidos por Deus ao homem, não desejo ver a frustração tornar conta daqueles que tentarem efetuar a precipitação e sentirem-se desencorajados porque aparentemente falharam.

Digo "aparentemente" porque a lei não falha. Na maioria dos casos em que a precipitação direta não acontece, se esforços foram feitos e a técnica realizada com toda a fé para que o chamado seja respondido, cedo ou tarde uma precipitação indireta será efetuada e, de uma forma ou de outra, a manifestação desejada ocorrerá.

Lembrem-se, este é o talento divino de tipo mais elevado. É também a cocriação com Deus e, como tal, é mais bem utilizada por aqueles cujos propósitos equiparam-se ao divino. Assim, quando a vontade do homem alinha-se à vontade de Deus, a luz de Deus não deixa de precipitar essa vontade na plenitude do tempo, do espaço e da oportunidade.

Dediquei seis lições a este tema, tratando de métodos práticos para auxiliar o cientista espiritual na obtenção de maior felicidade pessoal no cotidiano, através da fusão do indivíduo com os padrões do próprio princípio. Tanto a paz interior como a exterior, bem como a sensação de bem-estar pessoal, são necessárias para o desenvolvimento eficiente dos próprios poderes espirituais, embora alguns indivíduos possam florescer em meio ao conflito. Admito a necessidade de líderes corajosos na Terra, nas mais variadas esferas, para a manifestação e desenvolvimento do tipo de sociedade que poderia ser considerada uma sociedade criada pelos deuses.

Além da alquimia da precipitação instantânea, a alquimia da preparação é igualmente necessária, na qual a utilização das próprias energias e oportunidades é planejada de forma inteligente, de modo que a vida não receba um retorno imperfeito de seu investimento de energia em uma corrente de vida individual.

Espero que meus leitores não estejam desapontados, até aqui, com o uso despretensioso que tenho feito de seu tempo e atenção. Alego, humildemente, que a releitura deste material poderá esclarecer a todos vocês quanto à verdadeira profundidade de minhas percepções, calculadas para exaltar as pessoas de diversas camadas religiosas e sociais para áreas mais úteis para elas, para a humanidade e para Deus. Se, quando o curso estiver completo, eu tiver, até certo ponto, realizado tal feito, ou mesmo aumentado esta possibilidade, ficarei satisfeito.

Alguns de vocês poderão desejar a minha orientação pessoal ao empreenderem sua primeira precipitação alquímica. Auxiliarei de bom grado todos aqueles que requisitarem, silenciosamente, a minha ajuda, contanto que o motivo seja correto e a mudança desejada, benéfica ao plano de sua vida, e contanto que exercitem o esmero e a prece, buscando sempre o cumprimento da vontade de Deus.

Permitam-me sugerir, que tentem, como um primeiro esforço, a precipitação de uma ametista na forma de uma cruz de Malta, o que seria excelente, pois tenho usado pessoalmente a ametista para criar inúmeros modelos experimentais. E fico extremamente feliz de acrescentar o meu *momentum* ao seu!

Do simples ao complexo, do alvorecer dos primórdios da utilização do raio de luz ao zênite do meio-dia do progresso, que todos percorram as veredas da vida, como numa caravana da fé. Que cada futuro alquimista busque o alvo da realização. Vocês trabalham na luz eterna, neste exato momento.

Eu sou devotado ao seu sucesso,

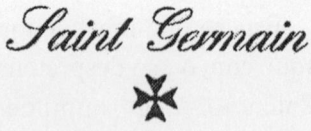

Saint Germain

CAPÍTULO 8

Consciência dominante

A proximamo-nos agora, em silêncio respeitoso, tomados pela reverência à consciência sagrada das grandes leis espirituais que governam todas as manifestações exteriores. Os desígnios de Deus tornam-se mais próximos de cada indivíduo à medida que eles se lhe tornam mais caros. Compreendam que grande insensatez é submeter-se aos falsos preceitos de qualquer sistema educacional. Contudo, é igualmente tolo negar a verdade inata e os preceitos verificados do conhecimento acadêmico.

Para conhecer a natureza, conhece-te a ti mesmo; mas adquire o domínio da arte da síntese sagrada. Assim, a justiça da verdade servirá para integrar, no interior da esfera do conhecimento, esta relatividade interior e as dimensões cósmicas entre a natureza e o eu, cuja ação matemática precisa indica que, assim como Deus aplica os princípios geométricos, o homem é capaz de perceber e demonstrar, sistematicamente, uma compreensão correlata das obras maravilhosas realizadas pelas mãos de Deus — exceto a feitiçaria falaciosa da mente carnal.

Despojando as vibrações do pensamento e sentimento humanos da graça criativa presente em cada átomo da criação, toda a essência da vida cintila, purificada pelas mãos eternas. Isto é como deveria ser! O erro mais grosseiro, o sofrimento mais intenso — todos são causados por uma abordagem errônea da razão pura.

Vocês percebem, filhos abençoados da humanidade, que poucos indivíduos na terra insistiriam conscientemente no erro se tivessem a certeza de que estavam profundamente envolvidos com ele? Assim, cabem aos mestres alquimistas servir ao máximo a Deus e ao homem, removendo cada indício de malevolência e ignorância da tela da consciência humana, a começar pelos próprios conceitos pessoais de cada um.

Sabendo como os estudiosos deste curso estão aguardando afetuosamente cada palavra pronunciada por mim, estou igualmente imbuído de reverência pelo serviço em questão. Para mim é impossível conceber como podemos fazer menos do que responder aos chamados que nos são feitos, em obediência à grande lei cósmica.

Até mesmo um ser ascenso, em íntimo contato com a humanidade, pode tornar-se praticamente possuído por uma urgência e desejo de romper os grilhões que mantêm qualquer alma abençoada em cativeiro! No entanto, podemos apenas apontar o caminho e oferecer orientação e serviço específicos, segundo as recomendações do Conselho do Carma.

A injunção "Homem, conhece-te a ti mesmo" deve ser aplicada por vocês à verdade pura do ser, e não aos conceitos humanos do que seja esta verdade. Contudo, é perigoso criticar outra pessoa ou seus conceitos; pois apenas o indivíduo pode apreender, através da tela de seu próprio ser, seu mundo e o cosmo.

Quando perceberem o que significa interpretar a vida para si mesmos, vocês verão como é completamente impossível fazer isto por outrem, na medida em que o homem comum não pode adentrar, com sucesso, a consciência de outra existência, nem tampouco avaliar com acerto seus processos de pensamento e sentimento completos.

Isto, pela graça de Deus, nós somos capazes de fazer; e o Conselho do Carma, juntamente com os Cristos Pessoais de toda a humanidade, podem ser os mediadores. Frequentemente hesitamos, a menos que o apelo seja tremendamente poderoso, em interferir no Carma individual. Todavia, a humanidade não ascensa, tolamente, muitas vezes apressa-se em decidir como um indivíduo deve pensar ou viver. Confio que os estudiosos desta atividade dar-se-ão conta, mais e mais, de como podem ser úteis uns aos outros, acolhendo o conceito imaculado no plano de vida individual, e deixando a orientação àquele Eu Superior.

Tenho observado, ao longo dos séculos, como é importante o serviço da prece regular. O oferecimento diário de orações tem salvo milhões de vidas, ampliado as vidas de outros milhões e abençoado toda a vida ilimitadamente.

A prece abre as portas à intervenção de Deus nas questões humanas. Proporciona um caminho, através do qual os mestres Ascensos e os seres cósmicos que desejam servir ao planeta Terra e às suas evoluções podem trilhar os meandros da justiça universal e oferecer especial auxílio, porquanto foram chamados a fazê-lo. A lei decreta que as hostes celestiais devem ser solicitadas por alguns dentre a humanidade, devem ser convidadas a interferir, antes de terem permissão de interceder em prol da humanidade.

Afinal, manteriam as pessoas o seu livre-arbítrio se os céus impedissem a realização de cada desejo desordenado? No entanto, estes guardiões da humanidade, que percebem o

91

erro das ações da humanidade, podem deixar de invocar, em favor de seus irmãos desorientados, o auxílio da inteligência superior de Deus, a fim de libertar a vida dos efeitos cristalizantes de seus conceitos errôneos?

Para o alquimista, grande é o valor da prece. Além dos benefícios supracitados, ela proporciona um estímulo para a elaboração de seus valores e do propósito da verdade divina, enquanto o molde mental encontra-se em processo de assumir uma manifestação física.

O brado do bem-amado Jesus, no momento da sua maior prova, "não se faça a minha vontade, e, sim, a tua!"[1], ensina uma lei mais avançada da alquimia. Quando proferido pelo alquimista, no momento do selo da matriz, este chamado assegura que as forças orientadoras do poder, da sabedoria e do amor irão aprimorar o padrão precipitado quando necessário, para que formas mais perfeitas do Criador possam surgir no mundo da forma.

Isto coloca todo o processo de precipitação no campo de força de percepções eternas e proporciona ao homem, na qualidade de cocriador com Deus, o benefício adicional da assistência do Todo-poderoso, que cria e desenvolve o padrão de suas próprias ideias sobre o destino, de acordo com o propósito cósmico.

Em minha mais recente oferta, sugeri a possibilidade de outras mentes interferirem no processo de precipitação. E, conquanto não queira amedrontar ninguém com esta possível eventualidade, desejo que todos estejam alertas e protejam-se, guardando silêncio.

A ação e a meditação discretas constituem garantias adicionais de que a liberdade de criação, pretendida por Deus para todos, constituirá o quinhão de cada um. Sua visualização de uma luz azul envolvendo-o, envolvendo a sua matriz e a sua manifestação, servirá para focalizar a proteção desejada.

A afirmação de Jesus Cristo, "Não penseis que vim trazer paz à Terra; não vim trazer paz, mas espada", provocou consternação em muitos que o seguiam como o Príncipe da Paz, e continua a provocar até hoje. Meus amados, esta declaração, juntamente com esta outra — "vim causar divisão entre o homem e seu pai; entre a filha e sua mãe e entre a nora e sua sogra. Assim os inimigos do homem serão os da sua própria casa"[2] —, têm em comum o propósito de transmitir uma mensagem de proteção a cada corrente de vida.

O salvador proclamou para toda a humanidade a necessidade de proteger o desígnio divino, que a ela pertence. Portanto, se alguns supusessem estar no direito de dizer aos outros como viver, eles estariam colocando em discordância família e amigos. E, se um homem opta conscientemente por buscar, encontrar e seguir seu próprio desígnio divino, embora este modelo possa não agradar a pai, mãe, amigos ou à sociedade, este homem deveria aceitá-lo, ainda que ele o coloque em discordância com aqueles que ainda obedecem aos conceitos de realização mundana.

Seguindo a Estrela de Belém — o ímã interior do Cristo — partilha-se o Getsêmani, o Calvário, a aurora da ressurreição e a colina da ascensão. Assim, ninguém pode alcançar a verdadeira paz, até que a espada do discernimento divino permita-lhe discriminar, por si mesmo, a realidade e então proteger os dons e graças inatos, selados por Deus em seu íntimo, a fim de tornar cada corrente de vida numa faceta gloriosa no plano mestre da criação.

Não admito que, a partir de minha afirmação anterior, surja uma justificativa para a teimosia humana. Sem dúvida, deve ficar claro que muitos parentes e amigos bem-intencionados dão conselhos valiosos, assim como muitos líderes religiosos e educacionais, e que tudo isto pode ser aprendido ouvindo-se a sabedoria dos doutos e bem-informados.

Contudo, interessa-me, em cada indivíduo, o domínio do processo de discernimento, por meio do qual ele desenvolve as qualidades de liderança e a capacidade de avaliar os conselhos de outras pessoas, lançando obedientemente os olhos para o Deus acima, a fim de penetrar a complexidade da razão humana com a luz de sua benevolência — que, repito, é o alvorecer e a essência da própria razão pura. Nenhum homem possui lógica maior do que a sabedoria incomparável do Logos!

No entanto, existe um perigo aqui, um frágil estado de consciência, onde uma tola indiferença é despertada no íntimo do estudioso; e, neste estado, ele declara: "Necessito apenas de Deus, e só ele pode dizer-me tudo que eu devo saber." Bem, meus queridos, quando o rei oferece um festim ao filho, ele emprega servos para dispor as iguarias de sua mesa diante do filho, que então deverá colocar-se de pé e saboreá-las. Assim, que todos aprendam a reconhecer o verdadeiro valor nas pessoas e em todas as coisas, mas não se deixem desviar pela cegueira dos outros.

É chegado o momento em que anseio por transmitir-lhes um grande mistério de maneira que o próprio acerto de sua compreensão possibilitar-lhes-á colher benefícios permanentes em suas mentes e em seus negócios. Ei-lo: a compreensão, pelo alquimista, de que a consciência é o ingrediente supremo.

Meus amados, com Deus todas as coisas são possíveis![3] Se possuírem sua consciência, também assim será para cada um de vocês — na verdade, ser-lhes-á possível manifestar todas as coisas imediatamente. Se não for esta a sua experiência instantânea, então é porque necessitam mais da consciência divina!

"Até aqui tudo bem", vocês dirão. "Mas como vou adquirir este artigo nebuloso, chamado consciência?"

Meus amados, o que é e onde está sua consciência? Os diminutos pontos de matéria física ou energia, cuja natureza é atômica, são compostos de partículas de luz mantidas em trajetórias orbitais, estabelecidas e dotadas de ação inteligente. Este magnetismo espiritual, impregnado de inteligência criativa, poder e amor, constitui um fluxo cuja densidade permeia toda a esfera e o ambiente de cada átomo, estendendo-se, externamente, em composição molecular e celular e, a partir daí, através das fases elementares da natureza, manifestando-se em escala planetária. Quando corretamente compreendidas, tornar-se-á conhecido que essas partículas giram em trajetórias orbitais fantásticas e infinitas, através das densidades solar, galática e universal.

As dimensões relativas permitiram à humanidade sentir que sua consciência é confinada pelo corpo ou pela célula, dependendo do caso. Este conceito do espectro aprisionado no interior da máquina humana é um erro completo. Embora o fluxo de forças interatuantes possa tornar-se mais complexo, ainda assim o conceito de uma consciência em expansão, simultaneamente com um universo em expansão, deve ser levado em conta, se o homem quiser obter o domínio correto de suas questões.

O homem não está mais confinado em seu corpo do que está em um átomo de substância que se encontra dentro dele ou no interior de seu cérebro. Nem tampouco os átomos da matéria física que compõem esse corpo estão confinados a ele, nem sua expressão é limitada por esse corpo ou pela densidade mente-matéria.

A capacidade de estender-se para o exterior e tornar-se parte inteiramente consciente de uma totalidade, de maneira maravilhosamente espiritual, é o dom concedido por Deus a todos. Ninguém perde nenhuma parte daquilo que já é seu assim fazendo, e ninguém retira nada de outrem ao partilhar as glórias de Deus.

O verdadeiro significado da passagem das escrituras, na qual João Evangelista referiu-se ao livrinho que seria amargo ao estômago mas doce como mel na boca[4], relaciona-se com a digestão da ideia de si mesmo contendo o universo e do universo contendo-o. O Livro da vida, citado no Apocalipse[5], é o léxico de Deus, e o léxico de Deus engloba todo o cosmo.

Como o léxico de Deus abarca toda a criação, que ninguém retire o quinhão ou o privilégio de outrem, a fim de usufruir da sua verdade cósmica; nem deve deixar que ninguém dele se prive o maior privilégio da vida. Fazer isto é retirar o seu próprio quinhão ou o de outrem, e certamente Deus, como a lei, confinará aquele que assim agir à mesma esfera de limitação a que ele confinou o outro.

Que todos, ao serem guardiões dos seus irmãos calculem as mais elevadas e melhores possibilidades para cada um. Portanto, expandam e contraiam a consciência, para sentir não apenas a necessária esfera interior do ser, mas também o universo exterior em expansão, e vocês encontrarão sua consciência saltando para os braços do próprio alquimista eterno.

Não pretendo deixar os inúmeros temas incluídos neste curso sem uma sinopse física e espiritual, bem como um complemento de utilidade diária. Portanto, a próxima lição incluirá a corda dourada que, como a corda de um instrumento, destina-se a criar uma nota final de harmonia na consciência, que conferirá a este curso um valor inestimável e permanente para todos.

Estou incluindo, confiante, esta instrução que servirá para enquadrar a totalidade em um cenário raro e adorável. Mas a totalidade aqui citada é toda a sua vida! Obtenha o domínio de sua consciência, direcionando adequadamente a atenção desta, possuindo, assim, a chave do repositório precioso de substâncias eternas de Deus.

Afetuosamente, Eu sou

Saint Germain

✠

CAPÍTULO 9

O cadinho do ser

Sussurra o homem, a alma de tal forma inanimada
que jamais diz a si mesmo,
Este é o meu universo, meu próprio universo!

Parte I

Se devo citar uma área de relevância, na qual os estudiosos precisam trabalhar mais do que em qualquer outra, é a da expansão da consciência universal no interior do campo de força do indivíduo.

A maior necessidade da humanidade hoje — e faço tal afirmação inequivocamente — é o desenvolvimento e estimulação da noção de que o universal pertence inteiramente ao individual. A partir disto, chega-se à conclusão precipitada de que o individual também tem de ser sentido como algo pertencente a esse cosmo universal, assim concebido.

À medida que o estudioso da alquimia aproxima-se do templo do ser, da vida e da unidade, ele deve, se compreender corretamente o significado da existência e daí extrair felicidade, ver a si mesmo como um diamante da perfeição da luz, engastado sobre uma base de perpétua elegância. Reconhecendo sua origem naquelas realidades permanentes, às quais a mente interpretativa e o âmago do ser conseguem apreender e manter no foco apropriado da evolução possível, o homem uma vez mais renovará sua impulsão, conduzida inteligentemente, rumo à realidade sublime.

Não existe impedimento maior ao progresso do que o isolacionismo proveniente da noção de separação da vida, na qual a pequenez do ego, que enfrenta desvantagens indeterminadas, oculta-se nas sombras da incerteza. Os fatos imprevisíveis do futuro, em razão de sua obscuridade, proporcionam pouco consolo ao coração saudoso, que aguarda alguma palavra da mente criativa de Deus, alguma presciência da profundidade daquele amor que Deus nutre por cada parte da ampla totalidade do cosmo, em toda sua imensidão e grandiosidade.

Das mentes mais insignificantes às mais grandiosas, todas necessitam do benefício da sintonia permanente com a consciência universal de Deus.

Os seres humanos, através de diversos conceitos religiosos, têm imaginado Deus como "criatura-criador" simplesmente porque eles mesmos são "criadores-criaturas". Utilizando a tremenda energia expansiva do ser, os homens imaginam e concebem diligentemente a natureza de Deus, enquanto apenas aqueles poucos que apreenderam a verdade de que Deus é consciência, vontade e amor, manifestam-se em uma ampla variedade de dimensões e atributos.

Eu lhes digo, Deus é uma personalidade impessoal benigna, uma impessoalidade pessoal, uma personalidade pessoal e uma impessoalidade impessoal que inclui a consciência multiforme do ser. Ele concede e cede Seu eu criativo às criaturas por Ele criadas na esperança de que elas irão compreender Seus propósitos e tentar emular sua consciência à plenitude com que Ele dotou-as.

À medida que amadurecem e crescem ao longo da vida, as pessoas imitam umas às outras, consciente e inconscientemente, reproduzindo as personalidades que sensibilizam suas vidas. Nutrem uma tal noção de irrealidade que insistem em identificar-se como pecadores desprezíveis. Aceitam não apenas as acusações do "acusador de nossos irmãos", cujas tramas estão expostas no capítulo doze do Livro do Apocalipse, mas também o fardo das ondas crescentes da condenação em massa que, como o mar raivoso, ameaça submergir a verdadeira imagem do Eu superior em um oceano de emoções.

A finalidade do pensamento e do sentimento é dar forma à experiência frutífera e progressiva, que, por sua vez, dota a humanidade dos aspectos superiores de seu Eu divino. Vejam, alquimistas abençoados, seus pensamentos e sentimentos são as linhas de colimação que ajustam e alinham suas energias, concentrando-as por meio de lentes da consciência, segundo o seu livre-arbítrio para criações construtivas ou destrutivas no mundo da forma.

A humanidade, no fluxo de sua influência, tem utilizado mal as energias de seus pensamentos e sentimentos; e, inconsciente das consequências de suas contradições, irregularidades e incongruências mentais e emocionais, a espécie humana tem moldado as energias da luz que chegam em seu mundo em formas assimétricas que, em razão de sua natureza, jamais poderiam proporcionar felicidade às pessoas ou a qualquer outra parte da vida.

A ideia de um Deus temperamental, vingativo ou injusto é abominável desde o princípio. O conceito de uma divindade arbitrária, capaz de demonstrar algum tipo de favoritismo, é igualmente aflitiva. Assim, de acordo com sua consciência da divindade, o próprio homem torna-se o árbitro de seu destino e, segundo a maneira como utiliza sua energia, o arauto da verdade ou do erro em sua vida.

A estratificação da consciência humana, dos tipos aborígines até o homem erudito do século XX, versado em filosofia, ciência, religião e na mecânica superior da vida, persiste em toda sua plenitude na atualidade, nas mais variadas regiões do mundo. Pessoas honestas reconhecem em si mesmas esses passos progressivos da consciência, os quais, se progressos estiverem sendo feitos, encontram-se em constante fluxo.

Ora, é bem verdade que pode ser mais confortável para a humanidade, ao menos temporariamente, vegetar sob o sol ou a lua, em devaneios isolados, distante dos desafios da vida, sem os benefícios às vezes violentos mas sempre inquietantes do calor alquímico, que, como os fogos crísticos, purifica as impurezas da humanidade. Entretanto, tenho a certeza de que a alma ansiosa por galgar a montanha da realização e alcançar os altos cumes não procurará defeitos nem rejeitará a cadeia necessária de experiências, cuja finalidade é ampliar a mente, aguçar o intelecto, exaltar o espírito e colocar à prova o caráter de um homem.

Ainda no tema dos matizes da consciência, lembrem-se de que cada nível representa uma fase da alquimia de transição do humano para o divino. Ajusta noção de oportunidades iguais para todos, dos aprendizes ao mestre alquimista, constitui um pré-requisito para a liberdade pessoal.

Reconhecer o potencial de uma consciência maleável e móvel é reconhecer a elevação do espírito. Dispor-se a aceitar a responsabilidade pessoal pela transformação das condições indesejáveis, na esfera do eu, é aceitar a responsabilidade de ser um filho de Deus. Aqueles que servem de instrumento para seus egos e permitem que os padrões de energia (isto é, as vibrações) da inveja pessoal bloqueiem os portais para a mestria pessoal, ao cortejarem a realização de outra corrente de vida, irão defrontar-se com obstáculos em sua evolução no Caminho, até que tenham transmutado essa propensão.

A inveja, na verdade, origina-se da dúvida e do medo de que o próprio Deus Todo-poderoso seja incapaz de conceder a cada um todos os talentos necessários e benéficos que contribuem para a realização de seu plano divino. Como a inveja e a competição entre expressões individuais de Deus encontram-se entre as causas principais de toda a infelicidade que assola a terra, ressalto veementemente a necessidade dos discípulos colocá-las na chama.

As ameaças à mestria pessoal do alquimista criadas pela inveja manifestam-se das maneiras mais sutis — tanto assim que muitas pessoas sinceras não têm consciência de que tais vibrações conspurcadoras de tempos em tempos influenciam seus sentimentos. A aplicação na prece e na súplica, ou como invocações e afirmações (chamados decretos), feitos em nome de Deus pela sua libertação de todas as situações de luta e confronto, trarão os frutos de uma evolução ativa, embora pacífica.

Como podem ver, a falsa identificação com a família e os amigos, a aceitação das limitações da hereditariedade e do meio ambiente, o apego a pessoas e lugares, à própria raça, religião, nacionalidade ou etnia também devem ser submetidos às chamas do fogo do Refinador para transmutação. Atitudes pessoais devem ser ajustadas a leis impessoais, e os padrões de sentimento e pensamento devem ser moldados segundo desígnios mais nobres, se o indivíduo quiser realizar verdadeiros progressos espirituais.

Não estou dizendo que os indivíduos não devam ser leais àqueles que amam e em quem confiam. Mas declaro que a primeira lealdade do homem deve ser para com o seu Eu verdadeiro, a sua própria identidade divina, e o seu ser crístico, e então, sim, para com aqueles com quem ele se identifica. Acima de tudo, os propósitos e práticas da vida devem ser corretamente entendidos e praticados.

Despertar a cada dia para outra série de prazeres vãos e a esperança questionável da expectativa mortal — aí reside um estado de débil infortúnio, no qual a alma dificilmente é exercitada. Quando os propósitos dos céus forem realmente compreendidos, o homem acolherá o alvorecer e receberá cada novo dia com alegria.

Vivendo uma existência de plenitude, dificilmente o homem pode temer a morte. Como escrevi em meu ensaio "Of Death" [Sobre a morte] (com o nome de Francis Bacon): "É tão natural morrer quanto nascer; e, para um bebê, talvez esta última seja tão dolorosa quanto a primeira!"[1] Assim, chegamos agora a um ponto de nossos estudos alquímicos em que devemos compreender o significado da mortificação do corpo de substâncias não transmutadas.

Ao longo dos séculos os homens orgulharam-se tremendamente do corpo: glorificaram-no e deificaram-no. Os artistas retrataram o corpo, os escultores criaram belas estátuas exibindo-o e, ao final, ele se transformou em pó e decadência.

Durante todo esse processo de decadência, o espírito do homem supostamente criou casas de eterna perfeição nos céus.[2] Isto é verídico em parte, pois todos os bons feitos realizados pelo homem, enquanto permanece em seu corpo, são registrados como merecimento nos grandes círculos concêntricos de luz e essência eletrônica que compreendem seu corpo causal — o corpo da Primeira Causa, morada da presença do Mais Alto Deus.

Como cada indivíduo que é uma manifestação de Deus possui um corpo causal, da mesma maneira, cada indivíduo possui uma presença do Eu sou pulsando como fogo sagrado no centro desse corpo. E, no campo de força áurico que circunda essa presença, encontram-se as marcas de suas realizações em favor do bem em seu lar planetário.

Assim, eu gostaria de imprimir uma lei nos corações dos discípulos da alquimia: Deus é absolutamente justo — o universo é absolutamente justo. Todas as injustiças provêm dos equívocos e mal-entendidos cometidos pelo homem com relação aos fatos ou do emprego equivocado da justiça. Aqueles que não compreendem a vida corretamente, que se mantêm na ignorância das leis da justiça divina e humana, não podem ser encarregados de preservar a chama da justiça.

Como já disse antes, todos os estudiosos devem estar dispostos a abandonar os grilhões dos falsos mestres e seus ensinamentos falsos. Todos os discípulos devem estar decididos a romper as cadeias do erro, rejeitando a imagem do mundo como local onde a integridade está ausente e a sugestão de que os indivíduos estão aqui se aproveitando uns dos outros.

O empresário conhecido e frequentemente citado P.T. Barnum, disse: "Nasce um idiota a cada minuto." Naturalmente as pessoas não gostam de pensar que estão sendo ludibriadas. Portanto, em geral, elas procuram superar o seu semelhante antes que ele as supere. Esta atitude é responsável pelo ambiente extremamente insalubre do comércio e da sociedade.

Conquanto seja verdade que cabe aos líderes mundiais em todos os campos a responsabilidade de constituir um exemplo de integridade, nada deve impedir os adeptos do mundo de manifestar esta integridade que seus líderes deveriam demonstrar possuir, nem tampouco de exaltar a virtude como exemplo diante deles. Uma grande parte das reflexões do mundo a seu próprio respeito está correta, mas suas inexatidões passaram a ser aceitas, sem questionamento, pelos indivíduos. Esta aceitação tácita é responsável ao mesmo tempo por uma civilização e uma individualidade frágeis.

Portanto, para fortalecer os laços de liberdade em todo o mundo, o novo homem deve emergir do meio social: um novo Atlante deve surgir revestido com a integridade do Sol! Um homem de ouro para uma idade de ouro! Este é o mestre alquimista!

Se este homem espiritual — revestido do poder do Sol, do poder da alquimia espiritual, da virtude que ele já possui, mas da qual frequentemente não tem a menor consciência — surgir hoje em dia será porque ele ofereceu o "corpo" de suas substâncias corruptas para ser lançado ao cadinho da fornalha alquímica!

Os primeiros místicos e autores cristãos estavam se referindo a esta experiência quando disseram que um homem deveria morrer com Cristo se esperava viver com ele.[3] Esta morte do homem velho e seus feitos[4] está confinada ao cadinho da experiência espiritual-alquímica: assim, é possível a transformação de todas as situações indesejadas na vida de um homem, chegando o homem a uma gloriosa epopeia transmutativa, culminando no surgimento do novo homem. Livre da derradeira escória da experiência humana, o homem se ergue em toda glória esplendorosa da experiência divina, a totalidade da ressurreição.

As agonias do Getsêmani podem ser comparadas à preparação espiritual, pela qual o alquimista deve passar antes de comprometer-se, consciente e intencionalmente, com o cadinho da vida, para que possa emergir na verdadeira glória de seu ser. Isto é morrer com o Cristo, na esperança incontestável de que voltará a viver.

Meus amados, lembrem-se de que aqueles que não fizerem isto consciente e voluntariamente também atravessarão a transição chamada morte, mesmo se persistirem em trilhar caminhos que conduzem à destruição. Entretanto, essa mudança, sem que antes tenha sido rejeitado o homem velho, não conduzirá à cristicidade indestrutível que Deus deseja ver manifestada em cada filho. Trata-se de uma suprema demonstração de fé quando uma alma viva, renunciando até mesmo ao amor-próprio, oferece-se como um sacrifício vivo, a fim de que a vitória do Cristo seja glorificada através dela. Este é um filho vitorioso de Deus!

Concluindo a Parte I, defendo que o buscador faça todos os sacrifícios necessários para a concretização das possibilidades douradas que brilham, em meio à névoa do tempo e do espaço, como uma realidade espiritual — a esperança de todos os homens que vivem sobre a face da Terra!

Parte II

Meus amados, assim como não se perde o céu por um único pensamento ou ato de uma vida, da mesma maneira não se ganha o céu por um único pensamento ou ato. Entretanto, sua vida pode tornar-se uma série diária de vitórias, nas quais cada passo correto impulsiona-o em direção a uma expansão da consciência da beleza e da glória da nova vida. Esta é a ressurreição das obras mortas da carne para a exaltação viva da consciência da espiritualidade de Cristo, investindo todos aqueles que a isto se dedicam com a missão de Jesus Cristo — um dos maiores alquimistas de todos os tempos.

Falando na ressurreição, lembro-me das palavras "Na beleza dos lírios, Cristo nasceu do outro lado do mar, / com uma glória em Seu seio que transfigura a você e a mim:/ assim como Ele morreu para tornar santificados os homens, vivamos nós para tornarmos os homens livres/ enquanto Deus continua a avançar."[5]

O homem recém-ressuscitado — no qual nasce o Cristo, no qual existe uma glória transfiguradora — ressuscita graças ao poder da transformação, graças à ciência da alquimia divina. Nele o alvorecer de cada novo dia assume um significado espiritual nunca antes experimentado. Para ele cada dia é um cálice de oportunidade de libertação e de tornar todos os homens livres.

Assim, toda a natureza, em doce comunhão com o anseio de sua existência, de insuflar os fogos da liberdade, estende as mãos imortais da felicidade. As árvores, as flores, as pe-

107

dras, a terra — todas as variegadas expressões da natureza inclinam-se ante este homem que tornou-se instrumento da liberdade, oferecendo-lhe a atenção e consideração do próprio mestre Jardineiro.

O Pai que criou o paraíso de Deus, citado no Gênesis, torna-se conhecido, agora, como o verdadeiro Criador de toda a beleza. As sílfides do ar, as ondinas do mar, as salamandras flamejantes do fogo e os gnomos da terra são reconhecidos como espíritos elementais, criados para auxiliar o Pai na criação de um reino de encanto e beleza supremos.

O alquimista perspicaz reconhece que a natureza carnal do homem reflete-se, em parte, no reino da natureza; pois os elementais, dos mais diminutos aos maiores, são grandes mímicos da cena humana. Assumindo os conceitos humanos da dualidade, espinhos e cardos, o sofrimento e a separação, surgiram na tela da vida. Todavia, não obstante todo o esbulho da beleza virginal da terra pela discórdia e a desarmonia da espécie humana, grande parte de tudo que havia de adorável permaneceu, mostrando que o poder de Deus é maior do que o poder de deificação do mal.

Por meio da amizade com os servos de Deus e com o homem na natureza, o alquimista misericordioso utiliza o grande fluxo espiritual da vida elemental e encontra, na presença do Espírito Santo, a cooperação com a natureza que anteriormente ele nem sequer sonhava existir. Contemplando a terra abençoada, com a grandiosidade de suas planícies onduladas, de seus vales férteis e de suas cadeias de montanhas, contemplando os espelhos cristalinos de seus lagos e regatos, entrelaçando a terra e transportando o elemento água em canais de profundidades variadas, o homem encheu-se de reverente assombro.

As veias e artérias planetárias, que transportam a energia incansável do eterno de um lugar para outro do globo em movimento giratório, a abóbada celeste do céu com o sol, disco dourado, para aquecer e reavivar a humanidade, a noite silenciosa com a luz de cristal e os diademas de estrelas, como as Plêiades — todos estes são inundados por uma sensação de unidade que permeia todas as coisas. Em parte alguma a unidade é sentida com maior significado do que nas profundezas do coração do indivíduo que se encontra em total sintonia com Deus e com a sua própria presença do Eu sou, identidade individualizada da perfeição do próprio Criador.

Esta porção de erro histórico, composta de uma infinidade de acontecimentos carnais e qualificações humanas errôneas, é transformada pelo fogo alquímico da regeneração espiritual e, em seu lugar, surge a totalidade do verdadeiro ser do homem. Ele não é mais parte: ele é toda a criação!

Estes vales e colinas, estes diademas de estrelas e distâncias incomensuráveis do espaço são parte dele mesmo. Ele é todos e está em todos! De posse desse sentimento celestial de maravilha sempre presente, o homem é capaz, como uma manifestação integral de Deus, de realizar os milagres do grande alquimista e transformar seu mundo na glória extraordinária da ressurreição! Os sentidos, em sua concepção antiga, extinguem-se; todas as coisas tornam-se novas.[6]

Com isto quero proporcionar aos estudiosos um *coup d'oeil* dos avanços futuros no mundo da ciência. Desejo oferecer uma antevisão do maior controle do homem sobre os elementos nestes *Estudos sobre a alquimia,* porquanto alguns de nossos futuros alquimistas podem ser um instrumento na produção dessas novas técnicas, ou convocando-as do universal.

Consideremos por um instante a evolução dos interruptores da mente. Atualmente, luzes, elevadores, portas e muitos aparelhos são ativados por interruptores ou eletronicamente; e os engenheiros estão trabalhando numa máquina de escrever que datilografará foneticamente frases que lhe serão ditadas. O interruptor da mente é ainda mais revolucionário, porque permitirá aos homens controlar aparelhagens mecânicas e funções elétricas por meio das ondas cerebrais, graças ao domínio das correntes de energia que percorrem a mente.

É óbvio que um sem-número de situações divertidas poderiam ser criadas, nas quais dois indivíduos poderiam transmitir impulsos divergentes simultaneamente. Isto não seria problema, pois ou um cancelaria o outro ou o mais forte sobrepujaria o mais fraco, nas ondas de pensamento transmitidas.

Outra evolução da era vindoura será uma câmera tão sensível que poderá fotografar a aura humana, o que permitirá aos médicos descobrir as causas fundamentais de muitas doenças físicas, bem como a solução de problemas psiquiátricos, relacionados com as emoções e registros subconscientes de experiências passadas, inclusive em vidas anteriores, desconhecidas dos próprios pacientes.

Os padrões de onda criados pelas tendências criminosas e pelos crimes, registrados no corpo etérico, também serão "fotografados", ou registrados por instrumentos sensíveis em forma gráfica, de maneira similar ao processo hoje utilizado para registrar ondas cerebrais e impulsos do sistema nervoso. Assim, evidências de culpa ou inocência estarão à disposição dos administradores da justiça, que anteriormente contavam com um conhecimento incompleto dos fatos para punição dos delinquentes.

Com o advento de um maior conhecimento sobre o magnetismo, será possível aumentar esse poder, a ponto de suspender a mobília no ar sem qualquer tipo de apoio visível. Uma nova evolução ótica ocorrerá, que possibilitará a multiplicação da pesquisa, pelo homem, dos universos atômico e submicroscópico.

Neste campo, a ampliação de imagens, que terão maior nitidez, tornar-se-á possível através de métodos anteriormente desconhecidos. Com este avanço, certos métodos de transmutação se tornarão conhecidos dos químicos do mundo, por meio dos quais a síntese de novos elementos será alcançada com a simplicidade de crianças brincando com blocos.

Uma nova forma de aeronavegação e transporte será possível com a utilização de um raio eletrônico refletido sobre o metal, de que a própria aeronave é composta, anulando a influência gravitacional e conferindo-lhe uma qualidade de leveza semelhante ao hélio. Isto permitirá a elevação da nave, em completa resistência ao poder da gravidade. Então, ela poderá ser direcionada por impulsos atômicos, tornando possível uma forma mais segura de locomoção. Dentro de pouco tempo haverá o avanço na televisão em cores, possibilitando um aumento de clareza na gama de cores e valores.

Por meio dos satélites em órbita, tais como aqueles que atualmente circundam a terra, um novo método de estudar o tempo e de mapeamento fará com que a humanidade perceba a necessidade de uma estação de controle central para o tempo, podendo regular suas condições sobre a maioria do solo terrestre. Contudo, creio que este tema seria passível de muitas controvérsias e acabaria sendo deixado de lado, até o momento em que houver maior união e amizade entre os diversos grupos de interesse e entre a família das nações.

A obra iniciada muitos anos atrás por Luther Burbank — cujas ações foram dirigidas pela hierarquia, em suas experiências com a natureza e com enxerto de plantas — será elevada a um novo patamar de perfeição, à medida que determinadas influências no âmago das próprias sementes forem sendo reveladas por estudos avançados na citologia. Na essência de um cacto do deserto encontra-se um segredo que pode fazer com que as regiões áridas do mundo realmente floresçam como a rosa[7] e produzam todos os tipos de frutos e vegetais com uma umidade muito menor do que a atualmente exigida para tal. As secas poderão ser assim atenuadas.

O atual aumento da população mundial, que parece ter levado muitos demógrafos a rever e reconsiderar as doutrinas de Malthus, com o objetivo de extinguir ou limitar a vida humana, em completa contradição com as leis de Deus, não será uma preocupação tão constante entre as sociedades do futuro, à medida que forem conhecendo os maravilhosos métodos de aumento da produção na agricultura, da utilização das riquezas do mar e do uso ilimitado da energia atômica no planejamento avançado das cidades e na colonização interplanetária.

Existe um propósito nos planos de Deus que transcende em muito a compreensão do intelecto humano e a memória da história sobre a terra. As maravilhas que estão por vir logo serão pequenas diante de maravilhas ainda maiores; por conseguinte, toda a existência deve viver em estado de constante expectativa.

A mente de Deus regozija-se em conceder abundantemente suas bênçãos. Mas acima de tudo, permitam-me, estudiosos da luz, aconselhá-los e a toda a humanidade agora: obtenham primeiro a sabedoria para viver na paz de Deus

Pai, bem como para tratar seus semelhantes com delicadeza e educação, para incentivar a educação dos homens de todo o mundo, e sobretudo, por meio de esforços honestos, para impedir o aumento do número desses indigentes propensos a cometer crimes contra a sociedade.

O valor do treinamento adequado dos jovens, incentivando-os a ter uma existência de serviços úteis e bom caráter, não pode ser subestimado. Escândalos políticos no seio das nações do mundo e a severidade dos métodos da polícia estatal (impostos nos países comunistas) devem ser eliminados pela espada do Príncipe da Paz.

O Príncipe da Paz é retratado pelo Cristo misericordioso que ensina a todas as nações que o caminho de Deus é benéfico, que seus prodígios devem ser utilizados e possuídos por todos, sem exclusão de ninguém. Deve ser buscada uma forma de vida superior à vã competição. Os homens devem ser impulsionados por Deus e menos propensos à busca de *status*.

Ensinem esta verdade! O quinhão da graça dos céus é uma mensagem de eterna vigilância da Grande Fraternidade Branca para todos os que habitam a terra.

Abundância e paz caminham lado a lado, e este estado de bem-aventurança é a vontade de Deus. Que este planeta, graças ao poder da alquimia espiritual e natural, eleve-se para construir novos lares, novas igrejas, novas escolas, uma nova civilização, novos conceitos, novas virtudes, nova grandeza — tendo como elo a eterna confiança que emana, resplandecente, do próprio coração de Deus, e ancorada no interior do seu coração físico, como a centelha em expansão do próprio alquimista imortal!

Parte III

O sentimento de solidão deve ser transmutado e sobre-pujado pela certeza da unidade. O homem surgiu de Deus como um ente de bondade, e deverá retornar a esta bondade, tornando-se semelhante a ela, por meio da dignidade da liberdade e da faculdade de escolha.

O poder, o amor e a sabedoria de Deus nunca são tirânicos, mas concedem delicadamente a cada ser individual da criação a bênção da oportunidade de conhecer Deus sem limites. O perdão, a misericórdia, a justiça, a paz, a realização e o progresso rumo à supremacia máxima constituem os dons que a vida conserva para oferecer a todos.

Por meio do processo de descida à matéria e à forma, o homem, enquanto parte de Deus destinada, em última instância, a tornar-se vitoriosa, torna-se o mestre consciente de tudo que contempla, contanto que não se esqueça de sua Origem. Identificando-se com o corpo físico, o homem quase que imediatamente é colhido em uma rede de criações humanas, cuja confusão, semelhante ao fio de Ariadne através do labirinto da matéria subterrânea, coloca-o face a face com o Minotauro, que habita as oitavas inferiores da consciência, esperando para devorar o Cristo.

A evasão é a liberdade. Aquilo que desce e torna-se comprometido pela forma e a densidade deve, para obter sua liberdade, ascender de volta a essa Origem, de onde provém.

Realizar tal feito prematuramente é um erro; portanto, o Pai, ou a presença do Eu sou, conhece o dia e o momento em que cada corrente de vida estará realmente pronta! Até que a totalidade das circunstâncias externas seja transcendida e transmutada, de maneira que a corrente de vida tenha realizado seus propósitos originais para adentrar a órbita da Terra, ela deverá prosseguir com seu treinamento e preparação, em concordância com o plano universal.

Sem dúvida os indivíduos perspicazes logo reconhecerão que o casamento, a procriação e a perpetuação da forma atual de civilização não são, por si sós, a finalidade máxima da vida. O mundo como um palco não é o coliseu cósmico; e, antes que as cortinas se fechem sobre o ato final, o drama da existência humana será representado em muitos recantos do universo, jamais sonhados pelo homem ancestral ou moderno.

Os sonhos que os homens têm do céu não passam de vislumbres ternos do imaginário com que o Eliseu dadivosamente ofereceu à humanidade como incentivo até chegar o momento em que os indivíduos serão capazes de expandir sua própria visão espiritual e contemplar a realidade dos prodígios do Pai, em suas inúmeras moradas cósmicas.[8]

A finalidade suprema de Deus para todas as vidas sobre a face da Terra é a vitória idêntica àquela obtida pelo amado Jesus na colina de Betânia. A ênfase da Cristandade sobre a agonia de Getsêmani, a crucificação e a vigília no túmulo de José de Arimateia encobriu muitas vezes o importante significado, para cada homem, mulher e criança, das glórias da ressurreição e dos mistérios da ascensão.

A incompreensão da lei de causa e efeito e a incapacidade de aprender a expiação do Cristo universal tiveram sua origem nos conceitos humanos introduzidos na parábola do Éden, e continuam até os dias de hoje, perpetuadas pelas brumas milenares do tempo e do dogma. Infelizmente, a expiação vicária tem sido aceita devido ao desconhecimento, e amplamente utilizada como justificativa para os erros e sua repetição. Assim, envolvidos por uma aura de temor piedoso mas desnecessário, os homens persistem em passar adiante as falácias, de geração em geração, em nome de Deus e da Sagrada Escritura.

O registro da discórdia e dos erros nos quatro corpos inferiores do homem (isto é, os corpos físico, mental, da memória e emocional) é realizado pela lei científica, estatuída cosmicamente e ela mesma o próprio instrumento da criação. Como criadores, os homens têm semeado o vento e colhido a tempestade cármica.[9]

A vitória do Cristo universal, demonstrada pelo amado Jesus, pretendia indicar ao homem o caminho que o conduziria com segurança de volta à imagem de Deus. Este caminho foi revelado como o Cristo, ou a luz divina dentro de cada homem que vem ao mundo.[10] Assim, essa luz prodigiosa é a luz e a vida do mundo[11] — do mundo individual de cada homem. Se, porém, andarem na luz, como ele está na luz, o Cristo universal,[12] os homens poderão retornar à casa do Pai.

O perdão dos pecados constitui um instrumento da misericórdia da grande lei, por meio do qual a retribuição, ou a punição dos erros, mantém-se latente, para que o homem possa ter a liberdade de "ir e não pecar mais"[13] e então ter a oportunidade de maior evolução espiritual. Contudo, o perdão não absolve a alma da exigência de equilibrar as energias malbaratadas, através do fogo alquímico da transmutação. O equilíbrio dos erros cometidos contra qualquer expressão da vida, incluindo o eu, deve ser realizado em plena precisão cósmica; assim, "nem um j ou um til jamais passará da lei, até que tudo se cumpra".[14]

Este processo não precisa significar uma espera apreensiva do julgamento,[15] mas, de preferência, deve ser a expectativa jubilosa da oportunidade de servir à vida e libertar o esplendor aprisionado da Existência. Porquanto, prestando auxílio à vida, individual e universalmente, e convocando o fogo alquímico no altar do ser, o indivíduo pode desfazer todas as desarmonias por ele lançadas, impensadamente, sobre sua presença formosa. Na verdade, aqueles que foram muito perdoados podem amar muito;[16] pois percebem a necessidade da eterna gratidão pela bondade e misericórdia de Deus, que duram para sempre![17]

Uma das grandes causas de recalcitrância, arrogância, erros propositais, desobediência, rebelião e teimosia é a esperança vã de obter a realização pessoal sem o esforço individual ou de salvação pessoal sem sacrifício pessoal. A humanidade não aprecia a ideia de retirar, com esforço, cada dificuldade e cada obstáculo por ela colocada na vida, nem tampouco de alcançar os céus pelo esforço honesto.

Todavia, um dia os homens precisarão enfrentar essa verdade a respeito de si mesmos. Portanto, o presente é o momento certo e reconhecido, quando a verdade e a justiça da oportunidade encontram-se ao seu alcance. "Eu te ouvi no tempo da oportunidade e te socorri no dia da salvação."[18]

O desejo de encontrar um bode expiatório para os próprios pecados em um mestre ou salvador do mundo não está de acordo com os princípios cósmicos subjacentes à lei da expiação. Um mestre de grande luz como Jesus Cristo ou Gautama Buda pode manter o equilíbrio de milhões de almas que não são capazes de suportar o fardo do seu próprio sentimento de pecado. Este equilíbrio é um sustentáculo da lei, por meio do qual, graças à misericórdia e ao sacrifício pessoal de um ser, que mantém a chama acesa para todos os demais, a humanidade pode encontrar o caminho de volta para Deus e então, com o poder do renascimento e na presença do Espírito Santo, retornar para concluir a tarefa inacabada de saldar seus débitos com a vida.

O Cristo é o salvador do mundo porque, com seu coração imaculado, ele retarda o dia do julgamento, proporcionando à humanidade outras oportunidades, no tempo e no espaço, de cumprir as exigências da imortalidade.

Não posso, em nome da liberdade sagrada, resistir a falar sobre tais assuntos. Pois muitos sofreram no mundo astral, após a transição chamada morte, e, quando se apresentaram diante dos Senhores do Carma para fazerem um relato de suas vidas, descobriu-se que eles estavam em falta. Infelizmente, talvez isto tenha acontecido apenas porque, durante a permanência na terra, eles aceitaram doutrinas religiosas falsas e, em seu estado de desorientação, não conseguiram sair-se bem no tempo a eles atribuído. Então vieram as palavras que Deus disse ao filho de Adão "eis que o pecado jaz à porta"[19] — vale dizer, o registro da má utilização da energia de Deus encontra-se à vista: É preciso prestar contas.

No plano de Deus para a ordem do mundo, a expiação do pecado é permanente e efetiva; pois a chama violeta transmutará todas as situações indesejáveis e equilibrará tudo por meio da luz. Esta luz é o Cristo universal.

A preciosa chama violeta, um aspecto da consciência do Consolador,[20] é a companheira de todo alquimista. É ao mesmo tempo a taça e o elixir da vida, que não pode deixar de produzir perfeição onde quer que seja convocada à ação. Tão logo a chama violeta tenha realizado sua obra perfeita, todos poderão repousar de sua faina, e Deus poderá caminhar sobre as águas (ondas de luz) da criação, a fim de produzir e sustentar a integridade de sua lei eterna.

O clímax ou iniciação da ascensão pode vir e de fato virá para todos, até mesmo para as criancinhas, quando estiverem prontos — quando pelo menos 51% de seu carma estiver equilibrado (o que significa que 51% de toda a energia utilizada pelos seres humanos terá sido transmutada e direcionada para uma finalidade construtiva) e seus corações forem íntegros com Deus e o homem, aspirando elevar-se até a luz que nunca falha da presença em eterna ascensão de Deus.

Quando esta dádiva é concedida a qualquer indivíduo por sua própria presença do Eu sou e pelo Conselho do Carma, a aparência de envelhecimento deixa o indivíduo com a mesma rapidez com que um sorriso assoma aos lábios, e o seu magnetismo e energia tornam-se o poder ilimitado de Deus, que permeia o seu ser. As impurezas do corpo físico, a saturação do corpo emocional, exausto com o ódio e suas criações monstruosas, a repetição incessante do corpo mental — tudo isto desaparece e é substituído com facilidade por sua réplica divina.

Os sentimentos tornam-se permeados do amor de Deus e dos anjos. A mente de Deus que brilha como um diamante — onipresente, onisciente, onipotente. O ser total inspira e aspira!

Assim, aquilo que outrora desceu cheio de esperanças agora ascende de volta para a luz de onde veio. Tornando-se uno com a companhia dos anjos e da natureza, cultivando a amizade dos mestres Ascensos e em solidariedade com a augusta irmandade da Grande Fraternidade Branca, cada um destes indivíduos, graças ao mérito divino interior, alcança a plenitude de tudo que Deus jamais concedeu a cada filho, sem levar em conta a pessoa de homem algum, mas reconhecendo alegremente a sua vitória: "Tu és meu Filho, eu hoje te gerei!"[21]

Religião e espiritualidade não constituem motivo de vergonha, mas sim instrumentos das artes eternamente criativas. São os amigos do alquimista capaz de transformar todos os elementos não preciosos da natureza humana e toda a vida no ouro da realização crística.

Neste ensinamento encontram-se as chaves do portal mais elevado. Elas devem introduzir-se na fechadura, para que seja obtido o acesso à iniciação mais elevada. EU SOU a porta para a revelação progressiva dos planos de consciência em perene ascensão — todos no interior de sua adorável presença de Deus, EU SOU.

Meus amados, vocês não estão limitados, na alquimia, tão somente à luz universal dos objetos tridimensionais. A alquimia pode ser dominada a ponto de esclarecer a mente, curar qualquer situação indesejada e exaltar espiritualmente a natureza global do homem, passando de seu estado inferior para o padrão do ouro onde impera a lei de ouro.

Com vocês — assim como na presença de Deus — todas as coisas são possíveis. Não existe caminho diferente ou mais elevado. Por exemplo, o brilho da atual ciência soviética não pode ganhar o universo para os filhos abençoados da Mãe Rússia. Apenas Deus pode proporcionar a satisfação eterna de toda a Terra. Tremerão os ímpios, pois "eles dentro em breve definharão como a relva";[22] os justos, contudo, brilharão como os filhos do grande alquimista, Deus Todo-poderoso!

Outros estudos sobre a alquimia encontram-se à disposição de todos que avançarem progressivamente nesta ciência do autodomínio. Parte deste material, estou apresentando-o nas lições da Fraternidade dos Guardiões da Chama, parte nas Pérolas de sabedoria semanais, escritas pelos mestres de nossa Fraternidade e outra parte apresentarei a vocês individualmente, como resposta aos anseios de seus corações. Todavia, vocês devem pedir, para que esta causa, que é justa, seja cumprida em cada um de vocês!

"Chamai, e eu atenderei",[23] declara o Mais Alto Deus. O Pai irá recompensá-lo abertamente por cada chamado em prece que pronunciar em segredo.[24] Nos recessos de seu coração, desconhecido de todos os homens, você poderá invocá-lo silenciosamente. Em seu coração encontra-se o cadinho da essência eterna, a pedra filosofal, o elixir e potência plena da vida.

Alquimistas do fogo sagrado, eis aqui a fórmula cósmica sagrada: Theos = Deus; Preceito = lei; Você = Ser; Theos + Preceito + Você = lei de Deus ativa como princípio no interior de seu ser.

Eu sou e estou em constante sintonia com o seu verdadeiro ser,

Pax vobiscum

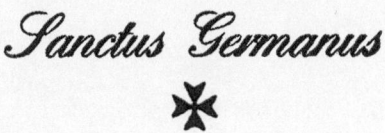

As
origens
místicas
dos
Estados Unidos
da América

Nenhum povo é capaz de melhor reconhecer e adorar a Mão Invisível que conduz os destinos dos homens do que o dos Estados Unidos.

GEORGE WASHINGTON
Primeiro discurso de posse

Uma Mão Invisível nos destinos da humanidade? Em uma época de política de poder, de milagres científicos e de ameaças definitivas, pode constituir surpresa que uma das ideias mais antigas e amplamente aceitas fosse a de que uma mão divina instituía e governava as nações. Os primeiros norte-americanos acreditavam que uma inteligência invisível conduzira o desenvolvimento da Revolução Americana e o destino dessa nação. John Adams escreveu: "A América foi escolhida pela Providência como teatro no qual o homem representaria a sua verdadeira personalidade." E Patrick Henry afirmou: "Existe um Deus justo que preside os destinos das nações."

Em nenhuma parte os indícios da mão invisível de Deus são mais evidentes do que nas questões dos Estados Unidos, pois a rápida ascensão da República Americana nada mais foi do que milagrosa.

De uma coalizão indefinida de estados litorâneos, unidos tanto por sua aversão ao rei britânico quanto por uma afeição fraternal, os Estados Unidos cresceram e se transformaram, de minúscula comunidade pré-industrial, em potência econômica, tecnológica e militar de destaque mundial em menos de dois séculos. O país tornou-se a terra da liberdade política e religiosa, farol de esperança para as nações e palco de um grande épico histórico.

Em torno do século XX, os Estados Unidos haviam se tornado uma terra orgulhosa — o norte-americano, seguro de si, tinha a história como testemunha. Assim, após a Segunda Guerra Mundial, quando a República encontrava-se aparentemente no apogeu, constituiu uma dupla surpresa para os norte-americanos verem-se sacudidos em suas bases, sob o impacto dos acontecimentos. Emergindo da década de 1950, a República mergulhou em mares sombrios.

Cidades universitárias e bairros pobres explodiram em chamas e violência. Abriu-se um abismo entre jovens e adultos, entre modernos e antiquados, negros e brancos, conservadores, liberais e radicais. Inúmeras e variadas revoluções despedaçaram a nação, como uma série de terremotos — drogas, rock e rebeldia contra o sistema, dentre outras manifestações — sacudindo as bases da República.

Com a rapidez de um raio, o presidente John E. Kennedy, um símbolo para a juventude, foi abatido. A nação chorou e nunca mais foi a mesma. Em seguida, sobreveio o assassinato de Martin Luther King Jr. e de outro Kennedy.

E as trevas cobriram a terra. Ou teria sido um espírito pairando? Quem poderia enxergar a conclusão de um desígnio interior, o brilho da esperança ou uma mudança no curso dos acontecimentos?

Em meados da década de 1970, de maneira geral, a tormenta amainara. Mas a nação estava desorientada e deprimida. A Guerra no Vietnã e o Watergate haviam transtornado a psique nacional e minado a confiança da maioria dos norte-americanos em seus objetivos.

Os anos Ford foram anos sem rumo e sem brilho. Durante o mandato de Carter, o prestígio dos Estados Unidos diminuiu tanto que seus aliados deixaram de considerá-lo líder do mundo livre, avisando que agora o país era um "parceiro em igualdade de condições". O imperialismo soviético continuou incontestado, porque era considerado sem importância ou inexistente.

Aparentemente os Estados Unidos haviam se tornado um gigante impotente e infeliz. A captura de 66 norte-americanos no Irã constituiu o auge da ignomínia. Na verdade, este foi o ponto crítico. Em primeiro lugar, houve o choque e a indignação. Em seguida, a prisão suscitou uma onda de patriotismo crescente, mas em grande medida despercebida. A engenhosidade, o senso de humor e a determinação ianque retornaram.

A invasão soviética do Afeganistão mobilizou os norte--americanos, que decidiram resistir ao comunismo. E, de súbito, o espírito aparentemente adormecido dos Estados Unidos despertou para o alvorecer de uma ressurreição.

O presidente Carter estava em descompasso com a nova ordem. O eleitorado retirou-o e instalou um homem que prometera conduzir a recuperação do país. Ronald Reagan, quadragésimo presidente norte-americano, despertou o espírito norte-americano para uma vitória retumbante.

Conquanto um dos temas da campanha de Reagan tenha sido a retornada da grandeza norte-americana, sua eleição foi antes efeito do que causa — ele aproveitou a onda e não provocou a maré. Algo sutil, embora mais poderoso do que qualquer homem, está e sempre esteve impulsionando a nação para diante, rumo a alguma meta inominada.

Não obstante o retorno da pompa e circunstância da herança norte-americana, no que se refere ao estilo, o novo patriotismo ainda é mais um sentimento do que uma articulação consciente de valores. Ainda impera a confusão acerca do tipo de ação que se deve tornar. O problema não é a indecisão, mas uma questão de identidade — quando você sabe quem é, você sabe o que fazer.

Estados Unidos, quem sois?

A maior parte de seus fundadores conhecia essa resposta. Muitos dos primeiros norte-americanos também sabiam: eles eram israelitas.

Como apenas alguns poucos eram judeus e como não havia cidadãos de um Estado de Israel, inexistente naquela época, de que maneira eles passaram a se considerar israelitas? Eles eram israelitas em razão de sua identificação mística com aquele povo ancestral e com o seu Deus.

Historiadores reconhecem que os primeiros norte-americanos percebiam uma surpreendente semelhança entre suas próprias dificuldades, sua história e sua situação e a dos filhos de Israel ao tempo de Moisés e Josué. Era como se estivessem revivendo a história: batizaram seus filhos com os nomes dos profetas e patriarcas hebreus e compararam sua situação com o "cativeiro no Egito", o rei Jaime ao "faraó", o mar cujos perigos seus ancestrais haviam enfrentado ao "mar Vermelho", e seu novo lar à "imensidão". Washington e Adams frequentemente eram citados como "Moisés" e "Josué". Faltavam apenas as areias desertas do Sinai.

A Bíblia foi mais do que um guia religioso para os primeiros colonizadores da Nova Inglaterra. Foi também um guia político. Os primeiros códigos criminais das colônias de Plymouth e da baía de Massachusetts foram criados com base em leis encontradas no Êxodo, no Levítico e em Deuteronômio.

Por volta de 1776, já era de aceitação geral que Deus havia criado uma nova Israel norte-americana. A ideia estava presente nos sermões proferidos para congregações aquiescentes, com títulos como "A República dos Israelitas: Um Exemplo para os Estados Americanos" e "Semelhanças entre o Povo dos Estados Unidos da América e a Antiga Israel".

A ideia estava tão profundamente enraizada que o primeiro desenho proposto para o selo dos Estados Unidos retratava o faraó sentado em carro aberto, atravessando as águas cindidas do mar Vermelho, numa busca frenética dos filhos de Israel. Raios de um pilar de fogo cintilavam acima de Moisés, quando este elevou a mão sobre o mar, fazendo-o cobrir o faraó e os egípcios.

Contudo, os Estados Unidos estavam a quase quatro milênios e nove mil quilômetros de distância das terras ancestrais onde os israelitas haviam surgido.

A história dos israelitas é um épico, no qual o Deus de Israel revelou-se, selou um pacto com Abraão, Isaac e Jacó, chamou Jacó de "Israel" e prometeu que "uma nação e um conjunto de nações serão teus".

O plano de Deus, de libertar seu povo espiritual e temporalmente, exigiu uma forte previsão e planejamento. E, falando em mãos invisíveis, Deus revelou o cativeiro dos egípcios a Abraão antes que qualquer israelita falasse. O filho de Jacó, José, vendido como escravo por seus irmãos, elevado ao governo sob o faraó, disse-lhes que Deus o havia trazido ao Egito. Jacó e seus outros irmãos seguiram-lhe o exemplo, sobrevivendo no Egito durante a fome de sete anos. Mas, depois que José e sua geração passaram, os filhos de Israel multiplicaram-se muito e aquilo que um dia Abraão vira em sonho tornou-se realidade — quatrocentos anos de cativeiro.

Ao longo de sua história — até os dias atuais — tem constituído um axioma que tudo vai bem quando os israelitas são obedientes a Deus. Quando eles deixam de obedecer a seus mandamentos, Deus costuma usar povos vizinhos para mostrar-lhes a natureza inexorável da lei de recompensa cármica. O propósito do cativeiro egípcio era permitir que o povo tivesse a experiência direta de sua própria recalcitrância, lançada sobre seus ombros através de seus feitores egípcios.

Quando chegou o momento da libertação do povo judeu, Deus enviou Moisés para retirá-los do Egito e levá-los até a entrada da terra prometida, e Josué para levá-los até o limite da sua obstinação remanescente. Sob a brilhante liderança de Josué, os israelitas tornaram a terra prometida em uma campanha militar relâmpago.

Uma característica surpreendente dos israelitas era sua organização em federação tribal, o que concedia a cada povo considerável autonomia. Foi esta república venerada que os primeiros norte-americanos admiraram e procuraram recriar.

O destino dos israelitas foi tudo, menos constante. Mais uma vez o povo rebelou-se, foi escravizado por nações vizinhas e, mais tarde, inteiramente dispersado.

Mas nem tudo estava perdido. Por volta de 732 a.C., Isaías profetizou que um dia o Senhor "reuniria os párias e agruparia os dispersos de Judá dos quatro cantos da terra".

Existe uma considerável variação de opiniões entre estudiosos e teólogos acerca do significado desta profecia. Alguns acreditam referir-se ela à libertação dos israelitas do cativeiro na Babilônia do século VI a.C., outros ao retorno da Assíria, outros ainda à formação do moderno Estado de Israel, e alguns acreditam referir-se ao reagrupamento dos doze povos de Israel em solo norte-americano.

Ao que parece, na grande odisseia dos israelitas, quase 22 séculos se passaram antes que surgissem sinais visíveis de como essa profecia poderia realizar-se. O cenário estava sendo criado para o reagrupamento dos israelitas, mas a terra à qual eles estavam destinados a retornar tinha de ser preparada. Na verdade, tinha de ser descoberta.

Esta tarefa foi atribuída pela Mão Invisível a Cristóvão Colombo, que chegou ao continente americano graças a uma profecia. Ao cumprir sua missão, ele escreveu: "Nem a razão nem a matemática nem tampouco os mapas tiveram qualquer utilidade para mim: *plenamente consumadas foram as palavras de Isaías.*"

A vida de Colombo é caracterizada pelo mistério. A data ou o local exato de seu nascimento não são conhecidos. Alguns afirmam que era grego, outros que era genovês e outros ainda que era um judeu espanhol. Colombo bebeu da fonte da astrologia, das obras de Marco Polo, do Antigo e do Novo Testamento e dos Apócrifos. E as duas palavras que compõem seu nome, Cristóbal Colón, significam "Berço do Cristo" e "colonizador".

Este personagem misterioso era versado na linguagem poética das sociedades secretas do século XV e, possivelmente, pertencia à Grande Corporação de Tecelões. Sociedades secretas tais como as corporações, os Cavaleiros Templários, os rosa-cruzes e os maçons eram repositórios dos ensinamentos dos mistérios sagrados e ancestrais, transmitidos aos iniciados ao longo da História.

A ideia de que existe *um* mistério pode afigurar-se, para alguns, envolta em uma aura de exclusividade que está em descompasso com suas noções esclarecidas de liberdade de escolha. No entanto, subjacente ao universo de efeitos encontra-se um mundo interior de causa, cuja luz iluminou homens e mulheres ao longo dos séculos, brilhando em praticamente todos os movimentos sociais, científicos e espirituais salutares. Na verdade, a maioria das religiões possui um ensinamento interior, tão igualmente semelhante e milenar que Aldous Huxley chamou-o de "a filosofia perene".

As sociedades secretas eram patrocinadas por uma Fraternidade de seres espirituais altamente evoluídos — conhecida como a Grande Fraternidade Branca —, que magnetizavam o fogo sagrado para o altar de seus corações. A luz branca que emana de suas auras faz com que pareçam vestir um manto branco, e eles são citados por João Evangelista como os santos vestidos de branco.

Esta Fraternidade de adeptos sempre procurou elevar e esclarecer os filhos de Deus. Atuando além do véu (ou secretamente, embora no seio da sociedade), ela tem patrocinado os grandes movimentos pela liberdade religiosa, o progresso científico e a liberdade política.

A tradição das sociedades secretas é milenar. Existiu em várias épocas, na Caldeia, Egito, Grécia, Itália, entre os hebreus, os cristãos, os muçulmanos e outros. Praticamente todos os grandes mestres da humanidade — Homero, Moisés, Pitágoras, Gautama, Jesus, Paulo e outros de mesma estatura — foram iniciados dos mistérios sagrados.

O patrocínio conferido a Colombo por essa Fraternidade Mística foi o que tornou sua viagem ao Novo Mundo bastante extraordinária. A América havia sido "descoberta" repetidamente pelos bascos, fenícios, druidas, líbios, egípcios, chineses, árabes, nórdicos e dinamarqueses durante quase 2.500 anos antes de Colombo. Mas Colombo acalentava uma ideia em seu coração — a imagem arquetípica de uma nova raça destinada a nascer da antiga era uma ideia cujo tempo havia chegado. O manto do destino descera sobre Colombo. E a próxima cena no grande épico dos israelitas estava prestes a começar.

Como resultado do patrocínio da Fraternidade, o "colonizador que levava o Cristo" captou a imaginação do Velho Mundo e iniciou um enorme movimento de colonização.

Assim foi concebida uma nova nação, dedicada àquilo que Roger Williams, fundador de Rhode Island, chamou de "liberdade da alma".

Mas havia muito a ser feito. Pois não havia Declaração de Independência nem Constituição. E poucos compreendiam o carma de um povo ancestral, que vivera até mesmo antes do Dilúvio em um continente perdido, chamado Atlântida — e menos ainda por que, ou como, essa civilização passada influenciaria o Novo Mundo.

Segundo Platão, a Atlântida foi uma terra de cidades brancas e templos dourados cintilantes que afundou no mar como resultado de violentos terremotos. Diz-se que sessenta milhões teriam perecido em uma única noite. Platão recebeu seu conhecimento da Atlântida a partir de relatos trazidos pelas escolas de mistérios do Egito por um certo Sólon, legislador ateniense.

A Atlântida ancestral foi palco de civilizações da idade de ouro, cujos habitantes viviam juntos em profunda harmonia espiritual. Mais tarde, a discórdia, a guerra e o mau uso das tecnologias avançadas criaram as condições cármicas causadoras do afundamento do continente.

Embora a Atlântida seja uma lenda para muitos, as lendas passam da esfera do mito para a realidade com umas poucas descobertas oportunas. Em 1933, Edgar Cayce profetizou que "uma parte do templo [da Atlântida] poderá ser descoberta (...) próximo à costa da Flórida". Dois pilotos, intrigados com essa previsão, sobrevoaram a área para observá-la. Em 1968, descobriram ruínas submersas ao largo da ilha de Andros, próxima de Pine Key.

O momento da descoberta relaciona-se, ao menos por coincidência, com outra previsão de Cayce. Em 1940, ele afirmou que a parte ocidental da Atlântida "estará entre as primeiras áreas da Atlântida a elevar-se de novo. Aguardem--na em 68 ou 69". Desde então, as ruínas submersas de pirâmides em degraus, plataformas de pedra elevadas e grandes projetos de construção têm sido descobertos no fundo do mar do Caribe e do Atlântico ocidental.

Embora a Atlântida possa surgir de novo fisicamente, sob um aspecto ela *já* retornou: através da reencarnação de seu povo.

A reencarnação é amplamente aceita como um fato da vida no Oriente. Conquanto ainda não encontre uma aceitação geral no Ocidente, ela vem ganhando acolhida cada vez maior na comunidade científica — mais frequentemente através de experiências individuais e recordação de vidas passadas.

O general George Patton, estrategista que obteve sucesso espetacular na Segunda Guerra Mundial, acreditava na reencarnação. Benjamin Franklin previu seu próprio retorno "em edição nova e mais elegante, revista e corrigida pelo Autor".

Uma pessoa pode reencarnar diversas vezes, buscando aperfeiçoar a alma e equilibrar o carma. Da mesma maneira, civilizações inteiras reencarnam juntas a fim de equilibrar o carma e cumprir seu destino enquanto grupo.

Dentre aqueles que mantiveram um nível de integridade na Atlântida, durante seu período de iniquidade, encontravam-se os filhos de Deus que reencarnaram como os primeiros israelitas. Desde então, a semente de Abraão reencarnou repetidas vezes em todas as nacionalidades, raças e religiões. Assim, os israelitas são caracterizados apenas por sua devoção à pessoa e ao princípio do Deus único. De fato, são eles o fruto da semente crística conferida a Abraão — no entanto, através da reencarnação, eles se dispersaram por todas as fronteiras da raça e da religião.

O litoral oriental da América do Norte, parte do Novo Mundo na qual os israelitas estavam fadados a reencarnar, foi uma porção da Atlântida que não afundou. Todavia, anos após a viagem de Colombo, o Novo Mundo estava longe de mostrar-se habitável.

Um iniciado da Fraternidade trabalhou incansavelmente para restabelecer a civilização da idade de ouro da Atlântida e proporcionar o ambiente favorável para que os israelitas cumprissem seu destino ardente — o incomparável Francis Bacon.

De onde surgiu um gênio de igual estatura? Lorde chanceler da Inglaterra, filósofo, escritor, político, cientista, orador e humorista; Bacon foi um dos profetas da revolução científica. Incentivou a formação e influenciou os destinos da Real Sociedade, além de constituir uma força estimuladora no renascimento elisabetano. Editor da versão bíblica do rei Jaime e primeiro ensaísta inglês, Bacon é considerado por muitos o verdadeiro autor, embora secretamente, das obras de Shakespeare e outros representantes da literatura elisabetana.

Em sua obra mais conhecida, *Novum Organum,* Bacon apresentou um método de lógica indutiva. Em *Instauratio Magna,* ofereceu um plano para a "reconstrução total das ciências, das artes e de todo o conhecimento humano" para devolver ao homem o domínio sobre a natureza. Segundo Alfred Dodd e outras autoridades, em 1580, aos vinte anos de idade, Bacon fundou secretamente a primeira Fraternidade Rosa-Cruz, a Sociedade Literária Rosa-Cruz e a primeira Loja dos Maçons Especulativos, Livres e Aceitos.

Mas o que Bacon fez pela Inglaterra é insignificante, diante da obra invisível por ele realizada em prol de seu grande sonho, o estabelecimento de uma Nova Atlântida. Além de todo o resto, Bacon lançou as bases para o estabelecimento dos Estados Unidos da América.

Bacon intitulou um trabalho literário alegórico sobre uma comunidade utópica de *Nova Atlântida*, talvez inspirado por sua lembrança da idade de ouro da Atlântida. Considerado uma referência alegórica aos Estados Unidos, diz-se que o livro contém as chaves para os rituais da franco-maçonaria.

Bacon, o mestre Maçom, deixou um legado para o futuro. Ao construir para o futuro é preciso instilar nos demais a essência vital de sua própria meta. Os sonhos de Bacon tornaram-se viáveis porque os primeiros maçons abraçaram suas metas.

Embora poucos maçons da atualidade compreendam o significado interior de suas próprias tradições, W.L. Wilmshurst, autor de *The Meaning of Masonry*, salienta que a maçonaria oferece "uma filosofia da vida espiritual do homem e um diagrama do processo de regeneração".

Esta filosofia é representada simbolicamente em seus três níveis, ou passos de iniciação. Segundo Wilmshurst, "de um nível para outro, o candidato é conduzido de uma antiga para uma inteiramente nova qualidade de vida. Ele emerge da morte como o homem natural; e termina-a tornando-se, graças à disciplina, um homem aperfeiçoado e regenerado... Ele emerge da morte como um mestre, um homem justo e tornado perfeito, com a consciência e as aptidões mais amplas, instrumento eficiente para ser utilizado pelo Grande Arquiteto em Seu plano de reconstrução do Templo da humanidade caída, capaz de iniciar e estimular outros homens a uma participação na mesma obra grandiosa.

"... O verdadeiro propósito da maçonaria moderna não são as metas sociais e caridosas, às quais tanta atenção é concedida, mas a implementação da evolução espiritual daqueles que aspiram ao aperfeiçoamento de sua própria natureza e à transformação desta, dotando-a de qualidades divinas."

O desafio da maçonaria é renascer "incorruptível", o que deve ser precedido pela morte da natureza inferior. O terceiro grau maçônico é uma alegoria da crucificação, da morte e da ressurreição de Hiram Abiff, instrutor ou guru análogo ao Cristo. Assim, a intenção da maçonaria não é a construção de um templo, mas a ciência maior de construção da alma. Em escala macrocósmica, aplicada aos Estados Unidos, isto significa a ressurreição da civilização de ouro da Atlântida, através da ressurreição da identidade divina de seus cidadãos na Nova Atlântida.

Bacon foi um parceiro incógnito da Companhia Virginia, que estabeleceu uma colônia na Virginia. Foi confidente do explorador, soldado, cortesão, escritor e colonizador inglês Sir Walter Raleigh e correspondeu-se com John Smith, que se tornou presidente da colônia de Jamestown, após ser salvo da morte nas mãos de Powhatan pela filha do chefe, Pocahontas.

Como Bacon atuava nos bastidores, existem apenas uns poucos traços identificáveis de seu trabalho no Novo Mundo. Em 1910, ele foi homenageado pela Terra Nova, em seu selo comemorativo do tricentenário, como "O ESPÍRITO CONSELHEIRO DA COLONIZAÇÃO".

Com o florescimento da maçonaria no país, a profecia da restauração estava praticamente cumprida, mas não totalmente. Os Estados Unidos ainda eram propriedade britânica.

Em meados de 1700, o espírito da Revolução varreu as colônias norte-americanas, proveniente da reação à tirania britânica e do Grande Despertar, um renascimento religioso que deu origem à crença de que Deus havia fundado uma Nova Israel nos Estados unidos. O Grande Despertar estimulou o movimento milenar que fez as coisas darem um passo adiante — a crença de que Deus estabeleceria ali um reino milenar, como fora prometido em Apocalipse 20; Cristo reinaria então por mil anos.

A linguagem milenar e religiosa adaptou a estrutura da história apocalíptica às ideias políticas comumente defendidas. A liberdade dos Estados Unidos foi uma causa de Deus; a tirania britânica foi a do Anticristo. O pecado constituía o fracasso no combate à Inglaterra.

Faz-se necessário algo mais do que o desejo ardente para produzir uma revolução — é preciso organização. Os maçons, e apenas eles, eram suficientemente organizados. Dificilmente a Revolução Americana poderia ter acontecido sem eles.

Segundo o historiador Bernard Faÿ, "a Maçonaria sozinha encarregou-se de estabelecer os alicerces da unidade nacional na América". Ela fomentou o sentimento de unidade norte-americana em uma classe de indivíduos reduzida mas proeminente. Os Estados Unidos não poderiam ter existido sem ela, pois os estados também estavam profundamente divididos entre si. Por volta de 1760, dificilmente seria encontrada uma cidade, grande ou pequena, onde a maçonaria não estivesse pregando a fraternidade e a unidade.

O
Grande Selo

O Grande Selo dos Estados Unidos é uma representação simbólica da missão e da identidade do povo norte-americano, retratadas pela grande águia, a pirâmide, os lemas e os símbolos numerológicos.

A águia é um símbolo milenar da visão espiritual, sem a qual os indivíduos perecem. O ramo de oliveira, na garra direita, indica a lei do Príncipe da Paz, pela autoridade de Jeová. Jeová, nome hebraico de Deus, provém do verbo "ser". Literalmente, "aquilo que era, é e será". Assim, Jeová significa aquilo que transcende tempo e espaço — EU SOU O QUE EU SOU, como o SENHOR revelou-se a Moisés.

O dom deste nome — a palavra perdida da Maçonaria — foi a graça concedida às doze tribos, predestinadas a estabelecer a paz nos Estados Unidos por meio da realização da consciência interior do Cristo, ou do Hiram Abiff maçônico como arquétipo do Eu verdadeiro de cada indivíduo — o mediador entre a alma e o Espírito universal.

O número treze é utilizado com tanta frequência no Grande Selo que até mesmo aqueles que adoram "coincidências" veem-se forçados a admitir que o criador do selo tinha algum propósito em mente.

O Espírito de 76 é composto de dígitos que somam treze. A águia segura treze flechas na garra esquerda. O brasão, ou escudo de armas, é composto de treze partes. Os lemas *annuit coeptis* — "Ele favorece nossos empreendimentos" — e *e pluribus unum* — "um em muitos" — possuem ambos treze letras. A pirâmide apresenta as treze fileiras da maçonaria.

A repetição frequente do treze reflete a determinação dos fundadores em lembrar-nos que somos as doze tribos e a décima terceira — os levitas — de Israel.

A pirâmide incompleta simboliza a grande obra de aperfeiçoamento da alma, transformando-a na imagem do Cristo vivo, e a nação numa era de ouro.

Em torno de 1773, Boston era o centro do descontentamento norte-americano. Os ânimos estavam exaltados. Ao aflorar a cólera colonial, sobreveio um movimento revolucionário pronto para direcionar o espírito de resistência — os maçons.

O que provocou o acirramento de ânimos? A taxa sobre o chá. Quem acolheu o primeiro ato revolucionário nos Estados Unidos? Os maçons. E o incidente? A Revolta do Chá de Boston!

No dia 16 de dezembro de 1773, os maçons da Loja Saint Andrew, de Boston, e alguns radicais locais, com indumentária indígena, dirigiram-se aos navios britânicos e jogaram o chá ao mar. Os "indígenas" vitoriosos retornaram à praia e, entoando cânticos e hurras, marcharam para uma taverna local, em cujo interior desapareceram para nunca mais serem vistos. Mais tarde, contudo, um grupo de maçons empolgados foi visto deixando o local!

Os Estados Unidos têm uma dívida de gratidão infinita com George Washington, pelo sucesso da Revolução e o estabelecimento da República. A criação de um exército nas colônias, entre 1776-83, deveu-se tão somente a Washington.

Sempre com seus soldados, ele foi o general no campo de batalha. Seu exemplo estimulou o estado de espírito da tropa. Ele lutou no Congresso para obter alimentos e munição, e, quando o Congresso tornou-se completamente desprovido de recursos, ele manteve seus homens vivos com dinheiro do próprio bolso.

O clero proclamou que ele foi um instrumento de Deus — "um de teus próprios filhos"— que salvou o país. Chamaram-no de "grande preservador", "grande salvador", comparando-o a Moisés, Josué e Gideão. Quando nem mesmo Benjamin Franklin conseguiu persuadir o rei francês a dar aos revolucionários norte-americanos mais ajuda material, Washington triunfou, enviando seu próprio ajudante de ordens a Versalhes — e orando.

Como nenhum outro, Washington colocou sua vida, sua fortuna e sua honra sagrada a serviço da causa. Washington foi um mestre Maçom — na verdade, ele foi o mestre dos mestres.

Os maçons aparentemente constituíram a força propulsora em cada etapa fundamental de uma nova nação. Paul Revere era maçom. As estimativas variam, mas pelo menos 53 dos 56 signatários da Declaração de Independência eram maçons. Todos, exceto cinco dos 55 membros da Convenção Constitucional, eram maçons.

Todos os generais líderes do Exército Continental eram maçons. Os líderes da Revolução eram maçons — dentre eles Alexander Hamilton, John Marshall, James Madison, general Nathanael Greene, general Charles Lee e general John Sullivan, que se uniram em torno de seu sol nascente, George Washington.

O papel de George Washington na criação do novo governo foi no mínimo tão importante quanto seu papel militar. Servindo como presidente da Convenção Constitucional, ele foi o sol do sistema solar que manteve os estados unidos. Dificilmente os estados teriam forjado tão pacientemente uma união se ele não estivesse presente.

Não apenas foi ele reconhecido universalmente como o único candidato aceitável para ser o primeiro presidente, como também era a personificação do próprio cargo. Ninguém da Convenção Constitucional tinha a *menor* ideia de como seria o presidente, exceto que deveria assemelhar-se a Washington. Eles criaram o cargo e estabeleceram seus requisitos através da percepção das virtudes de Washington.

Os grandes esforços de Bacon e Washington alcançaram frutos com a adoção da Constituição, documento que personificava os princípios da Fraternidade, estabelecendo que cada indivíduo prosperaria graças a seus próprios esforços — aplicação civil do caminho iniciático dos maçons. E protegia pela lei liberdades de que nenhum país jamais havia gozado — de expressão, de culto, de imprensa e de reunião. Cada pessoa, então, podia ser livre para produzir seu destino individual como considerasse melhor.

Assim, com o grande agrupamento de eleitos na terra prometida, restabeleceu-se a comunidade daqueles que eram livres não apenas para zelar pelas promessas do Senhor, como também para fazê-lo graças ao dom do livre-arbítrio. Era uma comunidade baseada na verdadeira individualidade.

A individualidade origina-se de Hiram Abiff, da tradição maçônica, o Cristo interior, o Emanuel de Isaías, de quem se profetizou: "O governo recairá sobre seus ombros." Esta ideia concretizou-se no conceito norte-americano de soberania individual.

E Deus favorece nossos empreendimentos — *annuit coeptis*. Assim afirma o lema no Grande Selo dos Estados Unidos — outrora chamado, depreciativamente, de emblema estúpido da Fraternidade Maçônica. Maçônica, sim. Mas estúpido, jamais. O simbolismo do selo proclama a verdadeira identidade dos israelitas norte-americanos na tradição dos mistérios ancestrais (ver pág. 139).

O lema *novus ordo seclorum* representa a grande obra assumida pelos maçons — o *estabelecimento da nova ordem das eras!*

Um número considerável dos primeiros norte-americanos aparentemente aceitou a presença e a intervenção divina dos mediadores celestiais como parte natural da vida. A arte e a literatura do período retrataram com frequência os seres angélicos, deuses e deusas, e nuvens de glória.

A Deusa da liberdade, protetora da "causa sagrada", foi talvez a mais venerada de toda a hoste celestial. Em 1775, Thomas Paine exaltou-a em uma balada chamada "Árvore da liberdade".

> *Em um coche de luz, vindo das regiões do dia,*
> *Surge a Deusa da liberdade,*
> *Dez mil anjos celestiais conduzem-na,*
> *Escoltando-a deste lado.*

Um belo ramo em flor dos jardins acima,
Lá onde a harmonia impera entre milhões,
A dama traz em suas mãos como sinal de seu amor,
Chamando a ela de Árvore da liberdade.

Foi a Deusa da liberdade quem apareceu a George Washington, proporcionando-lhe a visão das três provações que os Estados Unidos enfrentariam: a primeira, a Guerra Revolucionária; a segunda, a Guerra Civil; e a terceira ainda está por vir, detida pela Mão Invisível, enquanto o Povo decide, pela lei e pelo amor, o seu destino (ver pág. 148).

Este período de crise foi previsto não apenas por George Washington, mas também pelo profeta Daniel, que escreveu: "E sobrevirão tempos do mal como nunca houve desde que passou a existir uma nação como aquela." O historiador Arnold Toynbee utilizou a expressão "tempos de tributações" para descrever o caos que acompanha a desintegração das civilizações. Do ponto de vista do historiador, muitos concordarão que hoje estamos vivendo esse "tempo de tribulações".

Não obstante o estado de espírito esperançoso da nação, os sentimentos por si sós não podem ajudar os indivíduos a atravessar essa crise. As pessoas estão vulneráveis a todo tipo de desastres em potencial — colapsos econômicos, guerra nuclear, crimes, poluição, lixos tóxicos e novas tecnologias perigosas, sem falar na engenharia genética da raça futura.

Será preciso algo mais do que uma liderança esclarecida para enfrentar esse desafio. Um simples mortal não poderá solucionar nossos problemas. Sempre que os israelitas tornaram um rumo independente de Deus, os resultados foram catastróficos. Se os antigos israelitas não puderam solucionar seus problemas sem Deus, seríamos nós tão tolos a ponto de tentar fazê-lo?

Toynbee afirmou que uma civilização atravessando um período de dificuldades entra em colapso se seu povo não busca o processo de espiritualização a partir de dentro ou, como ele o chamou, a "eterificação". Ele estava falando *de uma verdadeira revolução na consciência superior*. Esta é a chave para a salvação e a regeneração moral para as quais os Estados Unidos foram fundados.

Agora que conhecemos a natureza dos Estados Unidos e de seu legado, o que fazer para sobreviver ao caos a cujo respeito teoriza Toynbee, previsto por Washington, profetizado por Daniel e vaticinado por nosso Senhor como a grande tribulação?

O povo deve sentir-se consolado e fortalecido pela mensagem da história — que Deus e sua hierarquia celestial, a Grande Fraternidade Branca, conceberam, deram à luz, e pela qual zelam, e que é parte integrante das questões norte-americanas. Faz-se necessário um envolvimento pessoal do povo norte--americano para a descoberta de soluções para seus problemas. Mas, acima de tudo, os israelitas norte-americanos devem fazer o que fizeram seus antepassados — pedir o auxílio do SENHOR! Afinal de contas, o Deus da história, o Deus de Israel, conduziria seu povo ao longo de tantos milênios para depois abandoná--lo, no último instante? Não se ele permanecer leal a si mesmo e a nós. E o EU SOU O QUE EU SOU do êxodo é o fiel e verdadeiro, inalterável, a palavra da revelação.

Segundo ensinaram todos os adeptos da tradição do Cristo, a prece é uma técnica espiritual que combina as ciências esotéricas do som e da invocação a fim de criar formas-pensamento nos planos interiores, as quais têm o poder de alterar o rumo dos acontecimentos no mundo da forma, porque o seu sustentáculo é a própria palavra.

Nestes dias derradeiros, somos lembrados pelos anjos sagrados de que devemos direcionar nossos apelos não apenas ao Arcanjo Miguel, Revelado pelo Senhor a Daniel, como "o Grande Príncipe defensor dos filhos de teu povo", mas também ao grande adepto da Fraternidade, patrocinador dos Estados Unidos da América e mestre que presidirá a Era de Aquário — Saint Germain.

É uma ironia da história que o nome Saint Germain não esteja na boca de cada colegial e que cada presidente norte-americano não busque sinceramente seus conselhos. Pois foi Saint Germain quem encarnou como o "colonizador portador do Cristo", Cristóvão Colombo, e como o fundador da franco-maçonaria, Francis Bacon. E quem mais senão Saint Germain teve a visão de uma Nova Atlântida, baseada nos princípios da liberdade espiritual e civil para os próximos milênios?

De fato, Saint Germain trabalhou incansavelmente pela reunião das tribos de Israel e Judá no Novo Mundo, bem como para inspirar na terra de seus sonhos a virtude única, pela qual ele deu sua vida repetidas vezes — a *liberdade*!

Saint Germain convida-nos a ascender aos níveis superiores de consciência, a encontrar a imortalidade em Deus — a ser livres. E, se a tradição mística dos Estados Unidos não é esta, qual é?

Assim, cada Quatro de Julho faz lembrar que, por trás da alegria sentida por milhões, das bandas de música, dos fogos de artifício, das melancias, dos Jogos da Seleção e da atmosfera despreocupada do verão, existe uma causa: a causa da liberdade, a causa de Saint Germain e a causa dos santos que estão entre nós, com seus mantos alvos.

E, quando ouvirem aquelas velhas canções patrióticas, escutem as letras. Elas expressam o verdadeiro amor e reconhecimento para a Grande Fraternidade Branca e Saint Germain, o mestre alquimista, que transpôs a dádiva do nosso Pai, o livre-arbítrio, para o maior sistema de liberdade espiritual, econômica e política jamais testemunhado pelo mundo.

> *Deus Nosso Senhor! Para ti,*
> *Autor da liberdade!*
> *Para ti cantamos;*
> *Possa a nossa terra brilhar por muito tempo,*
> *Sob a luz sagrada da liberdade,*
> *Protege-nos com teu poder,*
> *Deus grandioso, nosso Rei.*

A visão das provações da América por Washington

Publicado originalmente por Wesley Bradshaw,
reproduzido de uma reimpressão no *National Tribune*,
Vol. 4, número 12, dezembro de 1880.

A última vez em que vi Anthony Sherman foi em Quatro de Julho de 1859, na Independence Square. Ele contava então 99 anos e estava muito fraco. Entretanto, apesar da velhice, seus olhos opacos voltaram a acender-se ao contemplar o Salão da Independência, que ele fora visitar uma vez mais.

— Vamos até o salão — ele sugeriu. — Quero falar-lhe de um incidente na vida de Washington — que nenhuma pessoa viva conhece, exceto eu mesmo; e, se você viver, não demorará muito e comprovará tudo.

"Desde o começo da Revolução, passamos por todas as fases da fortuna, boas e más, vitoriosas e malogradas. O período mais sombrio, creio, foi quando Washington, após inúmeros reveses, retirou-se para o Valley Forge, onde decidiu passar o inverno de 1777.

"Ah! muitas vezes vi as lágrimas correrem pelo rosto preocupado de nosso querido comandante, quando conversava com algum oficial de confiança sobre a situação daqueles pobres soldados. Sem dúvida você ouviu a história de Washington retirando-se para o bosque para rezar. Bem, isto não apenas aconteceu, como ele costumava orar em segredo, pedindo o auxílio e o consolo de Deus, a intervenção da providência divina, para que atravessássemos incólumes os dias mais sombrios de tributação.

"Um dia, lembro-me bem, os ventos frios assobiavam por entre as árvores sem folhas, embora o céu estivesse sem nuvens e o sol brilhasse intensamente; ele permaneceu sozinho em seu alojamento quase a tarde inteira. Quando ele saiu, percebi que seu rosto estava mais pálido do que habitualmente, e parecia haver algo de extrema importância em sua mente.

"Retornando logo após o entardecer, ele despachou um ordenança para o alojamento do oficial por mim citado, que estava em serviço naquele momento. Após um diálogo preliminar de cerca de meia hora, Washington, lançando sobre seu companheiro um estranho olhar de dignidade que só ele poderia ter, disse:

'Não sei se é apenas a ansiedade da minha mente ou algo no gênero, mas hoje à tarde, quando estava sentado nesta mesa, preparando um despacho, algo pareceu me perturbar. Levantei os olhos e vi, sentada à minha frente, uma mulher de beleza singular. Fiquei tão profundamente surpreso, pois dera ordens rigorosas de que não queria ser perturbado, que foram necessários alguns instantes para que eu pudesse me recuperar e indagar qual o motivo de sua presença.'

"Repeti minha pergunta quatro vezes, mas não recebi resposta de minha visitante misteriosa, com exceção de um imperceptível movimento dos olhos. A esta altura eu já sentia uma estranha sensação envolvendo-me. Teria ficado de pé, mas o olhar fixo daquele ser à minha frente tornava impossível o exercício da vontade. Tentei uma vez mais dirigir-me a ela, mas minha língua tornara-se inútil. Até mesmo o próprio pensamento fora paralisado. Uma nova influência, misteriosa, poderosa, irresistível, apoderara-se de mim. Eu só conseguia olhar fixamente para minha visitante desconhecida.

"Pouco a pouco, a atmosfera circundante pareceu tornar-se plena de sensações e luminosa. Tudo à minha volta pareceu tornar-se rarefeito — a própria visitante misteriosa afigurava-se mais etérea e, no entanto, mais nítida do que antes. Agora eu começava a sentir-me como um moribundo ou, pelo menos, experimentando as sensações que vez por outra eu imaginava acompanharem a dissolução. Não pensei, não raciocinei, não me mexi; qualquer uma dessas atitudes era igualmente impossível. Eu tinha consciência apenas de que olhava fixamente para minha acompanhante.

"Então ouvi uma voz dizer: 'Filho da República, olhe e aprenda', e ao mesmo tempo, minha visitante estendeu o braço na direção do leste. Agora eu contemplava um pesado vapor branco elevando-se a alguma distância, e depois dissipando-se gradualmente. À minha frente estendiam-se, em uma vasta planície, todos os países do mundo — Europa, Ásia, África e América. Vi os vagalhões do Atlântico formando-se e crescendo entre Europa e América, e entre Ásia e América estendia-se o Pacífico.

"'Filho da República', disse a mesma voz misteriosa de antes, 'olhe e aprenda'.

"Naquele instante, avistei um ser sombrio e irreal, semelhante a um anjo, de pé, ou melhor, flutuando no ar, entre Europa e América. Retirando água do oceano com as mãos em concha, ele espargiu um pouco sobre a América com a mão direita, enquanto com a esquerda lançou mais um pouco sobre a Europa.

"Imediatamente uma nuvem elevou-se desses países e juntou-se no meio do oceano, permanecendo ali por algum tempo, até começar a mover-se lentamente para oeste e envolver a América em suas pregas sombrias. Clarões cortantes dos raios eram vistos de tempos em tempos, e ouvi gemidos e gritos abafados do povo norte-americano. O anjo encheu as mãos uma vez mais com água do mar e espargiu-a como antes. A nuvem escura foi então atraída novamente para o oceano, desaparecendo em suas ondas altas.

"Ouvi pela terceira vez a misteriosa voz dizer: 'Filho da República, olhe e aprenda.'

"Lancei meu olhar sobre a América e vi aldeias, vilarejos e cidades surgindo, uma após outra, até que toda a Terra, do Atlântico ao Pacífico, estava pontilhada por elas. Novamente ouvi a voz misteriosa dizer: 'Filho da República, o fim do século virá, olhe e aprenda.'

"Então o anjo sombrio voltou o rosto para o sul e, vindo da África, vi um espectro agourento aproximar-se de nossa terra. Ele voou lentamente sobre todas as cidades e vilarejos da América. Os habitantes puseram-se em luta uns contra os outros.

"Continuei olhando e vi um anjo luminoso, a testa envolvida por uma coroa de luz, onde estava escrita a palavra 'União', segurando a bandeira norte-americana, que ele colocou entre a nação dividida e disse: *Lembrai-vos de que sois irmãos.*'

"Imediatamente, os habitantes, deitando fora suas armas, mais uma vez tornaram-se amigos e uniram-se em torno da bandeira nacional.

"E novamente ouvi a voz misteriosa falar: 'Filho da República, olhe e aprenda.' Ato contínuo, o anjo sombrio levou uma trombeta à boca e soprou três sons distintos; colhendo água do oceano, espargiu-a sobre a Europa, a Ásia e a África.

151

"Então meus olhos testemunharam uma cena pavorosa: de cada um desses países elevaram-se nuvens carregadas e espessas que imediatamente transformaram-se numa só. E ao longo dessa massa compacta cintilava uma luz vermelho-escura, por meio da qual pude ver hordas de homens armados, que, avançando com a nuvem, marcharam pela terra e singraram o mar até a América, que foi envolvida por toda a nuvem.

"E entrevi vagamente aqueles grandes exércitos devastando o país inteiro e queimando as aldeias, cidades e vilarejos que eu vira nascer. Enquanto meus ouvidos escutavam o troar retumbante dos trovões, o estrépito das espadas se chocando, e os gritos e brados de milhões em combate mortal. Ouvi novamente a voz misteriosa dizer: 'Filho da República, olhe e aprenda.' Quando a voz silenciou, o anjo sombrio levou mais uma vez a trombeta aos lábios e emitiu um som longo e temível.

"Imediatamente uma luz como a de mil sóis brilhou sobre minha cabeça e perfurou, fazendo-a em pedaços, a nuvem escura que envolvera a América. Ao mesmo tempo, o anjo sobre cuja cabeça ainda brilhava a palavra União e em cujas mãos estavam nossa bandeira nacional e a espada, desceu dos céus, acompanhado por uma legião de espíritos brancos. Estes reuniram-se aos habitantes da América, que eu percebi estarem à beira da derrota, mas que, imediatamente, recobrando a coragem, cerraram suas fileiras dizimadas e reiniciaram a batalha.

"Mais uma vez, em meio ao temível clamor da conflagração, ouvi a voz misteriosa dizer: 'Filho da República, olhe e aprenda.' Tão logo a voz silenciou, o anjo sombrio recolheu água do oceano pela última vez e espargiu-a sobre os Estados Unidos. Imediatamente a nuvem carregada se foi, juntamente com os exércitos que trouxera, deixando os habitantes da terra vitoriosos.

"Então, uma derradeira vez contemplei as aldeias, vilarejos e cidades crescendo no mesmo lugar em que eu as vira antes, enquanto o anjo luminoso, fincando a bandeira azul-celeste que trouxera no meio dos homens, bradou: *'Enquanto houver estrelas e os céus lançarem o bálsamo do orvalho sobre a terra, existirá a União.'* E, retirando da testa a coroa com a palavra 'União', ele a colocou sobre o Estandarte, enquanto o povo, ajoelhando-se, disse 'Amém'.

"A cena começou então a esmaecer e desaparecer instantaneamente, até que nada mais vi, exceto o vapor que meus olhos haviam avistado em primeiro lugar ascendendo em espiral, até que este também desapareceu, e encontrei-me uma vez mais contemplando a visitante misteriosa que, com a mesma voz que eu ouvira antes, disse: 'Filho da República, aquilo que você viu tem o seguinte significado: três grandes perigos irão ameaçar a República. O mais temível será o terceiro (Eis o comentário sobre essa palavra 'terceiro': 'O auxílio contra o TERCEIRO perigo virá na forma da assistência divina. Aparentemente o Segundo Advento), sobre o qual o mundo inteiro, unido, não triunfará. Que todos os filhos da República aprendam a viver para seu Deus, sua terra e a União.'

"Com estas palavras, a visão chegou ao fim, e levantei-me do meu assento, sentindo que tivera uma visão na qual me fora mostrado o nascimento, a evolução e o destino dos Estados Unidos.

"Estas, meus amigos — concluiu o venerável narrador —, foram as palavras que ouvi dos lábios de Washington em pessoa, e a América só terá a lucrar com elas."

Aqueles que compreendem a verdadeira finalidade da profecia percebem que os acontecimentos futuros são previstos não porque estão predestinados, mas porque oferecem a homens e mulheres esclarecidos a oportunidade de se unirem e determinarem que o perigo iminente, que poderia vir a cumprir-se, não irá concretizar-se porque passaremos à ação e porque vamos orar. Cabe à nossa geração decidir se a terceira visão ocorrerá ou não — e a chave de nossa vitória está em nosso amor, unidade e utilização judiciosa e sábia dos recursos materiais e espirituais. Entretanto, pedir a intercessão do SENHOR e de suas hostes significa assegurar a bênção contínua da Mão Invisível — extremamente visível em tempos de tormenta.

Livro Dois

Estudos intermediários
sobre

alquimia

Fórmulas alquímicas para a
mestria pessoal

Saint Germain

Onde está a felicidade? Naquilo que convoca
Nossas mentes dispostas à solidariedade divina,
Solidariedade com essência; até brilharmos,
Inteiramente alquimizados e plenos de espaço. Olhai
A luminosa religião dos céus!

KEATS, *Endymion*

CAPÍTULO 1

"Criai!"

Quando o Espírito do grande alquimista exalou o sopro da vida nas narinas do homem, o fogo do Espírito criativo preencheu o tabernáculo de barro. Nascia um deus embrionário.

Os aspectos práticos da alquimia só são encontrados na manifestação daquele que desenvolveu o poder de executar o desígnio da liberdade. Tudo aquilo que restringe não é um aliado do alquimista; no entanto, a meta do alquimista é unir a alma ao seu encontro imortal, para que o pacto da vida possa ser santificado, mesmo quando o dom precioso da identidade individual é aceito.

Ora, a identidade do alquimista deve ser encontrada na ordem "Criai!" E, para que ele possa obedecer, as energias ígneas da criação lhe são dispensadas a cada momento. Como contas de cristal descendo de um fio de cristal, as energias da essência criativa da vida descem para o cálice da consciência. Sem interromperem nem retardarem o seu curso determinado, continuam a cair no repositório do ser do homem. Aqui elas criam uma estrutura para o bem ou para o mal, à medida que uma quantidade ínfima de energia universal atravessa o nexo registrador e é impressa com o *fiat* da criação.

Este *fiat* reflete a intenção da vontade da mônada individual. Quando o *fiat* é negado, sobrevém a inatividade da grande fornalha cósmica, à medida que o talento do momento que desce em forma de cálice é rejeitado pela consciência, e torna-se uma oportunidade perdida. Onde não há qualificação, onde não *há fiat* da intenção, a energia retém apenas a identificação divina do talento, sem o selo da individualização; assim, ela cai nos cofres do registro da corrente de vida, sem receber algo mais do que um erg de qualificação.

Assim, o processo criativo tem um significado muito pequeno para o indivíduo que não reconhece a ordem para criar, pois, com o seu desconhecimento, ele fica privado da prerrogativa concedida por Deus. Como resultado da negligência do homem por sua responsabilidade, o *fiat* de Deus é registrado como no Livro do Apocalipse: "Eu sei as tuas obras, que nem és frio nem quente; oxalá foras frio, ou quente! Assim, porque és momo e não és frio nem quente, vomitar-te-ei da minha boca."[1]

O fiat para criar deve ser considerado, mas oremos a Deus para que os homens atentem para a responsabilidade soberana que a vida lhes deu para criar segundo o modelo da semente divina. Eles poderiam seguir o exemplo dos deuses mais antigos e o sacerdócio real da ordem de Melquisedeque em seus empreendimentos criativos, para que pudessem transmitir à corrente de energia da vida aquele aspecto fascinante e peculiar do gênio cósmico, que é a natureza do Deus eterno.

Enquanto os indivíduos deixarem-se permanecer em estado de medo constante, enquanto negarem a si mesmos os grandes benefícios da esperança universal, enquanto não levarem em consideração o significado da promessa "a sua benignidade é para sempre",[2] enquanto continuarem na ignorância, eles estarão negando a si mesmos o êxtase que brota do exercício correto do privilégio espiritual.

Menosprezar a alma do homem, lançá-la em frustração, pecado e autocondenação é obra dos príncipes das trevas. Contudo, a especialidade dos filhos do céu, dos mestres Ascensos e dos seres cósmicos é sempre elevar a nobreza suprema, que é a um tempo estrutura e conteúdo da alma, de tal maneira que o homem poderia ouvir a palavra influente do Deus eterno como sinos repicando, "tu és meu filho; eu hoje te gerei".[3]

O homem deve estabelecer um pacto de confiança universal baseado em seu próprio compromisso interno com a graça de Deus, que não o impedirá de exercer o poder da Palavra viva de emular os mestres, de emular o Filho unigênito do pai, de emular o Espírito de consolo e verdade. E, quando assim fizer, ele encontrará em sua consciência um novo método de purificação de sua alma, através do poder do Espírito do SENHOR. Então ele compreenderá o significado da afirmação feita com referência a Abraão, de que a fé de Abraão "foi imputada a Abraão como justiça e ele foi chamado de Amigo de Deus".[4]

Assim, "não por força, nem por violência, mas pelo meu Espírito, diz o SENHOR dos exércitos",[5] o homem realiza o feito alquímico de transmutar os metais vis da consciência humana no ouro da iluminação crística. O poder do homem jamais poderá transformar trevas em luz, nem tampouco libertar a humanidade da luta que elimina de suas vidas o reconhecimento do potencial concedido por Deus, que reside nas esferas do eu.

As realizações vitoriosas do mestre Jesus juntamente com as "obras maiores" que ele prometeu que os discípulos do Cristo fariam "porque eu vou para meu Pai"[6] permanecem neste século, como em séculos idos, um *fiat* da liberdade universal. Assim as obras dos alquimistas do espírito estimulam as almas dos homens a abandonar suas atitudes de autocondenação, autocomiseração, autonegação, autocomplacência e uma reação excessiva aos erros do passado. Pois, quando os homens aprenderem a perdoar e a esquecer seus próprios erros, seus corações irão regozijar-se na aceitação da palavra do alto: "Ao que Deus purificou não faças tu comum."[7]

Reconhecendo, então, que o potencial de todo homem reside na imersão na grande corrente silenciosa de energia de luz vivente do coração do Cristo universal, nós dizemos: que o poder do Espírito Santo, mundos sem fim, exerça suas pressões cósmicas poderosas sobre a alma do futuro alquimista, até que este ressurja da fornalha ardente flexível, imaculado e puro, disposto a obedecer à ordem do Senhor de criar em primeiro lugar um coração puro e então renovar no ser um espírito correto.

Deus é um Espírito; e, como o alquimista supremo que possui o poder de operar a transformação no universo, ele é capaz de transmitir sua paixão pela liberdade à alma de todo homem que aceitá-la. Sua é a paixão que produz no homem o milagre da evolução através da consciência do real. Sua é a paixão que retirará do templo aqueles que permutam e barganham com o dinheiro e que literalmente venderiam as almas dos homens nos mercados do mundo.

Estamos interessados em criar, no estudioso da alquimia, uma percepção consciente do poder do Espírito de transmitir o efeito transmutativo do alquimista universal para as vidas e seres da humanidade encarnada. É através dessa consciência que eles serão exaltados de uma maneira jamais experimentada antes, pois finalmente terão reconhecido que, em seu íntimo, a semente fundamental cósmica do potencial universal jaz literalmente sepultada.

Então, ressuscitar o Espírito do alquimista cósmico significa que devemos primeiro buscar para encontrarmos, que devemos bater para que a porta se abra. Devemos, no ritual da verdadeira fé, nos regozijarmos no compromisso com ele, que é capaz de manter e salvar ao máximo aqueles que acreditarem em seus propósitos múltiplos, centralizados no propósito único de expandir a consciência da pedra que os construtores rejeitaram, do Cristo que é o senhor de todos os homens.[8]

No conceito da vida abundante deve ser encontrado o princípio radioativo da consciência de Deus em expansão, na qual todo homem pode beber sem privar seu irmão da mais ínfima quantidade da sua herança. Assim, não há necessidade de inveja ou luta nas vidas dos verdadeiros alquimistas; e sábios serão aqueles que irão submeter-se às pressões da lei divina, que procurarão purificar-se de todos os hábitos impuros provenientes da densidade do homem, da dúvida e do medo, que constituem a origem do não cumprimento, pelo homem, de seu destino.

Aqueles que ousarem submeter-se à vontade de Deus chegarão ao local onde suas almas finalmente poderão acolher, frente a frente, o Espírito vitorioso que torna possível a transferência da consciência do grande alquimista para a consciência do alquimista inferior. Graças a esta transferência, cresce a esperança no microcosmo do ser e testemunha-se o milagre da crisálida emergente. Então a alma, alimentando a palavra viva que pulsa interiormente, finalmente compreende sua razão de ser na ordem da luz: "Criai!"

Assim, cabe a cada vida criar segundo os padrões estabelecidos nos céus.[9] Aquele que pode produzir o milagre desses padrões em sua vida também é capaz de obter todas as coisas por acréscimo; porquanto, buscando primeiro o reino dos céus, a própria terra sucumbe a seu domínio.[10]

Nesta série sobre alquimia intermediária, estou, em nome de Deus Todo-poderoso, criando na consciência dos discípulos que se dedicam a esse estudo o espírito de comunhão interior. Através desse espírito — um foco de minha própria chama —, o Mais Alto Deus e a hierarquia da luz deverão promover, graças ao poder do amor universal, uma sensação no âmago da consciência do estudioso que lhe permitirá obter o lugar que lhe cabe no plano divino. Então o reino florescerá e os homens perceberão que não precisam engajar-se na luta nem buscar meios violentos de obter aquilo que Deus está sempre pronto a conceder-lhes.

O medo remanescente nos mundos dos homens é das trevas, enquanto que a fé, a esperança e a caridade são os grandes portadores trinos da luz que exalta a realidade e conduz os homens na direção da luz.

Pronto para a ação,

Continuo a ser o Cavaleiro Comendador,

Saint Germain

✠

CAPÍTULO 2

Alquimia prática

A história da devoção do homem à causa da liberdade possivelmente jamais poderá ser escrita, seja para o planeta ou para o indivíduo. Portanto, o homem jamais saberá, através do estudo externo, a verdadeira história da liberdade. No entanto, graças à ampla extensão do Espírito de Deus no homem e sua maravilhosa sintonia com o repositório central para todas as partes da vida, ele poderá adentrar os registros akáshicos desses momentos solenes nas vidas de outros homens e, assim, perceber como eles obtiveram sua vitória.

Tal como o alquimista baseia-se nas descobertas de seus predecessores, da mesma maneira existe um mestre interior dentro de todo coração, que guia o ser exterior, sujeitando-o quando necessário, e conduzindo os fogos da mente em sua busca frequente dos fios da realidade.

Quando o tema da criação recebe mais do que uma simples consideração, o homem começa a perceber que seu próprio destino repousa como uma dádiva em suas mãos. Ele sempre buscou o auxílio de Deus e Deus sempre atendeu os homens para transmitir-lhes todas as boas dádivas e todo o apoio que o homem poderia receber e reconhecer razoavelmente. Infelizmente, até mesmo naqueles períodos de suas meditações mais avançadas, a humanidade raramente obteve um vislumbre do padrão cósmico necessário daquilo que ela é e será.

Os segredos da alquimia sempre devem ser encontrados na esfera da criação. Se o homem não tem o poder de criar, ele não é verdadeiramente livre. Portanto, a torrente de energia que Deus lhe proporciona incessantemente precisa ser canalizada para matrizes de desejo criativo elaboradas segundo a vontade divina; entretanto, quando mal qualificadas, essas energias formam os elos da corrente que o aprisiona.

Nosso primeiro passo, portanto, consiste em abortar e transmutar a substância de qualidade negativa no mundo de todo futuro alquimista. O poder da chama transformadora intensa, enquanto agente do Espírito Santo, pode ser obtido de Deus para a purificação do mundo do homem.

Faz-se necessário observar, entretanto, que esse poder raramente é reconhecido, até que o alquimista tenha evocado a chama por um período de tempo considerável. Mas, com toda a sua prática, a utilização da chama não será suficiente para transformar seu mundo, a menos que seja mantida a atitude científica correta. O alquimista que insiste em exaltar sua própria vontade e ego humanos, em contraposição à vontade e ego divinos, não pode receber as grandes dádivas que o Espírito procura transmitir-lhe.

Sei que muitas pessoas relutam em entregar-se inteiramente nas mãos de Deus. Elas estão dispostas a trilhar parte do caminho e dão passos cautelosos para a frente quando a vontade superior parece favorecer a sua; entretanto, como não abandonaram a vontade humana, elas acabam por perceber que seus esforços não foram recompensados.

O homem não pode barganhar com Deus. Todavia, o cosmo está muito mais preparado para conceder todos os bens e dons perfeitos ao homem que este para recebê-los. Assim, o problema não está no oceano cheio de pérolas, mas no próprio mergulhador, que deve dispor-se a reconhecer a presença dos tesouros dos céus nas profundezas cósmicas — tesouros que os céus desejam que os homens não apenas descubram, mas também possuam.

Com suas atitudes incorretas, os homens mantêm-se afastados do reino dos céus. Através do ocultismo e, infelizmente, até mesmo através da bruxaria, tentam obter para si próprios aquilo que poderia ser alcançado permanentemente apenas pela submissão voluntária à vontade de Deus, a suas intenções e desígnios.

Por quanto tempo a humanidade continuará a iludir-se? Por quanto tempo impedirão a si mesmos, com seus medos, de entregarem-se aos desígnios vivos de Deus? É como se eles não entregassem seu dinheiro aos negociantes das lojas até estarem com a mercadoria adquirida nas mãos.

Não existe barganha com Deus ou com o cosmo. O cosmo está sempre disposto a conceder as dádivas mais elevadas e melhores ao homem, mas, para recebê-las, o homem precisa transformar sua atitude.

Aqueles que detêm o conhecimento do mundo podem acreditar, no íntimo, que, por meio da atividade acadêmica, encontraram a chave da supremacia sobre os sentidos para conseguirem entrar nos reinos do Espírito. Nós dizemos que não! Pois o homem não obterá os dons mais elevados por meio do intelecto ou da hipocrisia.

Esses dons virão como a evolução natural da alma que se submete à graça de Deus e compreende que, assim fazendo, pode esperar, acertadamente, a manifestação interior da revelação divina. E, quando surge essa revelação, ela é recebida no interior do círculo abençoado da integridade e da razão — integridade que não despreza seu semelhante, que não procura magoar quem quer que seja, e razão que compreende estarem os melhores dons do Espírito relacionados com a esfera da vida prática.

O caráter prático de Deus não deve ser utilizado como arma para destruir as belezas místicas do espírito. Ao contrário, deve ser utilizado para levar o mistério divino para o centro da manifestação individual. Como a carne surgiu e foi animada graças ao Espírito, da mesma maneira o caráter prático deve surgir e tornar-se animado graças aos desígnios criativos de Deus.

Então Deus conduzirá o homem pela mão, através da esfera da ordem perfeita, até um local onde o homem perceberá que o mundo e todas as coisas que aí habitam foram criados originalmente de acordo com um padrão cósmico perfeito. Neste lugar ser-lhe-á mostrado que cada indivíduo deve manifestar uma faceta específica da intenção divina e que cada faceta do grandioso desígnio foi criada de modo a complementar uma à outra e, assim, produzir a beleza milagrosa de um reino eterno, de mundos sem fim.

Como podem os homens imaginar que à mente criadora do homem em todas as suas partes maravilhosas — o universo, as estrelas, os sóis, as esferas espirituais — falta a presciência, a ponto de deixar de proporcionar uma saída para aqueles que pudessem querer abandonar o padrão cósmico? Seu caráter prático não concedeu ao homem a plenitude da transmissão divina, expressa na ordem "tenha ele domínio sobre toda a terra?"[1] Assim, o homem foi destinado a ser uma manifestação prática de Deus, aprendendo a dominar seu meio ambiente através da sabedoria cósmica, aliada a sua própria inteligência natural.

Vimos, contudo, que o homem deixa-se desencorajar quando percebe que, embora exercite suas faculdades mentais até literalmente apinhar sua mente com o conhecimento enciclopédico do mundo, sua musculatura mental mantém-se rígida e sem poder para dominar suas questões pessoais — e muito menos as questões da terra — pois está espiritualmente anêmico.

Ora, tal desânimo é resultado do malogro do indivíduo em reconhecer o fato de que na verdade ele é uma parte monádica de Deus. Ele não sabe — pois nada lhe disseram — que, em sua união eterna e silenciosa com a mente de Deus, está ligado a um computador gigantesco. Através desse computador, todo conhecimento está imediatamente à disposição, por meio da transmissão espiritual, daqueles que irão utilizá-lo para cumprir a vontade de Deus.

Mas os limites da morada do homem — incluindo os limites de suas interrogações mentais — que são recomendados pela lei cósmica, fazem com que essa sabedoria retire-se dessa parte do universo que ainda não está pronta a assumir seu papel de domínio sobre a terra e torne-se atuante com os poderes do Cristo universal.

A chave, então, para a prática da alquimia espiritual avançada está na compreensão dos desígnios da Fraternidade pelo alquimista, bem como de sua união consciente com aqueles que se comprometem, por palavras e atos, a cumprir tais desígnios.

Os homens pouco percebem, quando iniciam o estudo da alquimia, quão profundamente envolvidos ficarão e quão envolvente se tornará a alquimia. Porquanto, a menos que ocorra uma imersão do ser no oceano da sabedoria e desígnio universais, a alma não poderá deixar-se impregnar, a esponja não poderá molhar-se e a energia tão necessária à transmutação não poderá ser evocada.

Se pareço estar revelando os segredos dos séculos de maneira muito vagarosa, para as mentes dos estudiosos apressados e atormentados, que gostariam de superar tudo em um instante, permitam-me esclarecer que, hoje, vocês estão recebendo, dos retiros da Fraternidade, mais informações do que nós mesmos recebemos no passado, quando estávamos empreendendo nossa própria iniciação.

Assim, é na sua paciência que possuem as suas almas,[2] mas sejam aplicados no estudo dos diversos aspectos do ser que, de tempos em tempos, ser-lhe-ão mostrados — vez por outra a partir das fontes mais inesperadas. Estejam preparados para descobrir no menor dom um tesouro intrincado que, como uma peça de um quebra-cabeça gigantesco, a princípio pode não parecer tão importante.

Afirmo mais uma vez: sejam pacientes. Pois o tempo, em sua marcha, revela padrões eternos. Portanto, recusar a pesquisa ou rejeitar os instrumentos do estudo cósmico que tornam possível a pesquisa, constitui erro de primeira grandeza.

Que todos aqueles que estiverem recebendo esta forma de instrução regozijem-se e fiquem felizes, percebendo na própria oportunidade de estudar a si mesmo a necessidade de prestar aos irmãos o serviço de familiarizar outras pessoas com os ensinamentos. Assim, tornando disponível às almas receptivas a dádiva da vida, os Céus responderão e concederão uma dádiva maior às almas daqueles que se mostraram dispostos a trabalhar e esperar.

A perfeição está próxima, e é a perfeição de um mestre maçom — um construtor que, idealizando a perfeição no universo, não tem outra alternativa senão idealizá-la em si mesmo. Este é o construtor que percebe a necessidade de purificar o próprio âmago dos resíduos em seu mundo, de submeter-se à lavagem da água pela Palavra[3] e à purificação do fogo sagrado. Este é o construtor que percebe a necessidade de saber quais são as ferramentas do aspirante e como estas ferramentas podem ser utilizadas a serviço do ser, a serviço da humanidade e, em última análise, a serviço de seu Deus.

Reafirmemos, então, a todos
Que a vida não é tão simples como os homens sonharam.
Mas é um plano tão amplo e grandioso
Que literalmente envolve a todos nós —
Homens e deuses e mestres também,
Partes da vida que tu não vês
Neste momento, mas que um dia verás
Se apenas aprenderes a ouvir e silenciar,
Sabendo que Eu sou o Deus interior.

Para a sua glória eu vivo,

Saint Germain

✠

CAPÍTULO 3

Aliança espiritual

O alquimista iniciante pouco se apercebe da necessidade de uma aliança espiritual. Se os homens criticam a irrupção de aspectos contrários ao empreendimento religioso, tais como embates entre irmãos, suas atitudes ímpias, sua crítica, condenação e julgamento uns dos outros, deixe-os perceber que aquilo que está abaixo não é produto daquilo que está acima, mas continua a ser parte da criação humana, que não é parte real de Deus.

Assim, devemos dirigir nossa atenção para a verdadeira fraternidade espiritual, pois o alquimista que está em busca de sua própria evolução pode manifestar tão somente um potencial relativamente fraco. Aqueles que se aliam à Fraternidade da Luz estão utilizando o poder funcional do grande alquimista, não como um poderoso oceano que jorra através de estreita abertura, mas como o grande oceano bramindo a caminho da sua própria perfeição. Desse modo, em toda luta verdadeira, a mão, consciente da cabeça, abençoa os pés que avançam rumo à meta determinada.

Liberdade, então, é um nome e um jogo, mas as apostas são muito altas. O grande alquimista exige absoluta obediência de todo adepto e de todos que praticam o jogo da transformação vitoriosa.

O homem é uma criatura limitada. Ele é limitado pelas alianças equivocadas que faz, amiúde sob o signo maldito da ignorância. Portanto, devemos começar literalmente virando o homem de cabeça para baixo e de dentro para fora. Devemos expor os pequenos truques que têm sido utilizados pela personalidade finita, na manutenção de sua própria soberania sobre as vidas dos demais, pois foi o sentimento de conflito que realmente criou uma batalha nas vidas de milhões de pessoas.

Mas, quando rejeitarem esse sentimento, quando perceberem que o universo constitui o trabalho harmonioso e conjunto da luz servindo à luz, eles estarão prestes a realizar a obra do Pai, de transmutação da mortalha que cobre a terra, mortalha composta dos elementos da própria insanidade e dos padrões emocionais destrutivos da espécie humana.

O fogo sagrado tem sido distorcido através do mau uso do sexo, e a música sacra tem sido negligenciada por conta da introdução dos ritmos astrais e de vodu. A nova moral das pessoas deve ser vista como realmente é — simplesmente as velhas e sórdidas manifestações de Sodoma e Gomorra ressurgidas. Crianças são ensinadas a homenagear personalidades e, assim, tornam-se seguidoras de ídolos de rock, que são, eles mesmos, vítimas dos demônios das trevas. Os ruídos brutais desses "flautistas mágicos" ferem a fina sensibilidade da alma e destroem a engrenagem eletrônica interna que possibilitaria à juventude sintonizar-se com o Espírito de Deus e decifrar as línguas dos anjos.

O jogo agora consiste em atrair a juventude para um espírito de rebelião antes que ela tenha a oportunidade de desenvolver um entendimento correto da vida e de seu destino[1] como herdeira de Deus. Mas, honestamente, não posso afir-

171

mar que os mais velhos sejam um exemplo de virtude, nem tampouco que a força do exemplo tenha se difundido no mundo como deveria.

O antigo provérbio "Instruí ao menino no caminho em que deve andar, e até quando envelhecer não se desviará dele"[2] deixou de funcionar em muitas gerações. Todavia, não devemos destruir o alicerce de esperança no mundo; pois, não obstante os fracassos, muitos foram também os sucessos, um grande número deles sem registro nos anais da humanidade.

Assim, enquanto de fato e corretamente condenamos a crescente falta de moralidade do homem, seu espírito licencioso e sua luta pela expressão do ego, e enquanto condenamos a violenta e indiscriminada derrocada das instituições e dos padrões por tanto tempo defendidos pela Fraternidade como orientação para eliminar os desequilíbrios cármicos, também permitimos que uma enorme quantidade de energia de Deus tenha sido mal utilizada neste e em séculos passados. Portanto, a tendência para o mau uso deve ser desafiada, ao mesmo tempo em que tem sido considerada como fator cármico por aqueles que estão decididos a sobrepujar a densidade do homem e a promover a manifestação do reino tão esperado.

Terão os homens fracassado no passado? Então os registros deste fracasso constituem um magneto que os atrai para baixo, e poderosas forças contrárias devem ser estimuladas. O poder do céu tem de ser reaproveitado e os homens precisam afastar-se das trevas e buscar a luz.

Então a alquimia espiritual tem um propósito. Mas, antes de mergulharmos mais nesse tema, para que vocês possam colher uma quantidade maior de energia cósmica e possam aprender a qualificar essa energia corretamente, precisarei mostrar a importância deste estudo para a presente era.

As energias destrutivas que jorraram por meio dos Beatles e instalaram-se nas mentes subconscientes da juventude, conquanto populares no mundo da forma, pouco a pouco estão abrindo caminho para a superfície, revelando suas verdadeiras cores e origens satânicas. Essas emanações profanas levaram muitas almas jovens a nutrir a crença equivocada de que usar drogas, praticar a bruxaria e o sexo ilícito podem proporcionar-lhes a libertação de todas as limitações impostas. Ao contrário, tais complacências os têm mantido no cativeiro das legiões das trevas.

Não teria então maior valor e virtude se a força ressurgente da regeneração pudesse aflorar através de um sem-número de corações como um grande fluxo cósmico? O movimento para diante deste fluxo é capaz de engendrar nos homens um espírito de aceitação voluntária da beleza cósmica, que por sua vez proporciona o florescimento da esperança entre os jovens — esperança de uma maior satisfação interior, de uma maior sintonia com as realidades do universo. Pois as marés da realidade jorram continuamente através do cosmo, esteja o homem consciente delas ou não.

As certezas da vida são frequentemente desconhecidas dos jovens de espírito que, conquanto tenham nascido no seio dos acontecimentos humanos, raramente são capazes de dotar tais acontecimentos com a importância que conferiria maior significado às suas vidas.

Estou, portanto, alertando a todos para que evitem o mal e as trevas que adentram o campo de força dos quatro corpos inferiores quando a atenção é deslocada para a dissonância do jazz moderno. Aconselho a todos que realmente desejam ser alquimistas do Espírito a buscar a música dos maiores compositores mundiais — de Beethoven, Bach, Chopin,

Haydn, Handel, Wagner, Liszt, Mozart, Mendelssohn, Mahler e muitos outros, incumbidos pela Fraternidade de produzir a música das esferas.

Aconselho a todos que aprendam a buscar, na meditação, aqueles ápices da elevação cósmica que irão possibilitar-lhes a compreensão e interpretação da linguagem dos anjos. Aconselho-os a aprender o que é real e a desenvolver paixões de amor genuíno pela humanidade. Mas que não permitam que essas paixões assumam a forma de simples devoção aos esforços comuns ou à elevação de um segmento da vida até um estágio mais avançado de desenvolvimento econômico; ao contrário, que elas tomem a forma capaz de elevar os homens a novos níveis de valorização espiritual de seu próprio potencial divino, na qualidade de filhos de Deus.

Apenas através dessa forma de devoção seus corações, tocados pelas mãos do Criador Infinito, serão imbuídos dessa realidade e amor, levando-os a agir com precisão para executar a vontade divina. Assim, os homens contemplarão as obras de uma Providência que por tanto tempo desejou encontrar uma expressão maior nas questões dos mortais, para que tais questões pudessem ser verdadeiramente conduzidas pelo poder da vida superior.

Então, a liberdade habitará as vidas dos homens. A liberdade elevará os homens a um estado no qual poderão evocar, pelo poder criativo do Espírito, uma idade de ouro que transcenderá a era de Péricles e todas as outras idades de ouro que a terra jamais conheceu. Isto ocorrerá com o estabelecimento de uma fonte de poder, sabedoria e amor em forma de chama viva.[3]

Esta fonte inundará as almas dos homens e suas vestes com a essência da liberdade, de modo que, para eles, a alquimia espiritual será percebida como um meio para todos os fins cósmicos. E a glória da Chama Trina, então saturando sua consciência com brilho ardente, evocará uma resposta igual no próprio coração de Deus.

O elo assim estabelecido entre a terra e o céu elevará essa estrela a uma posição de maior fulgor do que a estrela do oriente, que anunciou a chegada do mestre Jesus, há dois mil anos, porque essa luz significará a vitória da consciência do Cristo não apenas em um Filho de Deus, mas também em toda a humanidade.

Eu sou o expoente da liberdade para esta era, e, revelando tais fatos a respeito da ciência da alquimia, não posso deixar de irradiar esses sentimentos como pertinentes às lutas destes tempos. Os homens estão cheios de idealismos? Que eles voltem o seu idealismo em direção à luz, onde as ideias divinas fluem de uma fonte central de chama viva. Que todos acendam e reacendam as tochas do ser, e que as centelhas de suas mentes sejam saturadas de renovada esperança para uma nova era, nascida do Espírito.

A vida nunca pretendeu ser uma pocilga de derrotas, mas um pilar da vitória cujo coroamento retrata a abundância viva. Florescendo no interior da alma, essa abundância vai além do ambiente solitário da personalidade, para alcançar os domínios mais amplos do universo.

A consciência dos mestres Ascensos constitui uma força vital que auxiliará o devoto na realização de uma atividade mais do que comum de serviço e renovação genuínos. Pois estamos tratando dos negócios do Pai renovando a consciência dos homens pelo Pai — não colocando velhos remendos sobre velhos remendos, mas renovando toda a vestimenta da consciência.

Ao prepararmo-nos para tornar o futuro alquimista espiritual mais eficiente no cumprimento da vontade do Pai e acentuar o valor da liberdade, diremos a todos os homens:

O SENHOR é o seu pastor. Nada lhes faltará[4] — se ao menos compreenderem que ele deseja guiá-los corretamente, se ao menos compreenderem que, conquanto o mal não tem existência real, seu véu de sombras tem constituído o meio, ao longo dos séculos, de sujeitar o homem à terra. E vocês verão que, cortando os vínculos do mal e reconhecendo a força do bem, não mais coarão um mosquito e engolirão um camelo,[5] mas entrarão diretamente na Cidade de Deus, na consciência que transcende o mundo e suas opções, reconhecendo as opções espirituais que se encontram como dons ao alcance de suas mãos.

O homem é o alquimista divino na forma física. Em sua mão direita pulsa a dádiva da vida. É a pulsação do esforço cósmico. Sem reconhecer a dádiva, o homem desvanece como vapor sobre o vidro. Reconhecendo-a, a respiração cósmica fortalece a manifestação do ser até que a morte seja tragada pela vitória,[6] e a vida mostrar-se-á transcendente e esplêndida a todos os olhos.

Nós avançamos passo a passo rumo à liberdade de ação.

EU SOU,

Saint Germain

✠

CAPÍTULO 4

Para penetrar a matéria

Antes de começarmos a instruir o alquimista nos métodos mais avançados de produção dos aparentes milagres do amor, os quais manifestam-se bem diante de seus olhos, vemo-nos na obrigação de fazer outras advertências, com o fim de impedir a disseminação do perigo, pelo mau uso dos poderes superiores. O que vocês acham que a história do Jardim do Éden revela ao homem, que não a sua desobediência às injunções divinas e o mau uso do poder sagrado?

Analisaremos, então, a solidez da substância. A matéria de aparência tão compacta para os olhos na realidade é composta pelas energias revoluteantes do Espírito. Quando a mente superior analisa a natureza do Espírito e estende ao conhecimento da mente do homem suas descobertas, este é impregnado por aquilo que chamaremos de sua primeira percepção do potencial do ser para penetrar a matéria.

A matéria não é mais sólida, mas submete-se aos dedos perscrutadores de sua mente e espírito. Sua densidade pode ser calculada e compreendida pelo ser; e com a velocidade da luz, a consciência pode ampliar-se até a substância densa e atravessá-la com a facilidade de um nadador atravessando a água a braçadas.

Quanto mais o indivíduo se torna consciente da capacidade interior do ser de sentir os variados tons da realidade, maior a amplitude de seus poderes. Nesse momento crítico, o homem astuto e religioso torna consciência da necessidade de guardar o caminho da Árvore da vida.[1] Contemplando atentamente o cenário do mundo à sua volta, ele vê um misto de bem e mal e, em seu íntimo, sabe que, na verdade, nunca os dois podem ser fundidos; pois, embora o preto e o branco possam ser misturados, a sua combinação sempre produzirá um tom cinzento.

Lidando com o eu humano, o homem convenceu-se, ao longo dos anos, de que essa fusão de preto e branco é a verdadeira natureza do homem. É quase como se a humanidade estivesse estigmatizada e hipnotizada pelo conceito de que a matriz do pecado, assim como uma matriz fundida, é imutável.

Visando lançar por terra esse conceito equivocado, faço essa exposição. Embora as escrituras mundiais estejam repletas de advertências contra o pecado — e sem dúvida as altercações e discórdias do mundo atestam o inferno diabólico capaz de acender-se na consciência do homem —, ainda assim a graça e a misericórdia também estão presentes, além da beleza, juntamente com um sem-número de magníficas qualidades da natureza.

Como, então, poderemos estabelecer a diferença entre as trevas e a luz, à medida que forem tornando forma na consciência mortal e combinando-se na manifestação?

Há quem argumente que o fulgor do Absoluto fugiria a qualquer definição sem os valores tonais que diluem a luz pura em variados tons de cinza e até mesmo preto. Dizem estes que as trevas são necessárias como meio de contraste, sobre o qual a luz pode aparecer.

Permitam-me explicar que tais indivíduos ainda não possuem o conhecimento que a lei cósmica lhes outorgaria; portanto, que eles mantenham sua paz até que saibam do que estão falando. Pois eles ainda não levaram em consideração a introdução do espectro de cores e o surgimento de belos tons pastel, os quais funcionam de maneira radiosa no mundo espiritual, sem exigir um único tom de cinza ou preto para delinear as inúmeras facetas da consciência de Deus. O preto é a ausência da luz e das qualidades coloridas da vida, enquanto que o branco contém todos os raios do arco-íris, como mostra claramente o prisma.

Permitam-me dizer, então, que na esfera do Absoluto, da bondade de Deus, de sua capacidade de criação, existe um plano cromático tão estonteante e esplêndido que literalmente arranca a consciência do homem da órbita das vicissitudes mortais. Por que, então, homens e mulheres demoram-se na Troia dos cidadãos das trevas? Eu afirmo: em razão de uma ignorância comum e da expansão desventurada da desconfiança e da dúvida.

Esta desconfiança em relação ao mundo espiritual todo-poderoso, conquanto invisível, por parte de homens e mulheres, constitui fenômeno singular, pois facilmente eles são persuadidos a entregar-se à causa da incredulidade. Argumentando que Deus não é, e oferecendo explicações e desdobramentos para suas dúvidas, jamais parecem perceber que as energias que utilizam, se apropriadamente direcionadas para uma fé maior, produziriam os milagres da alquimia. E essas manifestações palpáveis do poder divino iriam deixá-los inteiramente convencidos da exatidão do plano e do ideal divinos.

Sempre afigurou-se inconcebível para muitas pessoas religiosas e sinceras que um homem possa sucumbir, como Fausto sucumbiu a Mefistófeles, e vender sua alma às forças do niilismo. Mas não será tão difícil entender isto se os homens reconhecerem que a fé e a dúvida podem viver lado a lado na consciência do indivíduo.

A presença de duas forças contrárias produz a vacilação. Portanto, em momentos de fé, os indivíduos conseguem acreditar nas forças miraculosas da natureza e da alquimia; mas, quando permitem que as projeções da dúvida com relação a sua própria realidade estabeleçam-se no interior de sua consciência, tais pessoas são capazes de racionalizar sua conduta egocêntrica.

Graças ao hábito, os homens utilizam as energias de Deus para obter os elementos da boa vida que desejam. Ao mesmo tempo, regozijam-se na prevenção da manifestação do bem nas vidas de inocentes e daqueles que podem ser infinitamente mais virtuosos do que eles mesmos.

Por isso alertamos contra a degradação da bruxaria e do ocultismo. Lembrem-se de que a meta da alquimia espiritual é produzir nobreza na alma e virtude em toda parte, particularmente na esfera do eu. Pois de que maneira os homens poderão expandir até às fronteiras de outras vidas aquilo que não podem manifestar em si mesmos?

Reside aqui o grande erro do ocultista impaciente ou do defensor da bruxaria. Ele não está disposto a esperar a exteriorização de sua própria dedicação espiritual e a liberação da inspiração divina na cápsula da identidade para então colocar em ação suas energias, em prol do controle do universo.

Bem, este capítulo é o último que escreverei neste estilo. Nos próximos, tenciono revelar algumas informações bastante interessantes aos estudiosos da luz. Mas a lei cósmica exige de mim a explicação de que a luz sempre deve ser usada para produzir a beleza ardente da dedicação a Deus, do amor à humanidade e daquelas qualidades divinas que permitem à alma manter-se fiel aos princípios da Grande Fraternidade Branca.

Realizado tal feito, certamente não teremos poucos alunos em nossa aula sobre a ciência da alquimia — ou a ciência da maravilhosa transformação, como nossos estudantes passaram a chamá-la —, e sim muitos. Estes alunos também serão alertados e prevenidos contra o mau uso da energia, para que todos os seus melhores esforços cooperem vitoriosamente para o cumprimento do plano divino na idade de ouro vindoura.

Poucos são os que têm consciência dos enormes esforços envidados nas esferas superiores do cosmo, com o objetivo de auxiliar a humanidade a despertar da letargia de seu prolongado sono na esfera do ego humano — este fantástico e complexo campo de força da individualidade, do qual pode nascer um deus e podem emergir formas monstruosas de discórdia e confusão — para os domínios do verdadeiro eu que mantém aprisionado em seu íntimo, aguardando que sejam libertados, os maiores segredos de todos os tempos.

Hoje é o dia do SENHOR. Hoje é o dia do Eu divino. Os séculos não danificaram o poder daquele que disse: "EU SOU o mesmo ontem, hoje e eternamente."[2] Portanto, tenham certeza de obter uma boa resposta a estes esforços feitos na esperança, na fé e na caridade, pois os maiores mestres atuam nessa esfera.

Ser um adepto mortal, mover montanhas em prol da ganância e do engrandecimento do ser humano nada significa.

Pois aquele que disse "mas, buscai primeiro o reino de Deus e a sua justiça, e todas estas coisas vos serão acrescentadas"[3], queria dizer exatamente isto.

Hoje, neste exato momento, vocês encontram-se no limiar da realização em suas vidas, ao perceberem a beleza da nobreza, tão talentosamente definida por Sir Galahad de outrora: "Possuo a força de dez homens, pois meu coração é puro."[4]

Preparemo-nos, então, para esta pureza que precede a maior das manifestações alquímicas.

Para a sua evolução e realização, continuo a ser,

Saint Germain

CAPÍTULO 5

Fórmulas para a precipitação

Não o que poderia ser, mas o que será, porque o homem imagina, evoca e iguala-se à lei universal. Alquimia! A Ciência maravilhosa da transformação que realiza os desejos mais profundos do coração, que organiza as questões do homem e renova a doce pureza de sua comunhão original com o Grande Progenitor.

O conceito de multiplicação das células relaciona-se com a lei da natureza que produz um complemento contínuo. Esta lei que governa a reprodução da vida de acordo com sua própria espécie não envolve apenas o corpo físico, mas a mente, os sentimentos e a memória, além do puro Espírito do homem. A coordenação entre os quatro corpos inferiores e os veículos superiores permite ao homem, em primeiro lugar, controlar seu meio ambiente e então criar — contanto que ele seja capaz de compreender e não deixar-se estorvar pelas ilusões óbvias do mundo das aparências, cujo ponto de referência é o tempo e o espaço.

Ora, a presença ou ausência de determinados fatores pode ampliar ou reduzir o tempo da precipitação, ainda que todos os demais componentes estejam em ordem. Portanto, quando se tornam conhecidos, esses fatores podem ser sistematicamente eliminados, a fim de reduzir o tempo de manifestação. Os principais obstáculos à precipitação devem ser reconhecidos como 1) desarmonia no mundo dos sentimentos; 2) sensação de solidão ou abandono; e 3) sensação de pequenez ou insegurança e dúvida.

Às vezes a presença desses fatores pode ser minimizada por um simples ato de fé. Em outras ocasiões, pode exigir a dedicação mais fervorosa à divindade e o fortalecimento das ações contrárias positivas, que se destinam a eliminar por completo as influências negativas que se manifestam dentro e fora do próprio mundo.

Pode parecer estranho para alguns de vocês o fato de eu ressaltar a importância desses fatos simples. Mas posso afirmar com toda honestidade que eles não são tão simples, pois os efeitos das energias desse estado de ânimo sobre a intenção criativa produzem consequências muito maiores do que a humanidade está disposta a admitir.

Apontando para a necessidade de corrigir essas circunstâncias e tornar o futuro alquimista consciente da influência que elas exercem sobre sua desejada manifestação, creio que estaremos dando um importante passo na direção certa. Pois a aplicação desse conhecimento evitará a introdução de fatores desestimulantes mais tarde, quando, para alguns, os resultados esperados não estarão disponíveis de imediato, pelas razões supracitadas.

Isto me leva ao ponto em que desejo ampliar, no começo de minha orientação, a necessidade da perseverança. Frequentemente, a dificuldade de perseverar no caminho certo anula todos os frutos pouco antes do momento em que a colheita vinda do mundo invisível possa ser colocada nas mãos e para uso do buscador.

Gostaríamos de mencionar agora alguns dos fatores alquímicos importantes e fundamentais, cuja força positiva também deve ser levada em conta. A primeira desta lista é a fé, que inclui a crença no poder turbilhonante que mantém os elétrons em movimento vital, girando em torno dos centros dos seus núcleos.

Este poder assemelha-se a uma mola fortemente comprimida e quase onipotente. É fundamental em todo sistema solar e em todo átomo cujo fluxo e emanação magnéticos, enquanto centrado em seu próprio núcleo, pode, sob os desígnios da lei cósmica, vincular-se a campos de energia ilimitados, a fim de produzir a manifestação miraculosa exigida no momento — quando o indivíduo é capaz de convencer a si mesmo e ao universo de que seu trajeto está correto.

Bem, todos vimos homens de sucesso extraordinário produzirem ações erradas apenas porque estavam convencidos de que seu trajeto estava correto, embora na verdade estivesse errado. Isto não significa que o cosmo em si seja proverbialmente cego; indica simplesmente a necessidade cósmica de proteger os segredos da criação dos olhos curiosos, bem como os tesouros dos céus, por meio dos sistemas de iniciação desenvolvidos pela Fraternidade.

Por esta mesma razão a ordem de Deus foi a seguinte: "Eis que o homem é como um de nós, sabendo o bem e o mal; ora, pois, para que não estenda a sua mão, e tome, também, da árvore da vida, e coma e viva eternamente: SENHOR Deus, pois, o lançou fora do jardim do Éden, para lavrar a terra de que fora tornado."[1]

A necessidade interior, por parte do universo, de proteger seus segredos dos profanos pode ser percebida nas atividades das hordas luciféricas que, de tempos em tempos, durante a longa história do planeta, envolveram os filhos de Deus no abuso do poder criativo e sagrado da vida. Fizeram isto através das perversões psicodélicas, das drogas perigosas, do contaminante espírito de rebeldia contra a ordem — que é a primeira lei do céu — e da disseminação do caos, amiúde em nome do idealismo.

Mas este tipo de idealismo sempre baseou-se em orgulho intelectual; é oferecido como contraproposta da mente carnal, que compete com a mente divina, considerando-se superior a esta. Portanto, se demonstro um excesso de proteção neste curso intermediário de alquimia, os céus sabem que existe uma razão.

E agora digo a cada um de vocês, levando em consideração a semântica da alquimia, reconheçamos que a palavra *altar* significa um local sagrado de transformações. Aí toda mudança é forjada pela lei de Deus. Deus é a lei. Sua lei não existe sem amor. Mas infelizmente, devido à própria generosidade inerente à natureza divina, que possibilita a utilização de inúmeras funções da lei pela humanidade em evolução, o homem tem conseguido separar o amor da lei.

Assim, os aspectos mais mecânicos da alquimia, chamados de magia, têm sido utilizados ao longo dos séculos por aqueles que empregaram seu conhecimento das leis de Deus com fins egoístas. Isto ficou demonstrado na corte do faraó quando Aarão, verdadeiro alquimista do Espírito, foi desafiado pelos magos que lançaram suas varas, as quais também se transformavam em serpentes.[2]

Os aspectos mecânicos da lei combinam-se frequentemente de maneira enganadora para produzir fenômenos que, aos olhos de Deus, não têm sentido. Quando um homem alcança a posição de verdadeiro adepto espiritual, ele desenvolve os poderes do amor e da sabedoria dentro da estrutura da lei universal. Ele não causa mal a ninguém, e seus feitos alquímicos refletem seu altruísmo. Então os milagres que ele produz têm menos importância, aos seus olhos, do que o milagre de sua unidade com seu Criador.

Então, contemplando o altar, local consagrado à ciência da transformação maravilhosa, devemos reconhecer os dois caminhos que se oferecem diante de nós. O primeiro consiste em escolher uma trajetória de ação baseada no conhecimento mais elevado que nos foi apresentado. Decidimos o que queremos mudar. Decidimos porque a mudança é necessária. Isto confere poder motivador ao nosso experimento alquímico.

Ao mesmo tempo, reconhecemos as limitações do conhecimento do homem e a superioridade do Eu de Deus e dos irmãos mais velhos da luz, no auxílio que lhe é conferido para criar seu destino individual. Portanto, a segunda trajetória de ação consiste em estar consciente de que a transformação correta pode ser produzida sem o conhecimento consciente de qual deveria ser essa transformação. Simplesmente imploramos a Deus a pureza de seu plano divino para a transformação correta.

Em outras palavras, exigimos, em nome do SENHOR — o que o homem, como cocriador com Deus, tem o direito de fazer —, uma precipitação alquímica das dádivas e graças do Espírito, que contemplará o filho abençoado com as qualidades do Cristo, tornando-o, assim, mais capaz enquanto alquimista espiritual, e mais integrado ao plano universal. Descobri que, onde quer que a segunda técnica alquímica seja empregada, ela fortalece a primeira trajetória de invocação (ação invocada) e preenche as lacunas na especialidade de conhecimento do homem, recobrindo sua ignorância com o manto da verdadeira espiritualidade.

Ao contemplarmos o altar, conscientes das realidades de Deus e do potencial para sua realização no homem, vamos levar em consideração aqueles seres magistrais que já asseguraram para si próprios a capacidade de efetuar a transformação de acordo com a sua vontade. Certamente a assistência dos que obtiveram sucesso nas artes alquímicas será muito importante para produzir o fruto dos nossos desejos. Invocações e preces da escolha do indivíduo são perfeitamente oportunas.

Com uma percepção da lei, fé na sua atuação impessoal e dotados da intenção determinada de que, desenvolvida a fórmula, a manifestação desejada deve ser liberada na forma, procederemos à transformação.

Ora, um dos meios mais eficazes para produzir a mudança — e o que estou revelando aqui constitui um segredo profundo e maravilhoso, guardado por muitos adeptos orientais e ocidentais — se dá através daquilo que chamarei de "a criação da nuvem". São Paulo referiu-se a uma "nuvem de testemunhas".[3] Estou me referindo a uma nuvem de energia infinita que, um pouco como o éter tão popularizado pelos cientistas de um século atrás, está em toda parte mas não se manifesta em parte alguma, até que seja convocada à ação.

À primeira leitura, para aqueles que possuem uma mente empírica — habilidosos apenas nos aspectos materiais da ciência e naquilo que os sentidos podem perceber —, minhas observações anteriores podem parecer extremamente tolas. Se alguém pensar assim, só posso sentir compaixão por esse indivíduo.

Não posso ajudá-lo, nem tampouco a lei exige desculpas de mim; pois comprovei esse princípio por diversas vezes, com inteiro sucesso. E creio que, nos casos em que os grandes adeptos não o utilizam conscientemente, ele está automatizado, por meio de seu contato com a mente superior. Contudo, para a maior parte de nossos estudiosos iniciantes e intermediários, será fundamental aprender a proceder com cuidado, para que possam, em primeiro lugar, criar conscientemente a nuvem, *e* então aguardar até que sua aparição se torne um processo automático em seus seres.

Na próxima semana darei prosseguimento a esta atividade importante — "Criai!" e a nuvem.

Avante,

Saint Germain

✠

CAPÍTULO 6

"Criai!" e a nuvem

Quão profundamente, quão profundamente tantos ansiaram por saber como efetuar a transformação construtiva em si mesmos e no mundo. Que então eles se deem conta de que a transformação é um ato criativo. A alquimia é a ciência criativa por meio da qual o homem torna-se habilitado a obedecer ao comando original de Deus: "Assumi o domínio da Terra!"

Este comando indicava o plano do Pai para seu filho, e os meios para sua execução são descobertos à medida que se tornam conhecidos os segredos ancestrais dessa ciência sagrada. Praticando os princípios da alquimia, o indivíduo consegue deixar de ser uma marionete sujeita à vontade de outros egos, à vontade de espíritos desobedientes, às fantasias passageiras de cada época, ou aos ditames dos irmãos da sombra, que induzem o jovem adepto à prática do ocultismo e da feitiçaria, adulando seu ego e frequentemente citando as escrituras, dizendo: "Se tu és o Filho de Deus, manda que estas pedras se tornem em pães."[1]

Agora estamos prestes a dar nossos primeiros passos na produção da mudança — não a mudança que ajusta o homem ao cenário contemporâneo, onde cada esforço seu é moldado por fatores ambientais, mas sim a mudança que irá aproximá-lo de sua verdadeira imagem. Produziremos os meios pelos quais a mudança poderá ser efetuada por nossa vontade soberana, com a qual poderemos adquirir o domínio sobre a terra. Pois é aqui na Terra que somos forçados[2] a produzir os desejos de nossos corações. É aqui e agora que somos de fato obrigados a nos tornar cocriadores com Deus, e assim cumprir a pureza de sua intenção.

Conquanto reconheça que podem existir fatores mecanicistas na orientação científica que estou prestes a oferecer-lhes, estou certo de que vocês perceberam as ressalvas inseridas por mim neste curso, para que jamais tenham a opinião errada; pois ninguém nunca deve supor que, por meio de um simples ritual mecanicista ou científico, será capaz de realizar os tipos mais elevados de manifestação alquímica.

De forma alguma! Pois a alquimia mais elevada, a maior de todas as transformações, é aquela que transforma o homem em um deus, na qual o filho se torna uno com o Pai; feito este que jamais poderá ser realizado por meios mecânicos.[3]

Coloque-se diante de seu altar, honrando o Deus vivo e sua ordem. Pois ele, que é Deus, ordenou: "Assumi o domínio!" Então vocês estão atuando corretamente ao cumprirem essa ordem. Vocês estão prestes a criar e a primeira criação será a nuvem do incomensurável poder de Deus, armazenado em cada ponto do espaço, aguardando sua evocação.

O poder da visão é fundamental em nossa invocação. Portanto, criaremos em nossas mentes, em primeiro lugar, um brilho branco-leitoso, e veremos esse brilho branco-leitoso como ação vibratória eletrônica da luz inefável, vital e em movimento. A concentração da luz, que chamamos de densidade da luz, é aquilo que produz a cor branco-leitosa. Se a nuvem fosse rarefeita, poderíamos ver através dela, como se as cenas à nossa volta estivessem envolvidas por uma névoa.

Bem, tendo criado em nossas mentes esta forma de uma nuvem translúcida brilhante, permitimos que ela envolva nossos corpos físicos e ocupe nosso campo de força. Por um momento nós nos perdemos em meio à nuvem, e então é como se ela sempre tivesse estado ali. Sua atmosfera é familiar, confortável.

Reconhecemos que a mente tem o poder de expandir seu círculo de influência, mas não devemos tentar o distanciamento da árvore ancestral do eu. Deixemos que, primeiro, essa nuvem brilhante e cintilante alcance dois metros de diâmetro à sua volta. Mais tarde talvez poderemos expandi-la para três metros de diâmetro, em seguida para trinta metros e assim por diante.

Em nossas primeiras meditações, nós nos concentraremos na intensificação da ação da luz branca em nossas mentes. Daí, transferiremos essa ação para uma área de três metros em torno da forma física. Uma vez desenvolvida a consciência dessa nuvem em torno de nossas formas físicas, compreenderemos que, embora a nuvem possa tornar-se visível aos olhos físicos, nossa principal preocupação consiste em manter a sua elevada ação vibratória puramente espiritual.

Aqueles que estiverem familiarizados com a eletrônica e as funções de um reostato compreenderão que, simplesmente girando o dial da consciência, podemos intensificar a ação vibratória da nuvem. Neste caso, coalescemos mais luz em torno de cada ponto central de luz; pois nossa nuvem compõe-se de inúmeros pontos de luz, cujas auras disseminam-se e fundem-se umas com as outras, produzindo o efeito total de uma radiância branca rendilhada, conquanto altamente concentrada, uma nuvem turbilhonante de energia cósmica pura.

O que é esta poderosa nuvem que criamos, este campo de força de energia vibrante, e por que nós a criamos em primeiro lugar?

Na realidade, embora eu tenha utilizado a palavra *criar*, seria mais apropriado, talvez, utilizar a palavra *magnetizar*; pois na verdade estamos magnetizando aquilo que já está presente em toda parte no espaço. Estamos amplificando uma ação intensa da luz, do interior do seu próprio campo de força — mais do que normalmente ela se manifestaria em determinada área. Portanto, estamos recorrendo ao poder universal de Deus para produzir esta nuvem que inicialmente penetra e em seguida consagra nosso campo de força imediato, para que possamos ter um altar espiritual, no qual projetaremos as imagens da realidade que desejamos criar.

Lembrem-se de que essa nuvem pode ter uma finalidade terapêutica, para a cura das nações e da alma de um planeta, ou pode ser usada como plataforma para invocar, como fez o Cristo no Monte da Transfiguração, a presença de mestres Ascensos — do amado Jesus, da Mãe Maria, do mestre Serapis Bey de Luxor, do Maha Chohan, do Senhor Maitreya, do Arcanjo Miguel — que irão auxiliá-los não apenas em seus experimentos alquímicos, mas também em seus serviços à vida.

Nas questões em que vocês ainda não sabem exatamente o que deveriam produzir para si mesmos e para outras pessoas, vocês podem, de maneira delicada e infantil, pedir a Deus para produzir, a partir do grande manancial de sua energia--luz, *o* milagre de seu amor curativo, não apenas em suas vidas e nas vidas de seus entes queridos, como também nas vidas das multidões que habitam o mundo.

Vocês podem convocar o poder de Deus e do reino dos céus, para que se manifeste sobre a Terra. Podem pedir o nascimento da idade de ouro, o fim das lutas e contendas e de todas as manifestações negativas e odiosas. Podem pedir que o amor assuma o controle do mundo. Se abrirem seus corações para as necessidades do mundo e para o amor da Mãe divina, que busca expressar-se por meio de sua consciência elevada, ideias ilimitadas para o serviço universal surgirão em suas mentes.

Entretanto, permitam-me, uma vez mais, uma nota de advertência, em benefício sobretudo daqueles que têm uma inclinação psíquica ou uma tendência, como diriam os homens, a agir impensadamente. Cuidado! Vocês estão lidando com o poder criativo sagrado. Tomem cuidado! Mais vale pedir aos mestres para introjetarem suas ideias para vocês — sem necessariamente defini-las ou liberá-las para suas mentes conscientes — do que ser lançado além dos limites da norma alquímica.

Os mestres Ascensos não são apenas equilibrados e organizados, mas também infinitamente profundos e devotos. Assim, é fundamental para vocês tornarem-se semelhantes a eles. Acima de tudo, não se deixem arrastar pelo orgulho ou pela exaltação da personalidade em detrimento dos demais.

À medida que forem adquirindo poder espiritual, através desses períodos de meditação sobre a nuvem — que a princípio não devem exceder os quinze minutos diários —, procurem compreender que a nuvem criativa, uma vez dissipada por uma ordem sua, ao termo de sua cerimônia criativa, continuará a expandir-se mais e mais ao longo do universo, como um globo de chama branca translúcida, redemoinhando em esferas sempre maiores, estabelecendo contato com tudo que é real e que é verdadeiramente seu.

A nuvem, enquanto manifestação do poder de sua energia criativa, o fogo do seu Espírito, trará para seus mundos a consciência do próprio Deus. Invocada dos poros centrais do ser e expandindo-se lindamente como um altar de Deus, a nuvem consagrará o espaço até onde ela se expandir.

Cristo foi capaz de produzir os milagres registrados nos Evangelhos, e muitos mais, porque em primeiro lugar ele adquiriu o domínio do uso correto da energia. Ele chamava "Pai" a energia sagrada do Espírito; e, na verdade, o Espírito é pai de toda manifestação.

O Pai é Todo-amor, onisciente e Todo-poderoso, e irá transformá-los em tudo que ele é. Mas apenas principiamos a conhecer o uso correto de sua energia. Portanto, procuro desenvolver em suas consciências, por meio da leitura deste material, uma atitude correta, que lhes permitirá atuar, sob a orientação de sua própria presença de Deus e do Cristo pessoal, como cocriadores eficientes com Deus e com a Fraternidade da luz.

Precisamos de alquimistas do Espírito — homens e mulheres que irão produzir manifestações alquímicas físicas, mentais, emocionais e etéricas. Unindo todas elas em um ato criativo de vida abundante, eles finalmente compreenderão o significado das palavras do mestre: "Eu vim para que tenham vida e a tenham com abundância."[4]

A alquimia não é um meio diabólico de produção de riquezas e honra. Trata-se de uma ciência espiritual e amorosa da transformação dos metais vis que compõem a imagem sintética do homem no ouro puro da verdadeira imagem, para que ele possa implementar seu sábio domínio sobre a Terra.

Em última análise, o grande alquimista ensinará ao aprendiz a ciência seráfica por meio da qual o homem produzirá essa maravilhosa e definitiva transformação, a cujo respeito falou Paulo: "Eis que vos digo um mistério: nem todos dormiremos, mas transformados seremos todos, num momento, num abrir e fechar de olhos, ao ressoar da última trombeta. Porque a trombeta soará, e os mortos ressuscitarão incorruptíveis e nós seremos transformados."[5]

Lembrem-se de que abordei apenas superficialmente esta grande energia criativa que se encontra dentro de vocês neste exato momento.

Em nome do mestre dos mestres, em nome do Senhor Cristo, permaneço seu servo e seu defensor eterno,

CAPÍTULO 7

A ciência da visualização

Lembrem-se de que, tão logo tenham a visão da nuvem e a entreguem a seu Eu superior para que ele a mantenha, as faculdades de Deus latentes em vocês, sua presença divina, irá sustentá-la durante o período requerido. Com o passar do tempo, perceberão que o brilho da nuvem suavemente irá se disseminando por seus corpos físicos e, quando isto acontecer, a mente se tornará mais aguçada e surgirá uma nova consciência de toda a vida em toda parte.

À medida que forem realizando esse exercício-ritual de criação da nuvem, sintonizando-se com a força criativa do universo e tornando-se, assim, cocriadores com Deus, vocês adquirirão um sentimento de desapego do mundo, como se fossem simplesmente observadores daquilo que acontece à sua volta. Isto ocorrerá quando vocês se permitirem fluir automaticamente no grande poder criativo do Macrocosmo.

Esta experiência, por meio da qual a consciência inferior do homem flui para a consciência maior de Deus, é conhecida como "a subida ao monte".[1] É chamada de experiência culminante porque, através dela, o homem descobre o Cume de seu ser, local onde o eu inferior é unido ao superior e ocorre a fusão de matéria e Espírito.

Portanto, durante esse ritual, sua consciência deve ser mantida em estado de pureza, plena de amor, consciente do potencial infinito da mente cósmica de Deus e completamente identificada com todos os *momentums* construtivos. Se surgir ódio ou mesmo um vago desagrado em relação a alguém, ou ainda uma tentativa de interferência no fluxo cósmico do plano infinito por meio de qualquer área da vida, naturalmente tal atividade criará uma situação cármica que será extremamente desastrosa para aquele que permitir que suas energias sejam utilizadas dessa maneira.

Aqueles que utilizam as técnicas alquímicas de maneira irresponsável, seja por desconhecimento ou com a intenção de fazer o mal a outras correntes de vida, na verdade atraem grandes males para si próprios. Outros, que alimentam sentimentos de crítica, inveja e irritação diante de feitos e realizações de um amigo ou inimigo, podem fazer tanto mal quanto aqueles cuja maldade é intencional. Os próprios mexericos constituem uma das formas mais implacáveis de ocultismo e podem produzir a morte física de suas vítimas.

Conscientes de que todo mal acaba por retornar àquele que o enviou, não seria melhor se todos os alquimistas verdadeiros fizessem um voto de inocência, reconhecendo, ao mesmo tempo, que a defesa da verdade e da liberdade às vezes exige uma escolha entre o mal menor?

Insisto, assim, que todos compreendam a necessidade de magnetizar o grandioso desígnio de Deus em todas as esferas da vida. Naturalmente, não se espera que todos estejam em harmonia com suas metas. Afinal de contas, na grande escada das almas em progressiva ascensão (espera-se que rumo à luz do desígnio), muitos são os níveis de realização.

Ninguém deve condenar aqueles que não possuem um entendimento tão aguçado ou que nada fazem além de emular aqueles que possuem um entendimento maior. Acima de tudo, não invejem aqueles que podem obter mais sucesso do que vocês em sua aplicação da ciência da alquimia intermediária. Lembrem-se de que é a prática que traz a perfeição, que é o motivo que transforma o desígnio, que é a beleza que permeia a alma.

Assim, os desígnios amorosos de Deus concretizam-se no homem como ele pretendia originalmente, pois o Jardim do Éden foi um local em que a beleza da comunhão com o SENHOR e a compreensão de suas leis puderam ser transmitidas ao homem. Essa deveria ser a mais bela escola em todo o mundo, na qual os sonhos de Deus poderiam fluir em meio aos ramos das árvores altas, na qual as nuvens volumosas da manhã, do meio-dia, da tarde seriam iluminadas pelo fulgor sagrado do sol luminoso "uma luz para iluminar o dia".

Não lamentem, pois a escola edênica será restabelecida nesta era, a fim de cumprir o plano do paraíso, antes que a idade de ouro venha a manifestar-se. E ela surgirá quando um número suficiente de alquimistas do Espírito unir-se no objetivo comum de dar testemunho da verdade.

Voltemos nossa atenção agora para a ciência da visualização, pois sem ela nada surgirá. Vocês encontrarão essa ciência ilustrada na história de Jacó, que utilizou a alquimia para aumentar o número de suas cabeças de gado.[2] A visualização é importante para o alquimista, pois é o revestimento de sua visualização sobre a nuvem criativa que realmente produz o milagre da manifestação alquímica.

Se desejarem uma aparência mais jovial, vocês deverão visualizar a si mesmos dessa maneira. Se desejarem mais vitalidade, deverão visualizar a si mesmos já dotados dessa vitalidade — os músculos irradiando a energia de Deus, a mente plena de ideias vitais, retinindo de vida, luz e amor.

Vocês devem sentir e saber que as energias de Deus estão fluindo através de seus dedos dos pés e das mãos, emanando no espaço o fulgor da saúde abundante e de um semblante glorioso.

Realizando esse exercício, produzir-se-á, sem qualquer esforço adicional de sua parte, um efeito benéfico sobre aqueles com quem entrarem em contato. Mas vocês deverão tornar bastante cuidado para não buscarem o reconhecimento por este serviço; caso contrário, como está escrito no Livro da vida, "não tereis galardão junto de vosso Pai que está nos céus".[3]

Sei que vão rir quando eu disser que conhecemos alguns alunos que, quando lhes for oferecido esse material, poderão ficar tão entusiasmados que dirão àqueles que não têm conhecimento de seus esforços para se tornarem mais devotos: "Você sente alguma coisa quando eu estou perto?" E naturalmente isto estragará todo o efeito exercido por alguma virtude que porventura eles tenham desenvolvido durante seu estudo.

Chamar a atenção para as próprias realizações produz uma concentração de energia sobre a personalidade, afastando-a da alma de onde deriva a radiância da fonte. Enquanto as qualidades de Deus inatas à alma assemelham-se à substância radioativa que permeia e compõe a alma, a nuvem radiosa é o próprio altar alquímico da alma, que torna possível a expansão da alma — como o universo em expansão — dos fogos de seu próprio sol central para o espaço.

Alguns perguntarão: como podemos produzir milagres capazes de alcançar outras pessoas sem tornar essa energia que pertence a elas, nem privá-las da possibilidade de efetuar suas próprias transformações maravilhosas? Aparentemente essas pessoas são de opinião de que os fogos de Deus possuem uma taxa de decomposição e que, em algum momento e em algum lugar, esses fogos chegarão ao fim ou extinguir-se-ão em seu próprio fogo.

Permitam-me assegurar-lhes que, ainda que os sóis do universo físico caíssem como cinzas no sol central e o sol central, segundo a lei de Deus, se dissolvesse em sua manifestação física, os fogos da alma de Deus jamais se extinguiriam. Eles são imutáveis, infinitos e eternos. Assim, não tenham medo de estarem utilizando ou gastando as energias de Deus que poderiam ser mais bem aproveitadas por outrem.

Quando a ordem "Criai!" foi proferida, ela constituiu o sinal do dom da liberdade concedido por Deus ao homem. Portanto, o homem deve ser livre para criar. Ademais, ele deve ser livre para criar sem condenação. A fim de assegurar sua libertação dos pensamentos invasores de outras pessoas, as matrizes de sua mente precisam tornar-se receptivas e fortalecidas pelos pensamentos de Deus, e deve haver espaços em momentos do dia nos quais, afora a criação da nuvem, o alquimista sintonize-se com a mente de Deus e saboreie a fragrância de seu ser.

A verdadeira alquimia aproxima o homem de Deus e de seu Cristo, permitindo-lhe cumprir as ordens ancestrais "Homem, conhece-te a ti mesmo!", "Cria!" e "Assume o domínio!" Os benefícios da comunhão do homem com toda a vida, por meio da ciência sagrada, podem e de fato irão disseminar-se por toda a Terra. Tais benefícios podem exercer e exercerão a pressão das técnicas superiores do céu sobre o mundo aqui embaixo.

Vocês nunca leram "Não vos esqueçais da hospitalidade, porque por elas alguns, não o sabendo, hospedaram anjos"?[4]

Permitam que os homens, sem se darem conta, os recebam como anjos. Não conspurque seus resultados alquímicos impondo os refugos da personalidade humana a qualquer homem; ao contrário, dê continuidade à fé jubilosa de que Deus ampliará cada vez mais o domínio de si mesmo, em luz e amor ilimitados.

Um dos pontos mais importantes que deve ser compreendido na ciência da alquimia intermediária é que, conquanto vocês estejam apenas iniciando o treinamento, esta não será a única oportunidade de aplicar essas leis. Pois vocês serão capazes de usá-las não apenas todos os dias desta vida, mas, caso não obtenham a sua ascensão no final desta encarnação, descobrirão que, enquanto viverem neste mundo, a ciência da alquimia de Deus os ajudará a serem transformados "de glória em glória, na mesma imagem, como pelo Espírito do Senhor".[5] Vocês precisam entender que nada existe contrário à sua lei no uso correto da alquimia, pois a verdadeira alquimia é a transformação de glória em glória pelo seu Espírito.

Sei que alguns leitores deste curso talvez não tenham se considerado religiosos a princípio. Talvez as ações intencionais dos saqueadores, os irmãos da sombra, visando arruinar os desígnios da religião, destruindo as vidas daqueles que afirmam seguir a religião, possam ter minado sua aceitação das leis do cosmo.

Mas creio que alguns de vocês já começaram a saborear resultados profundos em suas vidas, graças às práticas dos rituais por mim oferecidos. E estou certo de que aqueles que ainda não começaram principiarão a fazê-lo à medida que sua fé for crescendo e vocês combaterem todas as suas negatividades com a sensação estimulante de que podem transformar o mundo e tornar sua vida como Deus deseja e que, no íntimo, vocês também desejam. Pois vocês podem encontrar o sucesso em tudo que fizerem. E este sucesso não precisa restringir-se ao lado espiritual da vida, mas também pode incluir o lado material.

O Senhor disse: "Buscai primeiro o reino de Deus e sua justiça; e todas essas coisas ser-lhes-ão acrescentadas." Portanto, não tenham medo de pedir e receber as coisas terrestres de que necessitam, ainda que inicialmente tenham buscado as celestiais.

Lembrem-se da história de nosso Senhor que, ao entrar em Jerusalém, disse a dois de seus discípulos que fossem a determinada aldeia, onde encontrariam "preso um jumentinho, no qual ainda não montou homem algum". Eles foram instruídos para trazer "o jumentinho"[6] e dizer a quem perguntasse: "O Senhor precisa dele."[7]

poderão vocês desenvolver o conhecimento de que Deus proverá tudo de que necessitarem? Oh, construam e construam, irmãos da luz! Construam, irmãs da luz! Pois Deus precisa de vocês, o reino precisa de vocês.

Amorosamente, Eu sou

Saint Germain

✠

CAPÍTULO 8

O significado da alquimia para um mundo em decadência

A lua rege o lado noturno da vida e é a luz menor, a luz refletida da energia solar de Deus. Em seu estado de reflexão, ela exerce enorme controle sobre as marés e sobre o elemento água.

Luna, a lua, o grande satélite em órbita que rege a noite, governa parcialmente o corpo emocional do homem e pode tornar-se facilmente seu maior inimigo ou seu melhor amigo. Porquanto as energias da lua, quando adequadamente utilizadas (tendo a lua debaixo dos seus pés[1]), podem ajudá-lo a obter o controle alquímico de suas emoções (de sua energia-em-moção). Vejamos de que maneira.

A lua reflete o corpo astral da terra. Então, quando lidamos com a lua, lidamos com a luz do sol refletida. Quando o corpo astral encontra-se sob o domínio do Cristo, seu poder torna-se ilimitado. Quando suas energias purificadas são ampliadas sucessivamente pela lua, que nada mais é do que um refletor gigantesco, o poder dessas energias multiplica-se em proporção praticamente infinita.

Todavia, até o tempo em que a consciência de massa será regida pela luz do sol e não pela noite, a lua refletirá os eflúvios astrais do planeta. Assim, os homens continuarão a ser vítimas de suas próprias criações equivocadas e horrendas, e em intensidade ainda maior durante o ciclo da lua cheia.

Ora, o alquimista utiliza sua consciência purificada como um refletor das energias solares, assim como a lua reflete a luz do sol. As águas de sua mente refletem a luz do dia e da noite, assim como as águas do mar refletem a trajetória dourada tanto do sol como da lua. Mas a consciência do Cristo, o prisma da pureza, semelhante ao "mar de vidro"[2], filtra as impurezas da lua mesmo quando ela refrata a luz do sol.

Se toda energia é energia de Deus, as energias desqualificadas pelo homem, refletidas pela lua (enviada de volta a terra, de onde vieram, segundo a lei cármica), podem ser libertadas das imposições da mente carnal, por meio do processo de transmutação. Então, elas podem ser utilizadas para criar, na tradição do grande alquimista, obras de arte mais perfeitas, até que os padrões dos céus transformem os padrões na Terra e a lua se torne um orbe dourado de poder refinado.

Muitos de vocês sabem perfeitamente bem que, quando suas emoções são alteradas por condições, sentimentos ou conceitos externos, há um momento em que vocês ainda são capazes de controlar à força as energias de seu próprio corpo emocional. Depois, se essas energias permanecerem descontroladas, este momento de controle se perde; e então é fácil para as pessoas agir de determinada maneira, pensar ou dizer algo, de que um dia se arrependerão.

Inversamente, muitos de vocês têm consciência da profunda alegria e paz que inunda suas almas quando são capazes de fazer algo por alguém. Isto acontece porque, bem no íntimo, existe o desejo amoroso de servir seus semelhantes.

Este desejo estimulou a descida do Cristo, o filho de Davi, em seu papel de Messias da antiguidade. O rei-pastor, um homem em busca do próprio coração de Deus, comungou com Deus e preparou-se para o serviço maior, zelando por suas ovelhas. Em nenhuma parte o brilho de sua alma mostrou-se mais aparente do que na beleza de suas meditações sobre o Espírito do SENHOR, registradas no Livro de Salmos.

Uma das melhores maneiras de um homem de negócios ou um executivo exausto, de uma mãe ou esposa frustrada, de um rapaz ou uma moça confusos encontrarem a integração e a totalidade em si mesmos consiste em desenvolver a disciplina de serem capazes de direcionar as próprias emoções, de modo que elas façam exatamente aquilo que eles querem. Tal disciplina modificará completamente a perspectiva dessas pessoas, pois enfrentarão a vida com uma expectativa jubilosa e não com insatisfação.

Por exemplo, se é amor por outra pessoa que vocês querem expressar, então vocês sempre devem prevenir-se contra o amor que é egoísta, que exige do ente querido as expectativas de sua própria mente e coração, sem sequer compreender a doação do amor. Para amar como Deus ama, vocês precisam, em primeiro lugar, dar liberdade a todas as áreas da vida, incluindo a si mesmos; então deverão depositar sua confiança, como faz um filhote de pássaro, no coração de Deus, no coração da bondade e da misericórdia.

Após dar tudo, vocês então receberão os dons eternos e jubilosos de Deus, que sequer poderiam imaginar — alguns deles além até mesmo de sua capacidade de imaginação. Estes não virão apenas através do cálice de seu próprio coração, mas também através dos corações de seus pares. Se, então, vocês amarem verdadeiramente, terão de aprender a disciplinar as emoções básicas que são o egoísmo, a inveja, o ciúme, o ressentimento, a teimosia e a ingratidão.

Portanto, exortamos nesta etapa crítica de nossos estudos alquímicos, os indivíduos à análise do controle das emoções, pois estas representarão papel de extrema importância na ação criadora da nuvem, que estamos considerando e a partir da qual estamos atuando.

A única maneira de ser verdadeiramente feliz é dar-se totalmente ao universo e a Deus, ao mesmo tempo consciente e aguardando a dádiva que Deus dá em troca, o Eu verdadeiro. Um dos maiores perigos da busca religiosa acontece quando os homens se entregam a Deus, pensando que isto é tudo que precisam fazer. Sem compreenderem as responsabilidades do livre-arbítrio, eles representam, então, o papel do tolo confuso. Não tendo vontade própria, eles vêm e vão, impulsionados por todos os ventos, obcecados com aquilo que chamaremos de lei da incerteza. "Porque, se a trombeta der sonido incerto, quem se preparará para a batalha?"[3]

Os homens devem entender que, embora sua entrega a Deus seja completa, depois da entrega eles têm de esperar a ordem da dádiva que é pronunciada pela presença de Deus, como uma reafirmação da bênção concedida por Deus, por ocasião do nascimento de seus filhos: "Tu és meu Filho amado: hoje eu te gerei." Isto acontece quando o indivíduo abandona o controle de seus quatro corpos inferiores ao seu Cristo pessoal, permitindo assim que seu Eu verdadeiro, o Cristo, obedeça à ordem "Assuma o domínio da terra!" — sendo a terra o próprio reino do escabelo, os quatro corpos inferiores.

Lembre-se de que até mesmo Jesus Cristo passou pelo momento da unção. O Espírito Santo desceu e a voz de Deus renovou a aliança ancestral: "Este é o meu Filho amado, em quem me comprazo."[4] Esta é a ordem imemorial da criação, pronunciada desde a criação do mundo, reconsagrando a alma que se empenhou para renovar, através do serviço, seu voto feito a níveis interiores, de cumprir a vontade de Deus.

Portanto, quando o direito do homem de agir como filho de Deus é restaurado, o momento da criatividade nasce porque mais uma vez ele reconheceu a capacidade do amor de Deus de perdoar seus pecados (colocando de lado o seu carma até que ele tenha adquirido mestria pessoal suficiente para enfrentar, suportar e conquistar sua criação humana). Agora o vínculo da vida dentro de si mesmo une-o aos propósitos mais elevados da alquimia e isto, vale observar, sem jamais arrancá-lo de sua verdadeira identidade.

Qual o proveito obtido pelo homem, se este ganhar o mundo inteiro através da alquimia e perder a sua alma?[5]

Pedimos aos estudiosos que compreendam que o controle da alma (das energias que compõem a própria identidade) constitui uma das funções mais importantes da alquimia, e que este controle é obtido através da entrega e da humildade. Quando Cristo entrou na Cidade Santa montado em um "jumentinho, no lombo de um asno", como mencionamos em nossa última lição, sua fisionomia irradiava profunda humildade; todavia, ele fora coroado por Deus e pelos homens com as honrarias mais elevadas.

Assim, é fundamental o desenvolvimento nos estudiosos daquelas mesmas qualidades crísticas que farão deles pilares no templo de Deus, que não poderão ser abalados pelas emoções humanas, qualquer que seja a sua aparência: crítica, condenação, julgamento, autopiedade, mexericos, traição, tirania ou a ilusão humana. O alquimista deve esquecer toda conduta humana, no entanto não deve desconhecer o pensamento mundano a ponto de preocupar-se apenas com a aparência. Para ele, o cumprimento da ordem "sede prudentes como as serpentes e símplices como as pombas"[6] é o comando de cada dia.

Mas estamos interessados nos sustentáculos da missão e a missão é a liberdade para todos. Se quisermos que a liberdade seja a alegria de todos, precisamos conceder a liberdade a todos, pois então ninguém poderá retirar-nos a liberdade. Portanto, é às paixões da liberdade que nossos experimentos na alquimia devem ser dedicados. Devemos obter o controle emocional; pois, quando Deus disse "Assuma o domínio da terra!", Ele estava se referindo ao domínio individual das próprias energias, da própria consciência e dos quatro corpos inferiores.

O domínio coletivo sobrevêm quando o espírito cooperativo de grupo, da nação, do planeta — reconhecendo tudo que tem recebido da vida — se oferece alegremente, assim como tudo que recebeu, ao Grande Espírito da vida. Neste momento, o homem individual e o homem coletivo avaliam o enriquecimento do Eu verdadeiro e a verdadeira identidade mística do grupo, por meio da ampliação dos talentos individuais. Estes dons de Deus, quando multiplicados, são como estrelas no firmamento do ser, brilhando no grandioso desígnio do destino universal.

Quando o homem torna-se uno com Deus, percebe que na verdade ele é Deus. Isto não é uma blasfêmia, mas fruto da entrega total. A dádiva retribuída pela própria identidade da vida, como Deus se dá a seu filho, é muito maior do que o sacrifício simbólico da mortalidade, deixado no altar pelo filho amado. No entanto, é típico da divindade ser o grande doador, e assim precipitar a mais elevada manifestação alquímica — o prisma da consciência de Cristo. Esta deve ser e sempre será a recompensa quando o homem abandona o erro e compreende plenamente a existência divina em cada homem.

Então, toda a natureza estremece no interior do cálice da mente crística. O coração de Cristo transborda com a essência criativa que jorra da experiência de unificação, que o identifica com a vida, que o identifica com o alquimista e que identifica o alquimista com ele. Quem poderá fazer algum mal ou dano em todo o santo monte?[7] Quem poderá cooperar em todo o monte santo de Deus? Ora, todo átomo, todo elétron é uma precipitação de Deus!

"E uma nuvem o recebeu, ocultando-o aos seus olhos... Varões galileus, por que estais olhando para o céu? Esse Jesus que dentre vós foi recebido em cima no céu, há de vir, assim, como para o céu o vistes ir."[8] O segundo Advento do Cristo é antecipado pelo cumprimento da profecia "será levado um, e deixado o outro."[9] Pois, quando um é tornado e deixado o outro, isto indica que o mundo ainda abriga a iniquidade e que apenas uns poucos aceitaram o reino. Mas, quando sobrevier o Segundo Advento do Cristo no mundo vivificado, será porque a natureza do divino tornou-se compreendida como o dom inestimável da liberdade para todos os homens.

Quando este milagre do amor crístico produzir-se no mundo, será porque os estudiosos da alquimia — sejam eles conhecidos por este ou outro nome, nas igrejas ou fora delas, no corpo ou fora dele[10] — estarão expressando, universalmente, a radiância do desígnio crístico. Permeadas pelos fogos do Espírito Santo, suas mentes tornar-se-ão um reator cósmico, uma fornalha central de ideias universais, para a liberdade e o rompimento dos grilhões forjados por uma humanidade recalcitrante.

Revelamos nesta oitava lição qual pode ser o significado da alquimia para um mundo em decadência, para os escravizados do cativeiro dos sentidos, para a personalidade envolvida em confusão e caos, tornando-se uma exibição ordenada e intencional da graça universal, expressa através do campo de força da identidade individual do homem.

Percebem agora por que El Morya e a Mãe Maria e todos os mestres Ascensos estão oferecendo suas energias generosamente para o bem da humanidade? Percebem por que a nuvem criativa invocada por nós, literalmente uma nuvem individualizada de testemunha de dia e uma coluna de fogo à noite,[11] permite ao homem compreender que o cadinho da identidade, embora a princípio talvez não passe de um tubo de ensaio experimental, pode tornar-se um altar radioso da realidade?

Sinceramente, Eu sou

Saint Germain

✠

CAPÍTULO 9

Ansiedade e síndrome
da ansiedade

Nesta lição permitiremos que os alunos façam experiências e desenvolvam a proficiência para a criação da nuvem, enquanto nos afastamos um pouco do assunto para discutir um dos maiores obstáculos ao sucesso da alquimia. Refiro-me à ansiedade e à síndrome da ansiedade.

Por mais estranho que possa parecer, a maioria das manifestações negativas provém da ansiedade, incluindo o terrível pecado do masoquismo.[1] Como é de conhecimento geral que a humanidade nutre o desejo de ser feliz e tem o direito de buscar a felicidade, fazemos a seguinte pergunta: Não seria sensato, para pessoas de todos os níveis sociais, buscar a cura daqueles problemas que elas atraem para si próprias com sua ansiedade improdutiva?

Reconhecemos a existência de preocupações legítimas e que homens e mulheres devem assegurar seu futuro e evitar as eventualidades que sabem, por experiência própria, que podem surgir. Mas não precisam ficar apreensivos com a vida em geral, ou mesmo com a vida especificamente, a ponto de suas inquietações desequilibrarem seu pensamento, suas emoções e toda a sua psique.

A ansiedade é a grande deformação da vida. Ela distorce a perspectiva, sem produzir quaisquer benefícios visíveis. A ansiedade é a causa da tendência das pessoas a entesourarem os bens deste mundo. Como esquilos frenéticos, elas acumulam seu suprimento de nozes para o inverno. Amontoam uma provisão excessiva de todos os artigos possíveis e privam-se da felicidade, com suas preocupações injustificadas e seus preparativos desnecessários e longos para qualquer eventualidade.

Assim como não esperamos que os alunos deixem de ser previdentes, tampouco esperamos que se envolvam indevidamente com a expectativa de um dia do juízo final que nunca chega. A ansiedade é um sintoma de insegurança; provém da imagem incorreta que o homem tem de si mesmo, bem como de sua falta de perspectiva. Muitas pessoas não se sentem realizadas, amadas, desejadas, e não sabem ao certo o que devem fazer de suas vidas. Suas inseguranças em situações adversas facilmente transformam-se em estados mentais e emocionais de depressão, beirando o extremo da autodesvalorização.

Levando tais fatos em conta, e tendo em mente o poder da energia criativa, decidimos que, antes de mergulharmos mais profundamente em nosso estudo da alquimia, sugeriremos para nossos alunos uma profunda catarse mental, emocional e até mesmo física. Assim, alcançaremos uma purificação da consciência do ser do homem — um esvaziamento, se quiserem, de instabilidades, de modo que nossa criação alquímica possa ocorrer nas condições mais assépticas e clínicas possíveis.

É muito fácil um ingrediente negativo entrar sorrateiramente em nossa fórmula; portanto, devemos tornar todas as precauções possíveis antes de iniciarmos nossos experimentos. Sem primeiro nos purificarmos de todas as qualidades indesejáveis, estaremos, ainda que munidos da melhor das intenções, ampliando nossos traços negativos, em vez de nossas possibilidades, à medida que formos empregando o maravilhoso poder da alquimia.

Este é um dos problemas que surgem entre aqueles que abraçam algumas das chamadas escolas de mistérios, onde o ego é colocado a serviço do nível pessoal, em vez de ser disciplinado a um nível impessoal. À medida que esses estudiosos desenvolvem o "poder da alma", é inevitável aumentarem os seus *momentums* negativos, juntamente com as grandes qualidades positivas que procuram manifestar. Pois o que quer que exista em seus mundos, quando eles são colocados em contato direto com o fogo sagrado deve expandir-se conforme a expansão de suas consciências totais.

Em alguns casos, os *momentums* negativos anulam por completo os positivos; e muitas vezes, devido às afinidades terrenas, o impulso adicional de poder que ocorre como resultado da experimentação fará dos negativos um ímã, mesmo quando estiverem inteiramente envolvidos na busca divina. Assim, seus próprios *momentums* negativos, ocultos nos recessos das mentes subconscientes, atrairão para si o que houver de semelhante nos pensamentos e sentimentos das outras pessoas. Este fenômeno frequentemente é a causa subjacente de desarmonia em grupos religiosos.

Desejamos sinceramente que o corpo de Deus sobre a Terra seja alertado acerca desses problemas, pois, a menos que as forças inibidoras, encravadas na psique do homem, sejam colocadas sob o poder da graça divina e esvaziadas de seu conteúdo (isto é, das energias mal qualificadas que sustentam suas formas), elas espreitarão como espectros obsedantes, esperando para devorar o fruto de todas as atividades benignas e literalmente transformar a luz do homem em trevas.

Nós faremos o contrário. Produziremos nas vidas dos futuros alquimistas os efeitos transmutadores que lhes possibilitarão, por meio da consciência e da dedicação ao Espírito Crístico de harmonia viva, manifestar todas as boas coisas sob controle divino. Assim a graça divina preencherá o templo da mente e do coração do alquimista, tornando-o um verdadeiro fazedor de milagres a serviço de Deus.

Quantas vezes vimos a preocupação com seu semelhante tornar forma na consciência do estudante? Quando contempla os problemas do mundo ou os de sua própria família, frequentemente ele se torna quase obcecado pelo desejo de produzir o milagre de conceder a graça a seus entes queridos e àqueles que dela necessitam no mundo à sua volta. Este desejo se torna tão intenso que seu amor fraterno muitas vezes constitui a motivação central por trás de sua busca de maior espiritualidade e autorrealização.

Nosso objetivo não é desencorajar aqueles que querem servir, mas ajudá-los a compreender seus objetivos na paz e na honra. Portanto, "considerai como crescem os lírios do campo; eles não trabalham nem fiam; eu, contudo, vos digo que nem mesmo Salomão, em toda a sua glória, se vestiu como qualquer deles".[2] Os cuidados que Deus dispensa aos pássaros no ar, à grande abundância manifesta na natureza e nos "lírios do campo" demonstram o valor supremo que Deus atribui a cada um de seus filhos. Então, voltemos nossos olhos para ele, que nos ensinará a satisfazer as necessidades de nossos irmãos aqui embaixo.

A ansiedade provém da falta de fé nos fins supremos da vida. As experiências difíceis, pelas quais muitas pessoas passam durante a infância e nos anos subsequentes, produzindo tensão e estresse, bem como o fruto da amargura, impedem o desenvolvimento deste espírito refinado que lhes permitiria abandonar as ansiedades.

Na realidade, as lições ensinadas por Jesus, sobre os cuidados que o Pai dispensa ao homem e à natureza, deveriam proporcionar toda compreensão capaz de curar sua insegurança, ansiedade e sofrimento pessoal, que envolvem a mente e o ser. Esta cura é efetuada graças à radiância irresistível do amor atento de Deus por cada homem.

Portanto, estimulo todos os discípulos a levarem em conta a atenção carinhosa e a consideração do universo, que se manifestam na maravilhosa obra do corpo físico, quando as poluições humanas não interferem. E estimulo a tentativa, nos dias vindouros, de curar a fratura causada pelo sentimento de separação — separação entre o indivíduo e sua verdadeira identidade, por conseguinte, do eterno Um.

Neste vocês vivem, se movimentam e têm seu ser. Sem ele, vocês não possuem vida nem identidade.

Façam-se a seguinte pergunta: constitui uma atitude sensata poluir a identidade divina com as intromissões da obstinação e da autocomplacência? Façam-se esta pergunta: Vocês realmente deram uma chance ao Pai ou têm feito apenas uma tentativa vacilante, intermitente, de realizar Deus?

Nada há de complexo na origem da alma e em sua eterna comunhão com ele. Assim, tornar-se uma criancinha, como veremos em nossa próxima lição, é preparar o caminho para as maiores manifestações da alquimia.

Ora, alquimia não é bruxaria; não é divergência. É o exercício de um controle estável de Deus sobre a natureza, e vai muito além do que os homens imaginam. Através da alquimia, pode-se eliminar as ansiedades, mas, em primeiro lugar, vocês precisam erigir uma montanha de fé, de modo a neutralizar os pensamentos negativos do mundo, responsáveis originalmente pelos fracassos do homem.

Como isto acontece? Todas as vezes que os indivíduos vivenciam um fracasso e o lamentam, todas as vezes que têm um problema e lamentam-se em vez de entregá-lo ao Pai, todas as vezes que os indivíduos ressentem-se com seus problemas e os veem não como uma retribuição do carma ou como um teste, mas como um ato da divindade que eles desafiam, eles estão aumentando sua própria frustração, ressentimento, ansiedade e confusão. E esses *momentums* atraem para as vidas dessas pessoas as condições negativas do mundo exterior.

Se existe um inimigo subordinado à ansiedade, é a confusão. Esta também pode e deve ser sanada pelo fogo da mente crística. Pois sabemos que a mente crística é tranquila, embora capaz de concentrar as energias ígneas do Criador a fim de eliminar o mal, tanto a nível pessoal como na sociedade.

Contudo, é preciso deixar claro que este é um fogo cuja combustão é controlada pela mente. Ele pode ser lento ou rápido. Pode saltar como um filhote de cervo e gozar sua liberdade, seu domínio, seu controle divino, ou pode pairar no ar, tal como os hieróglifos da chama viva e dizer a todos que constituírem um estorvo à manifestação alquímica: Alto lá!

Assim, estimulo-os a analisar os redutos negativos do pensamento do mundo com uma visão capaz de libertar suas energias e atividades do envolvimento com as energias mal-

217

qualificadas aí existentes. E estimulo-os a assumir a determinação divina de purificar sua consciência, interna e externa, de toda substância residual que existe como resultado de seu contato com as fossas da consciência humana.

A ansiedade deve desaparecer e deve ser substituída pela fé e a confiança solene na realização do plano divino. Afirmo que este conhecimento, esta certeza é um estado de felicidade! Quando começarem a compreender plenamente o que quero dizer, vocês verão que o aumento dessa confiança no real constitui um dos melhores caminhos para a conquista de todos os obstáculos à vitória da alquimia. Na verdade, todos os obstáculos à vida abundante podem ser eliminados quando vocês deixam de lutar "como desferindo golpes no ar",[3] nas palavras de São Paulo.

Vocês nasceram para vencer, e digo isto como contraponto para a mentira de que o homem "nasceu para perder". Se vocês fizerem a seguinte afirmação: "Eu sou e nasci para vencer!" como um ato de fé suprema, ela sobrepujará a consciência mundana do fracasso — um peso mortal do pecado, se é que algum dia ele existiu.

Não importam os problemas que vocês enfrentaram, pois até mesmo as situações mais terríveis sucumbirão ao poderoso campo de força da potência de Deus, que será construído por meio da prática da alquimia espiritual. Mas por que o homem deve recorrer às energias de Deus para realizar a experimentação alquímica e a criação, quando seu próprio mundo ainda está repleto de criações mal qualificadas da consciência de massa, e das ervas daninhas no seu jardim, que obstruirão seus esforços e destruirão os bons frutos?

Não estou sugerindo que vocês devem interromper seus experimentos com a nuvem. Estou querendo dizer que devem compreender a dualidade da vida e entender que as ansiedades precisam ser eliminadas. Entretanto, para que isto aconteça, vocês precisam tornar a decisão consciente de que tal feito deve ser realizado. E, se assim fizerem, prometo que seus experimentos não apenas serão mais puros e vitoriosos, como também trarão felicidade e os frutos daí advindos, para vocês e para toda a humanidade.

Ah, temos muito mais, pois cada mestre ama cada um de seus filhos-servos!

Em defesa da liberdade para todos, permaneço

Saint Germain

✠

CAPÍTULO 10

A natureza rende-se à mente inocente

A chave mais importante que podemos apresentar ao alquimista neste estágio de seu desenvolvimento encontra-se nestas palavras de Jesus: "Quem não receber o reino de Deus como uma criança, de maneira alguma entrará nele."[1] Todas as belezas prístinas da natureza — os pontos culminantes etéreos, cujo fulgor suave pode ser sentido pelas aptidões espirituais nascentes dos filhos de Deus — detêm, como seu conteúdo essencial, o doce anseio criativo de uma criança.

Não desejo desenganar as mentes dos filhos dos homens, que têm tido opiniões tão elevadas e grandiosas sobre os mestres do cosmo, de qualquer falso glamour, com o qual revestiram nosso cargo sob a divindade, quase como a douração de um lírio cósmico. Contudo, sinto a necessidade de ressaltar, não apenas por experiência própria, mas, segundo as experiências daqueles que estão acima de mim na hierarquia, que, quanto mais elevado nosso contato com a divindade, mais infantil, mais simples e mais bela é a sua representação.

Portanto, concluímos que a inocência da própria natureza é talvez a maior chave de seu potencial para criações alquímicas maravilhosas. Assim, aumentamos a necessidade de os filhos de Deus esvaziarem suas mentes dos refugos das emoções turbulentas que comprometeram suas energias ao longo dos séculos, mantendo-os confinados a uma sucessão insensata de perplexidade e luta.

A grande barreira à evolução espiritual tem sido a confusão que os homens fazem entre a santa inocência e tornar-se como uma criancinha e fazer o papel de tolo. Os mestres mais elevados são infantis, delicados e inocentes. Entretanto, quando atuam na esfera do mundo, eles aguçam seus "sentidos mundanos", a fim de aplicarem o julgamento às questões humanas.

Introduzo o tema de tornar-se "como uma criancinha" em nosso estudo da alquimia intermediária porque cada pensamento e sentimento ficam gravados nas matrizes sensíveis da manifestação alquímica. Assim, nenhum pensamento ou sentimento pode ser considerado insignificante ou irrelevante. Declaro, sem hesitar, que o mais importante de todos os fatores alquímicos na produção dos aspectos mais elevados da criação é a mente infantil — pura e ingênua.

A mente infantil é a maior de todas as mentes, pois sua inocência é sua melhor e mais infalível defesa, por não estar repleta de conceitos, livre portanto para desenvolver a simetria, a cor, os sons, a luz e novas ideias. Em resumo, ela está livre para criar; e seu propósito supremo é difundir a felicidade em todas as suas formas e manifestações, mantendo a pureza e o caráter inofensivo da criança.

Permitam-me afirmar, todavia, que a ideia de um caráter inofensivo só é aplicável ao mundo dos seres humanos, pois como pode haver a necessidade de ser inofensivo se não existir, em primeiro lugar, a ofensa, o mal? Quando o mal é destruído, não é mais necessário ser inofensivo. Na ausência do caráter inofensivo ou do mal, prevalece a inocência da infância, possibilitando às almas dos homens comungar docemente com a natureza e o Deus da natureza.

O vasto drama que trilha o caminho da Árvore da vida, que protege os segredos alquímicos, também nasceu da necessidade. A desobediência da lei cósmica pelo homem, sua hesitação nas questões do Espírito, seus ímpetos crescentes de destrutividade sobre a terra — todos estes necessitaram do freio de suas atividades no céu.

Assim, o homem foi verdadeiramente confinado à terra para cumprir seu destino. O Éden, o Jardim de Deus, e os segredos da vida aí contidos têm-lhes sido negados porque ele não observou a injunção divina "no dia em que dela comeres, certamente morrerás!"[2]

Agora e sempre o homem precisa entender que, ao compartilhar da consciência do mal, ele se torna sujeito às leis da mortalidade. Todavia, Deus sempre está pronto para recebê-lo novamente como a uma criancinha.

A compaixão do Cristo por aqueles que haviam perdido sua inocência era evidente em sua lamentação: "Oh, Jerusalém, Jerusalém, que matas os profetas e apedrejas os que te são enviados! Quantas vezes quis eu ajuntar os teus filhos, como a galinha ajunta os seus pintos debaixo das asas, e tu não quiseste!"[3] Portanto, estamos diante da corte da inocência e pleiteamos a transmissão, para a humanidade, das chamas da pureza, da verdade e da inocência cósmica.

Dentre os maiores equívocos formados nas mentes dos homens, encontra-se aquele referente à natureza dos reinos espirituais. Os homens pensam que o céu é algo remoto, insatisfatório e desprovido das alegrias deste mundo, ou então imaginam ser ele a meta final — a recompensa dos fiéis e o seu alívio das opressões de um mundo de pecados, local onde nada mais terão a fazer e onde cessará toda evolução.

Em ambos os casos, a falácia está em pensar que o futuro proporcionará ao homem algo que não está à sua disposição hoje. A vida é abundante — aqui, agora e para sempre. Onde quer que vocês estejam, basta apenas entrarem em contato com ela.

Assim, posso afirmar que tenho falado e caminhado lado a lado com os deuses mais antigos da raça. Conheci os maiores mestres interplanetários, seres angélicos e cósmicos. Tomei parte em cerimônias nos grandes salões dos retiros e percorri os caminhos cósmicos. Em suma, tenho saboreado as experiências mais maravilhosas desde minha ascensão, e ainda guardo na memória todas as minhas experiências terrenas anteriores à minha ascensão.

Contudo, nenhuma delas merece — nem mesmo a mais elevada — ser comparada às experiências que tenho tido na mente do divino Filho-Varão. Assim, o alquimista deve perceber que nem o céu nem a terra podem lhe dar aquilo que ele ainda não encontrou dentro de si.

Na verdade, "nem olhos viram, nem ouvidos ouviram, nem jamais penetrou em coração humano o que Deus tem preparado para aqueles que o amam".[4] Que pena não haver mais pessoas que possam largar esse falso conceito de um bem futuro e distante! Os segredos da vida devem ser encontrados tanto aqui embaixo como no alto. A transformação dos metais vis em ouro produziriam apenas beleza e riquezas terrenas. Mas a transformação da natureza inferior do homem no ouro refinado do Espírito permite-lhe não apenas dominar o mundo do Espírito, como também assumir o controle sobre o mundo material.

Se todo poder me foi dado no céu e na terra,[5] posso concedê-lo a quem desejar. No entanto, poderia eu dá-lo àqueles que iriam malbaratá-lo a ponto de magoar e ferir seus irmãos?

Por que uma espada refulgente foi colocada ao oriente do Jardim do Éden?[6] Por que a continuidade da existência foi interrompida pela morte? Por que a doença, a guerra e a brutalidade afloraram repentinamente e apoderaram-se da consciência humana? Por que a ira fez-se sentir? Não teria sido porque as pessoas temem a perda — perda do amor-próprio, perda da individualidade, perda da relatividade? Na verdade, o que têm elas a perder? Nada além de seus temores, de suas negatividades. Pois aquilo que está unido à realidade jamais pode ser perdido.

Que os homens aprendam a esvaziar-se por completo de seus apegos à terra; assim, começarão a adentrar a mente infantil e o espírito da inocência criativa. Os maiores anjos que guardam o caminho da Árvore da vida não podem negar o acesso ao Éden àqueles que se reuniram com a mente absolutamente inocente de Deus. Então, como podem negá-lo ao alquimista divino no homem, que, com honra, estende o braço para tornar o fruto da Árvore da vida, a fim de que possa, realmente, viver para sempre?

O significado da alegoria é bastante simples. Enquanto o homem viver de acordo com a "terra, terreno", de acordo com os conceitos de "carne e sangue", ele não poderá herdar o reino dos céus,[7] não poderá manter a consciência celestial. Mas, quando, em inocência infantil, ele entrar no domínio divino, descobrirá que todo o universo é seu — pois agora ele pertence a todo o universo.

Esta doce entrega aos fluxos poderosos da lei e da pureza cósmicas lhe mostra a necessidade de transferir, das oitavas superiores da luz para as ramificações inferiores do ser, o poder e a glória, a vitória e a conquista, a transmissão e a transmutação.

Ele deve renunciar ao brilho e ao glamour; deve substituí--los pela luz e a pureza e fazer bem todas as coisas. Ele deve buscar o espírito de excelência; deve esquecer as limitações e todas as coisas que ficaram para trás. Deve ter fé naquilo que ainda não pode ver, e saber que a própria Natureza mantém uma cornucópia de beleza e luz para derramar sobre ele quando for pronunciada a palavra mágica.

Como é bela a nuvem — a nuvem do testemunho. Mas como são importantes a inocência e a simplicidade. Quão altaneira é a fé! Quão virtuosa! Doce mas poderosa é a fé que move montanhas.

Como estamos nos aproximando de uma época de descobertas maiores, preparei cuidadosamente a consciência e a mente dos estudiosos para as experiências mais lindas do mundo, mas não as mantive limitadas ao universo da vida temporal. Estou criando em vocês estados de consciência interior que irão auxiliá-los na evolução espiritual, por meio da qual, ainda que o corpo fosse eliminado, a mente do Espírito Santo fluiria através de vocês e lhes ensinaria o caminho do Cristo, o caminho do Ajudante, o caminho da inocência e o caminho da felicidade.

A humanidade está entediada, está frustrada e é descortês. Através do que se poderia chamar de "excitação" da vida, ela assumiu a mistificação que os poderes das trevas criaram e popularizaram como sofisticação mundana — antítese da consciência infantil. "Vós sois o sal da terra; e, se o sal for insípido, com que se há de salgar?"[8] Reiteramos a afirmação do mestre porque faz-nos lembrar que o sabor essencial da vida está no cultivo da noção interior de beleza e realidade.

Aquilo que vocês recebem de Deus jamais é negado a quem quer que seja; são as pessoas que negam essas coisas a si mesmas em sua ignorância. Todos temos a responsabilidade de estimular a expansão da luz em todas as pessoas, mas cada um deve abrir a porta para si mesmo. Cada um deve compreender que o redentor divino é o Criador divino e que, desde a descida do homem para as oitavas inferiores da consciência humana, o Senhor da luz continuou a emanar sua radiância em toda parte.

Ele é acessível, embora oculto.
Ele é real, embora envolvido pela irrealidade
Pelas mentes dos homens e suas experiências de vida.
Ele é luz, às vezes encoberta
Pelas trevas dos equívocos dos homens.
Ele é o Grande Provedor
De todas as coisas boas e perfeitas.
Ele combina o verde broto e a neve cristalina.
Ele combina o céu etéreo que cintila
Com o sol abrasador do centro solar.
Seu coração amoroso convida todos a entrar:
"Envergue, criança preciosa,
As vestes de mestria, mansas e brandas.
A autoridade não precisa ser alardeada,
Mas congrega
Cada graça necessária
Para ajudar o mundo a acompanhar o ritmo
Das legiões cósmicas, ao defrontar momentos de senilidade.[9]

Juventude e luz surgem ao defrontar a predestinação do tempo.

Abandone, então, todos os medos e brilhe,

Fogo eterno da inocência cósmica juvenil!"[10]

No limiar da descoberta, continuamos a ser seus mestres fiéis da luz da alquimia divina.

Saint Germain

✠

CAPÍTULO 11

A alquimia superior

O sentido de realidade e de deleite que o estudioso aspirante à criação confere à nuvem determina sua eficácia. Na alquimia, como em todas as coisas, a dúvida e a negação destroem; a fé e a felicidade sustentam.

O homem deve reconhecer que espaço e tempo são subdivisões necessárias de uma só realidade, que as limitações que encarnam, fornecendo os limites necessários, podem tornar-se degraus para o infinito e um meio autêntico pelo qual qualquer elétron pode tornar-se um universo, ou o universo pode tornar-se qualquer elétron. A atração da respiração sustida do Espírito Santo e a expiração criam um torvelinho da consciência em anéis concêntricos e rápidos, que se expandem para a periferia mais distante da manifestação.

A mente finita, a princípio, pode ter dificuldades em compreender este conceito. Para torná-lo mais fácil, permitam-nos explicar que a consciência de Deus, que sustenta o universo, também está dentro do homem. Ora, se a consciência de Deus que sustenta o universo está dentro do homem, não seria razoável supor que o homem também pode estar no interior da consciência que sustenta o universo?

No intercâmbio macromicrocósmico, no grande fluxo da vida, do deleite, da alegria infinita, o homem sente a unidade de tudo que vive; e reconhece que seu papel, como receptor dos benefícios do universo, implica a transmissão de benefícios de sua própria consciência criativa de volta ao universo. Existe alegria na construção do templo da vida, pois a ordem e o serviço do templo criam no indivíduo o sentimento de construção, quando à sua volta ocorre a demolição de valores, costumes e da fé. Entretanto, no templo ele encontra seu papel construtivo em meio aos papéis da destrutividade que os homens elegeram para si mesmos.

Muitos dizem: "Vamos destruir para que possamos construir." Eles devem ter em mente que, para que possam construir de maneira sensata e correta, todas as tendências destrutivas devem ser eliminadas de sua consciência; pois a lei criativa, ao expandir a realidade de Deus para a estrutura da ordem natural, automaticamente remove suas imagens imperfeitas.

Não há necessidade de manter na consciência um conceito destrutivo ou mesmo de condenação. O amado Jesus afirmou: "Porquanto Deus enviou o seu Filho ao mundo, não para que condenasse o mundo, mas para que o mundo fosse salvo por ele."[1] O segredo da Árvore da vida será descoberto, mas o buscador deverá, em primeiro lugar, renunciar à sua percepção pessoal, a seu sentimento de separação de Deus e da vida, a fim de que a consciência universal possa fluir para ele. Assim, o sopro do grande alquimista tornar-se-á seu.

Então, não é o "eu" pessoal quem realiza a obra, mas o Pai em mim trabalha até agora, e eu trabalho também.[2] O Pai que trabalha é o esforço criativo do universo, que amplia a visão da perfeição da vida para uma humanidade em evolução. O "eu" que atua é a individualidade consciente unida à presença do EU SOU da realidade universal. É o Filho trabalhando com o Pai Todo-poderoso para produzir em cada homem e para cada homem a totalidade da glória que conhecemos em conjunto, antes de o mundo ser.

Se as manifestações imperfeitas defraudam as funções da lei cósmica, vale lembrar que o Espírito acentua a qualidade da vida. Por meio do lindo bônus da aceitação, pelo homem, da realidade e do fluxo da vida, ele se torna totalmente identificado com o Espírito sem forma. Então ele é capaz, na manifestação da forma, de criar uma perfeição relativa, assim no alto como embaixo.

Assim como o mestre alertou seus discípulos, "Sede vós, pois, perfeitos, como é perfeito o vosso Pai que está nos céus",[3] da mesma maneira retiramos das mentes dos futuros alquimistas a ideia de que a forma não pode ser aperfeiçoada dentro de uma estrutura relativa.

Não obstante reconhecermos que, segundo os padrões da evolução, formas e ideias transcendem a si mesmas no grande plano cósmico, também percebemos que, em um universo transcendental, os cientistas têm conseguido aperfeiçoar seus métodos e invenções ao longo de épocas históricas. Assim, as dispensações da ciência têm sido organizadas na esperança de que, libertando a humanidade, de sua labuta, esta utilizaria seu tempo livre e energia para desenvolver a consciência crística que protege e transcende a mente mortal e o ser do homem.

A Grande Fraternidade Branca tem consciência de como as tendências destrutivas na música e na arte podem exercer enorme influência nas mentes jovens. Muitos jovens de hoje não possuem um padrão através do qual possam julgar aquilo que lhes é oferecido, simplesmente porque, desde a tenra idade, eles foram enredados em uma teia de escuridão que, para eles, parece ser uma criação da luz.

Assim, torna-se difícil estender as asas do Espírito até essas jovens almas, pois o intelecto humano, estimulando seus egos rebeldes, convenceu-os de que a forma livre e a ausência de quaisquer restrições constituem o meio através do qual eles alcançarão a autorrealização.

Nada poderia estar mais longe da verdade, pois a autodisciplina é a necessidade do momento. Contudo, essas almas indomadas não renunciariam à sua vontade humana por nada nem ninguém; portanto, é fácil para o príncipe das trevas encontrar discípulos dentre aqueles que foram subvertidos desde os seus mais tenros anos.

A alquimia mais elevada é a precipitação da consciência do Cristo, e todos aqueles a quem foi concedido o sopro da vida têm a obrigação solene de transmitir os preceitos da sabedoria sagrada, antes de passar a tocha da responsabilidade à próxima geração. O antigo provérbio "oriente uma criança em sua trajetória e, quando estiver mais velha, ela não se afastará dela" torna-se então a injunção da vida para toda a humanidade. Buscando um meio de desenvolver a melodia e a qualidade da vida, devem considerar e reconsiderar suas determinações, até que estejam efetivamente interligadas em toda a estrutura do esforço rumo ao futuro.

Imoralidade, cobiça, egoísmo e desonra jamais proporcionaram, em qualquer época, algum tipo de recompensa, exceto a destruição das espirais do futuro. Apenas a luz pode elevar-se, seja na civilização ou no homem individualmente. Apenas a luz tem o poder de dotar a nossa nuvem com o entendimento de que é o nosso próprio futuro, tecido hoje a partir das energias controladas de nossos seres e dotado resolutamente de nossa visão mais elevada e de nossa fé mais rica, que produzirá o fruto da doação ao universo, na qualidade divina mais elevada e criativa.

À medida que os preparo para esforços mais avançados, envidados para seu próprio bem e para o bem da humanidade, é fundamental contemplá-los com o melhor de minha aptidão, através de meios espirituais, com a visão do que é Deus. Até mesmo em nossas oitavas superiores é impossível, para nós que ainda nos encontramos em um estado individualizado inferior, compreender a plenitude de quem é e o que é o maior dos alquimistas. Contudo, podemos nos aproximar do Santo dos Santos; podemos chegar mais perto transcendendo a nós mesmos, assim como ele está sempre transcendendo a si próprio, sendo transformados, de glória em glória, pelo Espírito uno universal.

O esforço imutável de transformação jamais pode entediar-nos ou fatigar-nos, porque temos consciência de que, a cada passo dado por nós, sobrevém um salto infinito nas esferas mais elevadas de todos nós. Deus identifica-se tão lindamente com cada parte da vida que existe uma alegria em toda a criação quando o Eu superior dá o salto gigantesco. Nas palavras de Cristo a seus discípulos da antiguidade, "Eis que nós subimos a Jerusalém".[4]

A Cidade de Deus, a Cidade da Paz, o parlamento cósmico do homem — são estes os produtos do amor do Pai, da ideia do grande transcendentalista, do eterno alquimista, do grande espírito, de Deus o Pai, de Cristo o Rei. Aquele que derruba as montanhas e eleva os vales, aquele que depõe dos seus tronos os poderosos e exalta os humildes,[5] faz todas essas coisas a fim de produzir o *summum bonum* da realidade última para todas as áreas da vida.

Sua generosidade é irrepreensível e, se seus preceitos tivessem sido considerados em qualquer era por qualquer sociedade, os espinhos dessa época teriam sido neutralizados e destruídos. As fragrâncias da rosa teriam permeado o século. Os conhecimentos, a cultura e a beleza mais elevados teriam se manifestado. A dor e o sofrimento teriam chegado ao fim em sentido relativo e, através do entendimento, o arco dourado teria sido visto por todos na esfera de suas realizações imediatas. A porta dourada teria sido aberta de par em par e a essência do propósito teria sido percebida por trás de tudo isso.

A natureza e o Deus da natureza conspiram a fim de produzir mundos universais infinitos, o grande magnetismo cotidiano, o dom universal que, como masculino e feminino, como positivo e negativo, como Espírito e matéria, destina-se a produzir as maravilhas da vida. Sua beleza ofuscante e fascinante pode estar em toda parte, mas para alguns trata-se de um movimento extravagante, ante o qual esquivam-se. Para outros, é um hino universal da intenção.

Mas para aqueles, como nós, que amamos, acima de tudo, conduzir a humanidade pela palavra e pela ação, é a oportunidade do eterno Buda, o botão em flor da realidade jubilosa, cuja fragrância está em toda parte, permeando a qualidade da vida; removendo os odores das trevas; envolvendo a tudo. Ele revela o significado e a finalidade do amor que renasce sacrificando a si mesmo. O que mais poderei dizer quando estamos no umbral?

Eu digo, eu acendo uma chama no âmago dos seus seres. Grandes ou pequenas, que as chamas possam expandir-se e ajudá-los a criar, para si mesmos e para a glória do grande alquimista, uma existência inteiramente voltada para a obtenção do domínio e para tornar-se una com o Grande Exemplo.

Ah, possamos nós amar juntos! Possamos nós estar juntos, e ver juntos o movimento longínquo que deseja ardentemente aproximar-se.

Misericordiosamente, continuo a ser

Saint Germain

✠

CAPÍTULO 12

O caminho da árvore da vida

O fervor que procuramos transmitir pode ser assimilado. A chama de nossa mente e de nosso espírito pode ser absorvida por meio de uma simples leitura e aplicação da consciência, do coração. Sabemos que o homem pode, sem dúvida, entrar em um estado superior. Ler e reler sinceramente as nossas palavras, até que elas se tornem parte integrante da consciência do discípulo-aspirante, podem e devem criar neste uma chave por meio da qual sua própria habilidade alquímica é desenvolvida.

Tamanho interesse tem sido desenvolvido em muitos de vocês quanto à criação da nuvem que desejo aprofundar um pouco mais este assunto.

A nuvem é o meio pelo qual o homem altera seu destino. Não estou dizendo que não existem outros métodos que permitam alcançar com eficácia esse propósito. Cada ato cármico recebe a sua própria recompensa. Cada feito dos homens, cada pensamento imprimem sua marca em suas vidas. Entretanto, muitos deles têm uma qualidade negativa, por conseguinte, destrutiva. Eles afloram casualmente, através de experiências cujo domínio os homens não possuem; pois, quando os homens não dominam seus mundos, eles são governados pelas circunstâncias do mundo.

Assim, através da criação da nuvem, procuramos transcender tempo, espaço e até mesmo o carma — cortando o caminho em muitas das antigas espirais, abreviando o tempo de percepção, pelo homem, de sua própria realidade divina,[1] e ajudando-o a realizar, de forma vanguardista, a gentileza do Senhor do Universo.

Muitas são as escolas da Fraternidade. Muitos são os métodos de realização. Em nossas publicações através da Summit Lighthouse, procuramos ajudar nossos estudantes a expandir sua consciência com facilidade. Procuramos unir o corpo de Deus sobre a terra, criando em primeiro lugar tanto o entendimento da beleza como do caráter prático da verdadeira alquimia. Não estamos interessados em formar uma sociedade de magos que produzirão milagres aparentes — não obstante reconhecermos que o alquimista proficiente, mesmo por meio desse curso, pode realizar exatamente o mesmo.

O que nos interessa é apresentar nossos alunos a uma fraternidade universal e a um organismo que já existem espiritualmente como a Grande Fraternidade Branca. Esta ordem, que existe no invisível, abrange os alquimistas do Espírito e exige uma união com a humanidade encarnada. Pois apenas através dessa associação é que poderemos formular os conceitos mais belos e sustentadores que irão permitir ao mundo inteiro respirar o ar da liberdade e deixar-se impregnar com as chamas do destino, em seus aspectos individuais e coletivos.

O homem deve perceber e saber que, assim como ele é e age, também as outras pessoas veem e agem. Assim, na percepção e na ação, o homem pode dotar as páginas da história com uma iluminação reveladora, cumprindo assim as ordens de Deus, "Assumam o domínio sobre a terra!" e "Deem o exemplo aos séculos!" A cada ato de graça, o homem é contemplado com mais graça. Cada passo de mestria pessoal eleva-o mais na nobreza cósmica, até finalmente ser coroado, através dos mistérios eternos, com a plena compreensão de seu próprio potencial.

Assim, nossa nuvem, em resposta a algumas de suas perguntas, pode tornar-se fisicamente palpável. Isto não é necessário para que vocês sejam contemplados com as graças mais elevadas. Por meio da nuvem, vocês podem atrair para si próprios as testemunhas sagradas de Deus, que viveram em todas as gerações, que o chamaram de abençoado, e que ele abençoou.

Vocês podem ser libertados, por meio da luz e do fogo da nuvem, da mediocridade da era atual e da degradação de eras passadas e seus efeitos cumulativos sobre a psique da humanidade. Vocês podem, por assim dizer, rasgar o véu do Santo dos Santos, se sua meta for a comunhão com o Mais Elevado, assim como Moisés no Deserto do Sinai. Vocês podem compreender, através da nuvem, a plena perfeição de sua gloriosa presença do Eu sou.

Então, graças ao contato com a presença do Eu sou, a presença de todo ser, vocês poderão desenvolver uma cultura do Espírito em níveis inferiores, que proporcionará uma escada de segurança que outros poderão galgar. Não existe jamais a necessidade, independentemente de quaisquer manifestações externas ou energias astrais vis que porventura procurem entrar em seu mundo, de sucumbir a tais depredações. Vocês têm o poder do Cristo para expulsar estados de consciência indesejáveis.[2]

O grande alquimista vive em seu íntimo. Vocês vivem dentro dele. Portanto, através de experimentações conscientes com a nuvem, vocês poderão cercar-se dos meios de produzir mudança.

Em nossas análises daqueles que, ao longo dos séculos, trabalharam com a nuvem, observamos que os que ficaram convencidos da realidade da nuvem, os que ousaram contemplar sua consciência e seu ser com as próprias qualidades da nuvem, tornaram-se mais e mais proficientes na sua utilização. Para eles, cada experiência diária na produção da mudança tornou-se mais fácil.

Espero ter-lhes transmitido, neste curso intermediário, as ideias que procurei veicular. Todavia, compreendam que o poder e a glória plenos só poderão expandir-se com os conhecimentos do curso total.

Espero, assim como esperei ao criar esta série, quando produzi pela primeira vez os *Estudos sobre a alquimia,* produzir um dia para vocês os *Estudos avançados sobre alquimia.* Então, poderemos oferecer à humanidade uma bela trilogia — a primeira seção estabelecerá o fundamento de ideias[3] por meio da chama dourada da iluminação; a segunda pronunciará o raio do amor, por meio da nuvem do Espírito Santo, dando vida a suas ideias; e a terceira seção explicará como tornar permanente aquilo que você cria por meio do poder da palavra falada.

Esta trilogia terá especial valor para aqueles que não apenas interessam-se pela mágica, mas que também reconhecem que a alquimia é o meio de renovar a juventude, primeiro no interior do homem, depois em toda sua consciência e manifestação. E, se isto for realizado, não poderá deixar de constituir um meio de elevação do indivíduo e do pensamento mundial.

Ao considerarem o experimento correto para os seus esforços na alquimia, lembrem-se de que os estereótipos que existem em abundância no mundo não são de todo vis. Na verdade, existem inúmeras obras de arte literárias, culturais e históricas que personificam os estereótipos divinos, ou arquétipos, como os chamaríamos. O estudioso, em seus experimentos alquímicos, não precisa evitar tudo que pareça ser comum. Em muitos casos, em vez de revelar o lugar-comum, é mais importante evitar classificar de banal uma circunstância, pois, na realidade, ela pode representar uma grande ideia.

Não temam acolher belos pensamentos porque alguém pensou-os antes. Chegará o tempo em que vocês desenvolverão uma singularidade maior. Mas, até tornarem-se mais proficientes em seus experimentos, mais vale trilhar uma estrada segura — isto é, se for do seu desejo combinar velocidade e precisão.

Chegará o tempo em que o homem ultrapassará o limite daquilo que os padrões de sua própria experiência pode ensinar-lhe. Então os imortais estarão a postos, como fazem enquanto ele ainda está aprendendo as lições da terra, para ajudá-lo a evoluir em cada faceta de seus esforços, sejam eles humanos ou divinos. O progresso jamais é ditado por aquilo que o homem deseja fazer ou ser, ou mesmo por aquilo que o mundo tem a oferecer, mas sim por sua compreensão de que ele pode ser tudo que Deus quer que seja, bastando, para tal, aceitar esse pensamento simples.

Então, não saiam no encalço do bizarro, mas contentem-se em ser um bom homem ou uma boa mulher. Coloquem-se nas mãos de Deus, nas mãos do Pai de todos, que zela pelos pássaros do ar e pelas flores delicadas que são exaltadas pelo sopro de um momento.

Vocês não acham que ele se preocupa mais com vocês do que com a relva do pasto que fenece — ele que os estima o suficiente para conceder-lhes sua consciência, para criar um universo para vocês, bem como uma Mãe universal, a própria

Natureza e fecundá-la com a chama de seu próprio Espírito
— tudo para vocês, tudo para vocês? No entanto, o homem é
como a erva do campo[4] quando assim se considera, quando,
na mediocridade, no egoísmo, no engano e na luta pessoal,
ele busca apenas o reconhecimento externo.

Que os homens não procurem ser considerados grandes por
outros homens, mas reconheçam internamente a grandeza de
Deus, inerente a todas as manifestações da vida. Então a alquimia
desses homens conterá em si a alquimia do aperfeiçoamento.

Não estou dizendo que não existem outros mistérios esperando ser revelados em conexão com a alquimia. Sei que
existem. O que estou dizendo é:

O caminho da Árvore da vida
Que é o segredo perfeito
Guardado por Deus dos curiosos e profanos
Continua a ser um mistério penetrável
Para aquele que não se envergonha
De usar asas,
Para aquele que compreende
A perseverança de cada dia,
Para aquele que se contenta em estender a mão
Com a confiança amorosa de que o destino é nosso,
Para aquele que está disposto a abandonar
Um passado que não produziu
A beleza florescente pela qual anseia,
Para aquele cujo coração oferece-se como uma taça
Ao mais elevado e mais doce,
Ao mais nobre e ao melhor Senhor de todos
Desejoso de que lhe seja concedido
Bem como a toda a vida

A melhor das dádivas.
Ele fala em tons amorosos e convidativos
De comunhão interior,
"Oh Pai, seja feita a tua e não a minha vontade!"
A ele é transmitida a coroa mais elevada,
A palavra "domínio".
Ele é o Filho, o alquimista,
O bem-amado.
Ele pode dividir pães e peixes,[5]
Andar sobre as águas,[6]
Satisfazer os seus desejos e do próximo,
E ser o grande benfeitor.
Nele prevalece o Espírito imortal,
A última Thule é vista.

Assino sinceramente, seu amigo imortal,

Saint Germain

✠

Jesus Cristo
e
Saint Germain

Precursores
da Era
de Aquário

Os mestres Ascensos Jesus Cristo e Saint Germain, passando a tocha da consciência de Cristo e o Eu sou o que eu sou para as dispensações de peixes e de aquário, destacam-se na longa história da terra e de suas evoluções como os grandes libertadores das nações, por meio da chama da liberdade — e da salvação, através da ressurreição da alma.

A senda da iniciação que promove a reunião da alma com a presença do Eu sou (a ascensão) através do mediador, o Cristo pessoal — a porta aberta para a realidade divina que nenhum homem pode fechar —, é exemplificada em Jesus, o precursor da era de peixes. O batismo de fogo do salvador pelo Espírito Santo é revelado através do mestre de Aquário Saint Germain, ao oferecer ao povo de Deus a dispensação da sétima era e do sétimo raio — a chama violeta do consolador, que a tudo perdoa, bem como sua aplicação no equilíbrio do carma pessoal e planetário, por meio da ciência da palavra falada.

Saint Germain é a "voz do sétimo anjo" profetizada no Apocalipse 10:7, que vem para pôr fim ao mistério de Deus "segundo Ele anunciou aos Seus servos, os profetas". No século XI a.C., ele encarnou como Samuel, sacerdote-profeta do Senhor, criado desde a infância para ser aquele que unge os reis e julga Israel. Chamado afetuosamente de "Tio Sam", na qualidade de patrocinador dos Estados Unidos da América, ele está convocando as doze tribos dos quatro cantos da terra, fazendo-as conhecer sua verdadeira identidade de portadores de luz, comissionados para servir com o Ancião de Dias[1] para libertar os cativos da terra.

Saint Germain traz para aquelas ovelhas perdidas (almas reencarnadas) da casa de Israel a lembrança do nome do SENHOR Deus — EU SOU O QUE EU SOU.[2] Além disso, ele lhes ensina o poder deste verbo perdido que foi dado a Moisés e aos profetas e também teve uma posição proeminente na missão de Jesus na Galileia. A respeito deste verbo que tornou-se verdadeiramente carne em Jesus, João, o Amado diz: "A luz verdadeira, *que vem ao mundo,* alumia o homem todo."[3]

Graças aos ensinamentos de Jesus Cristo e de Saint Germain, vocês também podem conhecer o SENHOR por meio do Cristo pessoal, que é seu verdadeiro Eu, profetizado por Jeremias como O SENHOR NOSSA JUSTIÇA e por Zacarias como o RENOVO. Graças a esta presença interior, todo homem conhecerá o SENHOR (o verbo) ao sentar-se para meditar, como observou Miquéas, sob sua própria videira (o santo Cristo pessoal) e a figueira (a poderosa presença do EU SOU e o corpo causal).[4]

Jesus Cristo e Saint Germain — juntamente com todas as hostes celestiais: os mestres Ascensos, Elohim, os arcanjos, os anjos e os servos-filhos de Deus, que abrangem o Espírito da Grande Fraternidade Branca (a profusão de santos vestidos de branco vistos por São João[5]) — surgiram da Escola de Mistérios interior ao final de Peixes e começo de Aquário para nos ensinar a invocar este nome do SENHOR, fórmulas alquímicas por meio das quais podemos exercer nossa cristicidade individual, mesmo quando sobrepujamos o mal

244

personificado e o *véu de energia* de nosso carma negativo, os assim chamados pecados de nossas vidas passadas.

Pela lei da transmutação, invocando a chama violeta consumidora de Deus em nome da presença do Eu sou, estudantes dos ensinamentos dos mestres Ascensos de todo o mundo estão resolvendo relacionamentos, transmutando os registros de seu carma, removendo a mácula da mortalidade na psique e obtendo a vitória sobre a "besta" da personalidade idólatra.

Este grande triunfo da luz sobre as trevas no encontro individual com as forças do Armagedom foi profetizado por Jesus Cristo a seu discípulo João, que escreveu, no Apocalipse 12:11: "E eles — os verdadeiros santos do oriente e do ocidente — o venceram por causa do sangue do Cordeiro e por causa da palavra do testemunho que deram."

O *sangue do Cordeiro* é a essência, ou "Espírito" do Cristo cósmico, Sua pessoa e Seu ensinamento, ambos negados ao povo durante milhares de anos por falsos Cristos e gurus, falsos pastores e profetas — impostores em todos os campos de ação, Igreja e Estado, e nos governos e economias das nações. Agora, através dos mestres Ascensos e seus mensageiros, o conhecimento do Senhor e dos mistérios divinos, mantido nos retiros da Grande Fraternidade Branca até o momento oportuno, está sendo revelado para que todos vejam e conheçam a verdade que os libertará.[6]

A palavra de seu testemunho é sua testemunha junto à amada presença do Eu sou — nosso Deus conosco — e seu exercício, através Dele, da ciência da palavra falada por meio da qual a prece, a meditação, os decretos dinâmicos e a comunhão com o Senhor, Seus filhos e filhas tornam-se instrumentos eficazes do Cristo universal e Seu labor sagrado.

São eles que têm o testemunho de Jesus Cristo,[7] trazido à nossa lembrança pelo Espírito Santo nos ditados dos mestres Ascensos aos mensageiros. As preces, mantras e decretos que provêm do Verbo — até mesmo o AUM (OM) sagrado, o som universal e a sílaba da Mãe divina — pronunciados sob a dispensação dos mestres Ascensos por seus discípulos não ascensos, constituem os meios através dos quais os portadores de luz vencem a tirania do mundo e o culto idólatra dos arqui-impostores da humanidade (anjos caídos encarnados em nosso meio) nas horas derradeiras do século XX.

Esta Grande Vitória, seguindo-se à "Grande Tribulação", é decretada por Deus Todo-poderoso como o advento dos mestres Ascensos e seu oferecimento do Evangelho Eterno aos portadores de luz de "toda a nação, e grupo, e língua e povo".[8] O ensinamento de Jesus Cristo e de Saint Germain diz que devemos tornar nossos todos os decretos divinos, profecias e aliança das escrituras do SENHOR, e então mantermo-nos com firmeza para contemplarmos a salvação do nosso Deus.

Como salvadores de judeus e cristãos, de muçulmanos, hindus e budistas, zoroastristas e confucionistas — bem como daqueles que lutam e cujo labor sagrado é sua religião na divindade — Jesus Cristo e Saint Germain proclamam que o Messias já chegou na pessoa do Santo Cristo pessoal de cada um, cuja sede da consciência e da autoridade nos filhos de Deus está investida na Chama Trina, na centelha divina da Trindade, selada na câmara secreta do coração.

Jesus, o Filho do homem que encarnou esta luz não exclusiva/oni-inclusiva do Filho de Deus, veio ensinar-nos o caminho do Cristo encarnado não apenas em si mesmo, mas como herança de todo filho e filha de Deus. Assim, nosso irmão, amigo e verdadeiro salvador de nossas almas da morte e do inferno cumpriu a lei e os profetas,[9] cuja senda revelou a progressiva concessão de poder pelo mesmo verbo que alcançou sua culminação na ressurreição e ascensão de nosso SENHOR e de todos que o seguiram na senda da regeneração da alma.

Na verdade, e na verdadeira ciência da religião que ele ensinou, toda a humanidade pode e deverá declarar, com o Filho Abençoado de Deus, "EU SOU — Deus *em mim é* — o caminho, a verdade e a vida,"[10] e compreender que o EU SOU O QUE EU SOU, o SENHOR Deus que neles habita, que é, foi e para sempre será o caminho, a verdade e a vida.

———

Os retratos de Jesus e Saint Germain foram pintados por Charles Sindelar, famoso artista e ilustrador norte-americano das décadas de 1920 e 1930. Jesus Cristo apareceu ao artista durante 22 madrugadas consecutivas, às duas horas, e a imagem do mestre costumava aparecer também ao longo do dia, tanto na tela como na placa de água-forte, distraindo-o de seu trabalho, até que ele seguiu o conselho de um amigo, "pinte aquilo que viu".

Após cinco dias de trabalho incessante, o retrato estava concluído. Charles Sindelar não ficou satisfeito com a imagem da boca; portanto, na quinta noite, às duas horas da madrugada, Jesus retornou, até que o artista houvesse aperfeiçoado na tela o retrato de seu mestre que estava à sua frente.

O MESTRE ASCENSO JESUS CRISTO

O mestre Ascenso Saint Germain

Os mensageiros atestam que o retrato de Jesus é exatamente igual ao mestre como este aparecia a ambos nos retiros da Fraternidade, em seus lares e no altar, durante os ditados. Eles confirmaram que o retrato de Jesus o representa tal como ele apareceu no Retiro do Royal Teton, "em consulta com Saint Germain e o mestre de Grande Estatura de Vênus".

Vários anos após a conclusão do quadro de Jesus, Saint Germain apareceu a Charles Sindelar na presença de Guy Ballard, e o artista concluiu o retrato enquanto o mensageiro servia de âncora para sustentar o campo de força e a presença eletrônica de Saint Germain. Novamente os mensageiros afirmaram que este retrato de Saint Germain é, na verdade, o do mestre Ascenso que é seu patrocinador e patrocinador dos Estados Unidos e de todas as nações da Terra.

Ele é conhecido dos devotos da liberdade no planeta Terra há mais de setenta mil anos, e seu grande amor e sacrifício possibilitaram que as evoluções da Terra utilizassem a chama violeta para a transmutação de todas as energias mal qualificadas da consciência humana, que se interpõem entre a alma e sua salvação, a *elevação pessoal*, por meio do Cristo personificado em Jesus, o Salvador, a plenitude do verbo encarnado.

Os mestres Ascensos Jesus Cristo e Saint Germain deram sua vida e deixaram-se representar nestes retratos como um presente jubiloso e gratuito para a salvação da terra e suas evoluções, e "porque a terra se encherá do conhecimento do SENHOR (a presença do EU SOU) como as águas cobrem o mar".[11] Nem os mestres nem seus retratos podem ser limitados a qualquer credo, religião, doutrina ou dogma, nem tampouco seus nomes podem ser invocados para selar qualquer interpretação particular da lei ou das escrituras.

Esses abençoados mestres Ascensos são o amigo, guia, instrutor, conselheiro e consolador íntimo no caminho da vida, caminhando de mãos dadas com os portadores de luz nesta era. Todos que a eles recorrerem em nome do EU SOU O QUE EU SOU serão abençoados com uma manifestação imediata de sua presença eletrônica — a plenitude de seu corpo de luz palpável, focalizado no tempo e no espaço, no interior da aura de seu discípulo.

O devoto pode visualizar a si mesmo com a mão direita na mão de Jesus e a esquerda na mão de Saint Germain. Invocando esses grandes precursores das doze tribos de Israel, o devoto da verdade poderá conhecer com a certeza da lei cósmica, pela qual o chamado realmente compele a resposta, que esses mestres Ascensos jamais o deixarão, enquanto ele permanecer obediente aos princípios e à prática da verdade, da vida e do amor, à lei do Um, e à chama interior de Deus, o EU SOU O QUE EU SOU.

A Chama Trina da vida

Livro Três

Uma trilogia sobre
A Chama
Trina da vida

A alquimia do poder,
da sabedoria e do amor

Saint Germain

Sustentai estas três, a fé, a esperança e a caridade;
mas a maior das três é a caridade.

CAPÍTULO 1

Poder

Homens e mulheres nobres, a persistência é reconhecida como uma qualidade que resulta da manifestação de algum aspecto da perfeição. A coragem que os homens exteriorizam agarrando-se firmemente a um determinado *momentum*, em face de todas as tentativas de impedir sua manifestação, é um traço de beleza, uma alegria para todos os corações e maravilhosa de se contemplar.

A simples ideia do poder em si mesmo promove o regozijo nos corações dos homens. O poder do universo retratado nos céus revela aos homens aquele aspecto aparentemente remoto de Deus, pelo qual anseiam suas almas, mas do qual parece impossível aproximarem-se. A esperança, juntamente com o elemento da fé, permite aos homens liberar um determinado nível de poder em seus mundos, bem como sujeitá-lo a seu controle.

A. *Definição de poder*

Ora, o poder assume inúmeras formas: violações desfiguram a sua utilização, enquanto que a virtude o acentua. Tiranos o exploram, e a política e a religião têm sido moldadas em torno da estrela do poder, cintilando no firmamento da sociedade.

Os tipos básicos de poder são a energia física, mental, emocional e espiritual em suas inúmeras formas. Existe o poder elétrico, químico, nuclear, elementar e cósmico; e existe o poder temporal, constituído pelas influências sociais e as pressões da massa, pela autoridade religiosa e governamental. Entrementes, o poder cármico afeta o status de cada indivíduo, bem como sua mestria e progresso.

Todo poder é inter-relacionado: uma parte dele é armazenada, outra parte é estática, outra ainda é dinâmica e está sujeita a um ritmo acelerado de declínio. Todo poder está sujeito a duas qualificações primordiais sob a classificação da relatividade: divina e humana, ou universal-cósmica e transitória-material.

A cruz de Malta, emblema de minha dedicação à causa da liberdade, constitui uma forma-pensamento equilibrada, que pode ser utilizada para ilustrar as qualificações do poder. Como muitos percebem, uma cruz simboliza o encontro de dois planos de consciência — a barra horizontal representa o plano da consciência humana, o plano do ego, e a barra vertical representa as energias de Deus descendo da esfera do Espírito para os quadrantes da matéria.

O centro onde ocorre a interseção das duas linhas é o ponto (orifício) por onde as energias dos céus são liberadas para a terra; e, na verdade, é neste ponto — que efetivamente é o ponto da qualificação do poder — que essa grande vigilância deve ser mantida por todos que utilizam o poder em seus variados aspectos, incluindo suas formas orgânicas e inorgânicas.

O poder da própria fala — poder da palavra falada e poder do verbo, seja através da pena ou da espada — transforma o rumo da história e altera as vidas daqueles que são afetados por ela. Seja qual for o uso ou abuso subsequente, os fios emaranhados do poder sempre fluíram, simbolicamente e na realidade, a partir do orifício da cruz.

A cruz de Malta é um símbolo de perfeito equilíbrio — tanto no alinhamento dos quatro planos da matéria (e das quatro forças cósmicas daí resultantes) quanto da expressão interna e externa do Espírito de Deus no âmago de suas almas.

Assim, a cruz de Malta ilustra o surgimento da energia da luz e da consciência que vem do alto (por meio do braço norte) para a manifestação no mundo da forma da onipotência, onisciência e onipresença de Deus (através dos braços oeste, sul e leste, respectivamente). E, como veremos em breve, neste intercâmbio cósmico entre Deus e o homem, a luz universal cintila "no alto como embaixo" à direita, à esquerda e no centro, em um equilíbrio perfeito de poder, sabedoria e amor.

Abençoados, é fácil complicar aquilo que é simples, mas frequentemente é mais difícil simplificar aquilo que, na verdade, é complicado. Procurarei fazer isto para vocês neste estudo. Tenham em mente que, ao iniciar o estudo da aritmética, a criança está lidando com somas simples e com o concreto; em seu mundo de contagem dos objetos, ela pouco percebe das redes intrincadas dos logaritmos e das equações abstratas.

Assim, o homem deve compreender que o aperfeiçoamento da alma em Deus deve levar em consideração o treinamento do homem-criança e o fato de que os chamados berços da "negação" (por exemplo, compartimentos no mundo da forma) têm sido criados como salas de aula ou escolas para testar a alma, onde a transmutação e as transformações nobres podem ser efetuadas, resultando em uma expansão da chama da liberdade, da elevação de todos os filhos da liberdade para a totalidade de sua identidade e masculinidade divina.

Simplificando o entendimento da liberação do poder, será mostrado que os corpos do homem, quatro por definição, constituem receptáculos deste poder. Assim, seus "envoltórios da consciência", etérico, emocional, mental e físico, são recipientes da descarga do poder, que é liberado através do padrão eletrônico da cruz de Malta.

Para os fins deste estudo, o melhor é considerarmos o alvorecer, o princípio de cada dia, como o ponto de origem arbitrário para a liberação do poder, no qual a percepção autoconsciente mais uma vez inunda o altar da individualidade e os homens recomeçam a pensar e a perceber. Pois esta também é uma utilização do poder, conquanto constantemente mal qualificada pela negligência.

Nos dias de hoje poucas pessoas estão cientes do nível do poder que Deus conferiu ao homem, através da dádiva da consciência. Poucos percebem que possuem o poder da focalização e da intensificação, exercitando adequadamente sua atenção por meio da consciência individual; tampouco percebem que a ação interpretativa e discriminatória do Eu divino permite-lhes tornar firmemente as rédeas do poder, assumir o controle de suas vidas e deixar-se distrair menos pelas responsabilidades sociais e cármicas que lhes são impostas diariamente.

B. *Autodomínio, as suas rédeas do poder*

A afirmação feita sobre os idosos, "Melhor é o longânime do que o valente, e o que governa o seu espírito do que o que torna uma cidade"[1], deve ser compreendida. Se assim fosse, mais adeptos e mestres surgiriam a cada geração, a fim de tornar as rédeas do poder sobre si mesmos e sobre seus mundos.

Trata-se de um ato de profunda compaixão pela lei universal e pelo amor universal adquirir o domínio sobre o eu finito. Quando isto acontece em suas vidas, e deverá acontecer quando a lei tornar-se conhecida, vocês perceberão que não poderão continuar a ser um neófito e ainda assim ser um mestre. Embora vivam no plano da consciência humana, vocês não devem submeter-se às suas depredações.

Visto estar o mundo repleto de mentes ociosas, e as "mentes preguiçosas", mesmo quando habitam uma consciência dedicada, são muitas vezes instrumentos da força sinistra ("oficina do demônio", como dizem), cabe ao estudioso da verdade mais profunda reconhecer que só ele pode e deve governar seu próprio mundo, por meio do correto uso do poder.

Nesta esfera da coexistência cósmica, onde as energias do macrocosmo e do microcosmo fluem como uma só, existe a liberação diária de grandioso poder da divindade e subsequente abuso deste poder pela humanidade. Alguns homens observam os abusos perpetrados por outros e reagem com abuso igual ou maior de poder; assim, graduam seu poder de acordo com as qualificações do poder feitas por indivíduos e pela sociedade. Isto não é ação, mas reação.

Outros, às vezes consciente e deliberadamente, outras vezes, impensada ou inconscientemente, geram formas-pensamento e emanações áuricas discordantes de seus seres, desencadeando a atividade de maus hábitos e impulsos. Gostaria de listar alguns desses abusos de poder para que vocês possam perceber como as pessoas se tornam instrumentos inconscientes de qualidades sutis de negação, e como assimilam, amplificam e descarregam esta substância nociva na atmosfera planetária.

Em primeiro lugar, sobrevém o tédio, um estado de espírito de indiferença, no qual tudo parece inteiramente inútil para o indivíduo que não consegue enxergar, para além da vaidade deste mundo, a realidade do próximo. Neste estado de privação, semelhante ao vácuo, os homens despojam as suas almas de toda vitalidade.

Então sobrevém a insatisfação, na qual os homens avaliam a própria evolução ou a sua ausência e, com a desonestidade da personalidade ou a autoilusão, relutam em admitir seu papel na criação das próprias fraquezas. Ao contrário, realizam uma transferência de responsabilidade para os outros, culpando-os por seus próprios fracassos ou falta de progresso. Frequentemente realizada em níveis subconscientes, esta artimanha da mente carnal continua a ser a principal causa da estagnação pessoal.

Assim, inúmeros são também os tipos de medo. Uma de suas formas mais devastadoras, para a qual desejo chamar-lhes a atenção, é aquela que até mesmo os mais sinceros ocasionalmente atribuem à divindade — dada a propensão dos homens de moldar seus deuses à sua própria semelhança. É a qualidade inteiramente humana de ter caprichos, proveniente de uma profunda insegurança.

Embora eles mesmos tenham uma natureza caprichosa, não podem suportar a ideia de estarem sujeitos a um Deus caprichoso. Portanto, concluem — por motivos obscuros e desconhecidos — que suas correntes de vida não contam com a aprovação do universo e devem retirar-se deste. Em seu estado de espírito ansioso, podem tender para as formas agressivas de rebeldia, ou podem assumir uma atitude servil, na qual toleram facilmente os sentimentos de letargia, depressão e desesperança.

Existe a vibração da dúvida, que também abordaremos. A dúvida provém do medo e de uma falta de autoconhecimento real, enquanto a dúvida de si mesmo, na forma de desconfiança dissimulada, dissimula as próprias dúvidas quanto às outras pessoas. Alguns, que se consideram destemidos e possuidores de conhecimento maior do que de fato possuem, talvez não aceitem esta afirmação. No entanto, afirmarei a verdade dessas palavras; e, quando, à luz da compreensão maior, os homens afastarem a própria ignorância, suas dúvidas também desaparecerão.

Mas os homens devem se dar um tempo suficiente para alcançarem isto. Como disse o mestre, "É na vossa paciência que possuís as vossas almas."[2]

Ora, existem muitas outras características e influências que poderíamos abordar aqui, mas não desejo prolongar a enumeração dos traços negativos presentes na espécie humana. Ao contrário, gostaria de ressaltar, tornando como base uma análise completa daquelas que listei, que os abusos do poder pela humanidade são produzidos, primordialmente, como resultado de sua ignorância e incompreensão das leis que governam o fluxo e utilização da energia.

Ademais, para as grandes massas que habitam o planeta, às quais é negado até mesmo o conhecimento rudimentar da ciência do carma, é um tanto difícil explicar os ciclos da reencarnação, que predeterminam o retorno do poder mal utilizado para aquele que o empregou.

O horror com que alguns, que afirmam ser religiosos, encaram qualquer doutrina não aprovada pela igreja de seus pais constitui um grande peso sobre seus ombros. Como são desventurados! Pois, se quiserem libertar-se dos grilhões de um dogma ancestral, terão de abrir de par em par as portas de suas mentes, sem medo e sem preconceito.

C. *Unidade da vida, quatro corpos inferiores*

Agora é preciso acalentar a ideia de que toda a vida é uma só, e que o abuso de poder por parte de qualquer membro do corpo terrestre exerce seus efeitos sobre todos. Contudo, da mesma maneira, o uso correto de poder por qualquer habitante do planeta traz suas bênçãos para todos.

Poder é energia. A energia armazenada no corpo físico pode ser avaliada como a soma total de energia de todas as células do corpo. Quando esta energia é desperdiçada, torna--se necessário instilar novamente, de alguma maneira, energia nas células, a fim de renovar o poder do corpo.

Instilar energia nova e vital nas células físicas, quando estas já estão sobrecarregadas com acúmulos de substância de qualidade negativa (depósitos residuais de poder mal utilizado, através de pensamentos e sentimentos imperfeitos), é anular parcialmente o fluxo de energia do corpo. Isto pode causar fadiga, ou perda de poder, o que, se não for controlado, acabará resultando na assim chamada morte — a cessação do fluxo de poder da presença para a forma física.

Pensem no valor que existe em expulsar essas acumulações através da eletrônica espiritual! E então desenvolver, gradativamente, a luz nos quatro corpos inferiores, pela alquimia quádrupla da cruz de Malta — e pela ciência da palavra falada!

Assim, é fundamental compreender o relacionamento dos quatro corpos inferiores, à medida que for sendo reconstruído o templo do homem, na qualidade de arquiteto sagaz.

O corpo mental interpenetra o corpo físico, assim como a água interpenetra uma esponja. Dotado de seu próprio reservatório de poder, ele não depende do corpo físico, exceto como ponto focal para o fluxo e distribuição de poder. No entanto, os quatro corpos inferiores do homem estão de tal modo inter-relacionados que, se o corpo mental quiser atuar em nível ótimo de eficiência, os outros três corpos terão de estar em perfeito alinhamento com o primeiro e entre si.

As densidades encontradas pelo corpo mental no corpo físico — tais como resíduos nocivos de nicotina, drogas e alimentos impuros, ou mesmo a substância do medo, da dúvida e da rebeldia mental, acumulados desde vidas passadas — bloqueiam as células cerebrais e aprisionam a luz do átomo, obstruindo efetivamente o livre fluxo da luz para a consciência física, prejudicando a função das faculdades mentais.

Quando mal utilizado, o poder do corpo emocional torna-se o mais violento e volátil dos quatro corpos inferiores. Quando agitadas por sentimentos indisciplinados, essas energias emocionais tendem a desencaminhar os homens no seu pensamento e nas suas ações.

O fluxo do poder para o corpo mental também é fortemente sujeito ao poder do corpo etérico, ou da memória. No repositório da memória, os registros de todas as ações passadas no presente e de encarnações anteriores constituem um registro eletrônico de considerável peso e influência.

O poder deste registro, juntamente com os *momentums* gerados pelo mau uso da energia, representam uma pressão sutil, que afeta o momento atual para o bem e para o mal (relativamente falando), a menos que sejam colocados sob o controle do poder equilibrador da grande chama divina, no interior do coração — a centelha imortal de poder, sabedoria e amor.

D. A cruz de Malta, símbolo do poder controlado por Deus

A cruz de Malta, símbolo do perfeito equilíbrio da chama de Deus, "assim na terra como no céu", fornece uma matriz de pensamento e energia, por meio da qual os efeitos nocivos do carma pessoal e planetário podem ser controlados e o poder da virtude liberado em seu lugar, de modo que o uso do poder pela humanidade não possa mais corromper a vida na terra.

Diz-se que "o poder tende a corromper e o poder absoluto corrompe inteiramente."[3] O poder pode ser utilizado como o arco do Arqueiro Infinito, para lançar uma seta de perfeição no âmago da meta de felicidade do homem. Como a busca da felicidade constitui um tesouro apreciado, todos aqueles que gostariam de usufruir permanentemente desse tesouro podem considerar a cruz de Malta como uma simples forma-pensamento, por meio da qual grandes verdades podem ser reveladas, para a bênção de todos.

Contemplando a cruz de Malta colocada à nossa frente, vemos que os quatro braços simétricos que partem do centro têm uma forma triangular, larga na parte externa, com um formato em leque.

O braço superior, ou norte, que desce até o centro, lembra o recipiente superior de uma ampulheta. Na verdade, trata-se de um funil, através do qual as grandiosas energias de Deus — o poder de Deus — descem para a taça (o cálice) do ser. A ampla abertura lembra-nos das energias infinitas da fonte, e da capacidade de Deus transmiti-las ao homem. Portanto, sabemos que não precisamos aceitar nenhum tipo de limitação — seja ao receber ou dar a luz ilimitada do cosmo.

O ponto de qualificação no centro da cruz indica que vocês sempre devem estar decididos, conscientemente, em seus corações e em suas mentes, a qualificarem sua energia concedida por Deus com a pureza da intenção divina e com as virtudes de sua identidade crística. Vocês não precisam ser fracos ou deixarem-se enfraquecer, quando enfrentarem as ondas de energia discordante — sejam suas ou de outrem. Tampouco é necessário serem rudes em sua recusa do erro humano; pois não é a pessoa, mas a energia impessoal, mal direcionada pessoalmente, que deve ser desafiada.

Portanto, estabeleçam-se em uma consciência firme e inflexível, que rejeita o mal como a mentira das más qualificações do homem; e à medida que vocês inspirarem a essência do fogo sagrado, "flor do poder", decidam-se a eliminar desta mentira seu poder negativo, que se manifesta como espinhos da agressão.

Forçoso é reconhecer que, ao descer de Deus para o homem através do braço superior, estreitando-se no funil para fluir até o cadinho do ser, no ponto da cruz, a energia-ação atravessa o nexo e se abre para os três triângulos inferiores, manifestando-se na forma de poder, sabedoria e amor no mundo da forma material.

Assim, as energias infinitas de Deus são moldadas pelas qualificações da atenção que o homem concentra no coração da cruz — sede de sua mente consciente. Por este meio, o poder solidifica-se no mundo físico, tornando a forma de pensamentos, sentimentos, ações e da palavra falada do homem, estando a liberação de seu ser potencial inteiramente dependente da motivação e da vontade de sua consciência.

CRUZ DE MALTA:
FOCO DE DISTRIBUIÇÃO DE ENERGIA
DO ESPÍRITO PARA A MATÉRIA

Macrocosmo — "Lado iluminado da vida"

Energias do espírito
descem através do

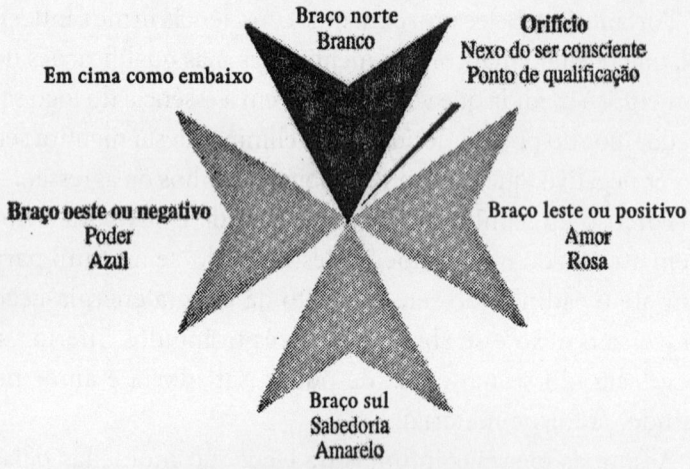

Braço norte
Branco

Orifício
Nexo do ser consciente
Ponto de qualificação

Em cima como embaixo

Braço oeste ou negativo
Poder
Azul

Braço leste ou positivo
Amor
Rosa

Braço sul
Sabedoria
Amarelo

Energias do Espírito coalescem como matéria
através dos
três braços inferiores

Microcosmo — "Lado sombrio da vida"

Esquerda-direita
Ação "Atiradeira"

O equilíbrio entre o braço superior, que recebe as energias do Espírito, e dos três braços inferiores, através dos quais as energias do Espírito aglutinam-se na matéria e como a matéria, promove a manifestação harmoniosa do poder de Deus "Em cima como embaixo", dos planos da causalidade primordial para o efeito físico, como ensina a ciência hermética.

Se a qualificação que o homem faz de seu quociente de energia espiritual liberado pelo cordão de cristal, da presença do Eu sou para o chakra do coração, mantivesse sua pureza desde o momento de sua entrada no cadinho da consciência, tudo que encontra manifestação no microcosmo refletiria a perfeição do macrocosmo. Pensem nisto!

As energias dos três braços inferiores, estendendo-se em leque, numa ação equilibrada a partir do centro da cruz de Malta, procedem, então, do plano do Ser puro para a fase da forma, ou ação, da Chama Trina. O poder (no braço esquerdo) retém a polaridade negativa, a menos e até que seja qualificado com a polaridade positiva do amor divino (no braço direito). Analise detidamente esta afirmação!

Ora, o braço esquerdo da cruz denota a carga negativa, ou menos, da energia espiritual, caracterizada pela chama azul do poder. O braço direito indica a carga positiva, ou mais, caracterizada pela chama rosa do amor. E o braço inferior, indicando o eixo central do lado menos e mais, caracteriza-se pela chama dourada da iluminação, que dota os polos positivo e negativo com a direção e o propósito da sabedoria de Deus.

Portanto, tudo que se encontra abaixo no microcosmo pretende constituir uma manifestação tríplice do fogo sagrado que desce do Alto no macrocosmo.

A energia liberada pela divindade, a estrela D'alva do Alto[4] — ímã do poder, ou a presença do Eu sou, cintilando nas oitavas da perfeição — assim que entra nas oitavas inferiores da matéria, assume o polo negativo do ser, naquilo que é chamado de lado sombrio da manifestação. Este é o lado menos da vida, no qual o lado mais do potencial liberado pelo Espírito adentra a qualificação material.

As energias depositadas no Espírito, quando precedidas pelo pensamento correto no braço esquerdo, ganham o ímpeto para a virtude divina, pelo poder da coesão e atração do amor, à medida que estes vão sendo liberados para a ação, através do braço direito. Esta ação direita-esquerda, "avanço-retrocesso", pode ser ilustrada por meio do princípio da atiradeira, através do qual a pedra é afastada do Y, em um impulso negativo, para assegurar o impulso necessário do poder, atingindo o alvo através de uma liberação positiva.

Você deverá lembrar-se do que está escrito no primeiro capítulo do Gênesis, que o SENHOR Deus fez "os dois grandes luminares: o maior para governar o dia, e o menor para governar a noite".[5] O braço norte da cruz representa o lado iluminado do ser, e os três braços inferiores, o lado sombrio.

O braço esquerdo da cruz de Malta, braço negativo da Trindade *na forma,* por si só simboliza o lado negativo da vida, no qual os três braços inferiores estão suspensos. Então, é igualmente o braço esquerdo que denota a natureza física do homem, na qualidade de berço, ou cadinho, o qual Deus inunda com seu poder, condensação da intensidade ígnea de sua luz.

Ele age desta maneira na esperança de que o homem eleve-se acima deste berço/cadinho e transcenda o mundo da experiência, que o alquimista percebe como o lado sombrio da vida, densificação temporal do Espírito, laboratório na matéria, onde ele é obrigado a comprovar as leis científicas do ser, a fim de retornar à morada permanente do Espírito. É a partir das densas esferas deste mundo da experiência que os hindus chamam de mundo de *maya,* que a alma do homem deve elevar-se, "purificada e tornada alva", até a pureza da grande centelha de seu ser, do grande Deus.

A cruz de Malta tem outro significado. Quando a perfeita integração de Deus e do homem torna-se completa, sobrevém um efeito de queimadura do sol, irradiando a luz do ponto no centro da cruz. No interior do círculo cósmico da totalidade no ponto que simboliza a individualidade, concentra-se o equilíbrio de Espírito e matéria, unidade divina de todos os planos, união do Deus Pai/Mãe, preenchendo as espirais de Alfa a Ômega.

Através do sagrado coração da alma, que desposou o Cristo universal no casamento alquímico, a luz desce, a luz brilha!

Deus na verdade é o Tudo-em-Todos — não apenas em princípio, mas também na aplicação prática! Pois este Deus, cujo Cristo, nas palavras de Paulo, é tudo e em todos, é o Tudo--em-Todos no seio da manifestação individualizada, feita à sua imagem e semelhança.[6] Assim é a plenitude do reino de Deus, conferido a seus filhos e filhas — através do padrão da cruz de Malta encontra-se o conceito de "Teu é o poder" realizado!

O poder de Deus, assim como sua luz/energia/consciência, é confiado a cada homem. E é através da utilização correta deste poder, de todas as maneiras — de acordo com as leis espirituais/físicas da alquimia, que anuncio aqui a vocês, *parcialmente,* deixando o restante para sua comunhão mística com o cosmo — que o homem, sem dúvida alguma, pode vir a compreender melhor o universo e obter a vitória da vida eterna.

Percebo que minhas obras sobre alquimia afiguraram-se decepcionantes para alguns discípulos em razão dos níveis impróprios de expectativa. Na verdade, alguns ficaram até mesmo obcecados com a ideia de que eu iria lhes dar alguma fórmula taumatúrgica, por meio da qual, traçando alguns sinais cabalísticos no ar e recitando *a* palavra ou as palavras secretas, pedras preciosas e até mesmo dinheiro, iriam materializar-se em suas mãos, como se "saídos do nada".

Não tenho dúvidas de que, se isto fosse proporcionado a todos, seria o maior abuso concebível de poder, tanto de minha parte quanto da parte do próprio universo; porquanto, se os homens acreditam ter responsabilidades cármicas na utilização deste poder, de que já são possuidores, eles devem considerar, por um instante, as responsabilidades que teriam se este poder fosse aumentado!

Assim, não peçam tanto um aumento do poder, mas uma maior compreensão da maneira de usar este poder que já possuem, e observem como o universo, em toda a sua grandiosa sabedoria, explodindo de vontade de conceder-lhes o frescor vital do Ser, irá conferir-lhes, pela apreensão direta, aqueles segredos alquímicos que irão assegurar-lhes não o *abuso* constante, mas o *uso* correto e glorioso do poder de Deus, até a salvação para todos! Que a paz de Deus esteja com vocês enquanto nos unimos na liberação do entendimento maior, em seu domínio sensato da chama da iluminação.

Seu obediente amigo da liberdade,

Saint Germain

✠

CAPÍTULO 2

Sabedoria

P ara os preciosos discípulos do Cristo e seus mistérios, ofereço o Graal de nosso Senhor. Ouçam bem, para não passarem por cima do que não foi dito, do que não foi escrito — o mais importante. Portanto, em sua autodescoberta, saibam também que nós somos um.

A. *Definição de sabedoria*

A sabedoria é a própria chama da iluminação sagrada de Deus e é a ela que dedicamos esta parte de nossa Trilogia. A advertência milenar "A sabedoria é a coisa principal: adquire, pois, a sabedoria; sim, com tudo o que possuis, adquire o conhecimento"[1] relaciona-se com a aquisição da sabedoria *divina*.

Permitam-me estabelecer aqui a diferença entre sabedoria e conhecimento. Existem homens e mulheres capazes de reter com facilidade frases de trechos inteiros de peças, e de dizer estas frases diante de uma plateia considerável, com grande esmero e impacto dramático. Estas mesmas pessoas não saberiam o que fazer se fossem convidadas a escrever a peça ou reunir as palavras e ideias que concretizam sua continuidade.

Assim, não basta possuir simples conhecimento, baseado no poder da memória de reter experiências. A memória por si só não assegura ao homem a utilização ou liberação adequadas de conhecimentos armazenados no exato momento em que são necessários, nem tampouco garante à humanidade o exercício do julgamento ou da sabedoria apropriados, quando os fatos encontram-se disponíveis.

B. *Reencarnação — princípio básico no Arco do Ser*

Bem, como já disse anteriormente, seria extremamente útil se a mônada humana evitasse o prejulgamento em questões de doutrina cósmica, e seria ainda melhor se pudesse aceitar universalmente a realidade da reencarnação. Porquanto é na aceitação deste fato da vida que ela irá verdadeiramente compreender a sabedoria dos séculos e, mais facilmente, sua própria razão de existir.

Para pessoas de qualquer época é extremamente difícil observar, nos anos comparativamente escassos de vida, uma série de acontecimentos relativos à personalidade individual, e conseguir julgar o mundo no qual vivem e a sociedade de onde retiraram a perdição e a bênção, para então conseguirem perceber questões relativas ao espírito e avaliá-las acertadamente.

Com a compreensão e aceitação corretas de sua própria reencarnação, o indivíduo desenvolve uma percepção cósmica da continuidade do ser — passado, presente e futuro — e está mais bem equipado para enxergar, por trás dos efeitos superficiais das circunstâncias atuais, causas pessoais subjacentes que remontam à poeira dos séculos.

O simples fato de faltar aos homens a lembrança consciente de uma existência anterior não nega a validade desta verdade. Muitos experimentaram a sensação repentina de já terem feito antes algo que estão fazendo pela primeira vez nesta vida. Outros recordam-se, num lampejo de reconhecimento *(déjà-vù)*, que já viram um rosto ou lugar anteriormente. Então, naturalmente existe o "amor à primeira vista", que pode ser explicado como o reconhecimento da alma de existências pregressas ou a consciência interior.

Muitos analisaram com interesse a incidência do gênio (que alguns chamam de "dom" ou "talento") na arte, na música e nas ciências, ou outras aptidões que surgem em idade precoce, indicando a continuidade, pela alma, da linha interrompida de identidade. Médicos da atualidade observavam a diferença de personalidade de bebês no dia de seu nascimento. E em todo o mundo histórias fascinantes têm sido documentadas, falando da lembrança de cenas vivas e experiências de uma existência anterior.

O homem tem se mantido, justificadamente, cético quanto a alguns destes fatos, no entanto, a verdade revela-se não como uma pseudociência, mas como a própria ciência do Ser, infinita. Pensem em quão gloriosa, quão repleta de esperanças pode ser a vida para todos os que avistarem diante de si não a morte, mas apenas a autotransformação como a alquimia da mudança positiva! — para todos os que percebem, na lei da reencarnação, uma oportunidade para aqueles que demoram a aprender e para os rebeldes recuperarem-se, com uma nova dignidade, das máculas de seus erros, elevando-se finalmente do mar astral da identidade, do pântano pessoal da mortalidade, para o alvorecer da eterna esperança e coroação da vida vitoriosa!

Um mundo criado para ser a plataforma de bilhões de correntes de vida, todas criadas como simples mariposas destinadas a caírem na chama e a serem consumidas, um mundo que constitui um caleidoscópio de cenas de transformação e de ideias vagas, sem estabilidade, em um oceano infinito de nebulosas rodopiantes e gases turbilhonantes, que não oferece promessas para os filhos do Sol, exceto comer, beber, ser feliz, e morrer como um mortal.[2]

É espantoso que os homens tenham aceitado qualquer religião, quando a questão da reencarnação é negada pelas religiões e muitos de seus líderes! Sabem, foi eliminando este ensinamento dos chamados mistérios da Igreja primitiva que passaram a existir as graves distorções das metas da vida, tanto na Igreja quanto no Estado, que desafiam a sociedade até os dias de hoje.

Quando a sabedoria de Deus é conferida ao homem, ela o torna consciente do fato de que a soma total de tudo que ele é — gostando ou não — é o resultado de seus próprios feitos. Ele percebe instantaneamente a necessidade, bem como o poder, de transformar seus caminhos e alinhar-se com a lei cósmica.

A fé em Deus cresce; pois a esperança une-se à fé, e os erros pessoais do passado parecem passíveis de correção no momento presente. A compreensão dos atuais fracassos mostra que estes constituem o resultado de atitudes equivocadas, do erro humano, e não de uma resistência deliberada à vida. E homens e mulheres mais uma vez obtêm permissão de adentrar a existência primordial e participar de um drama cósmico, no qual a sabedoria divina resulta em uma união de tamanha dimensão celestial que chega a atordoar a imaginação.

O maior dos foguetes, antigo e moderno, possui uma plataforma de lançamento, da qual é lançado para o céu. Assim acontece com homens e mulheres em sua busca da verdade cósmica. Da plataforma da existência atual eles devem buscar e encontrar os fios de luz cósmica que irão conduzi--los, através da porta dourada e para além, até as esferas etéricas onde cintila a chama da iluminação. Assim, através da fonte da sabedoria e também do estudo interior, aqueles que buscam e lutam devem aprender a ver Deus em ação em si mesmos, e devem pedir-lhe para assumir o comando de suas questões na Terra.

Quão imenso é o sofrimento que os cristãos têm suportado, por causa da eliminação deste ponto da verdade espiritual! Renegando a reencarnação, eles negaram às suas almas o princípio básico no arco do ser.

Existem alguns pontos delicados da lei cósmica que, em sentido relativo, não são tão importantes quanto este. O homem pode negar alguns pontos específicos sem sofrer em demasia a perda, mas negar a verdade da continuação de seu próprio ser — que se estende desde existências anteriores até seu futuro destino glorioso — é afastar-se da premissa básica da vida!

C. O eterno agora — portal para o futuro

O eterno agora é mais importante do que o passado ou o futuro. É o portal para o futuro e, ao mesmo tempo, é o elo da memória com tudo que atravessa o seio da experiência do homem.

Meus amados, a vida eterna *é* sabedoria divina, pois, com a aquisição de muitos fragmentos da vida eterna (segmentada em várias existências), o homem armazenou para si mesmo tesouros no firmamento do Ser.[3]

Da mesma maneira, as linhas gerais das universidades dos mestres Ascensos para treinamento de almas no caminho das iniciações de adeptos são firmemente determinadas, com base na grande lei da experiência — o registro cumulativo do grande corpo causal do universo. Essas linhas gerais são traçadas não apenas a partir de fatos da vida de um indivíduo e dos demais, mas a partir da rede de conhecimento empírico (bem como da gnose) proveniente das experiências de todos que adquiriram o domínio da Chama Trina no *continuum* tempo/espaço, ascendendo para dimensões superiores.

Uma das características mais importantes das universidades do mundo é o fato de constituírem repositórios para os inúmeros feitos da humanidade — registros da sucessão histórica e da evolução do pensamento — e, por meio de suas faculdades e bibliotecas, elas possuem os meios de comunicar este tesouro de conhecimento codificado, de modo que ele se torne parte da riqueza mental de seus alunos e da evolução do planeta.

Vejam bem, o universo inteiro é, de fato e na sua configuração, um depositário da lei cósmica; e o mais maravilhoso nesta universidade cósmica é que todos aqueles que desejarem poderão cursá-la e beber de sua fonte de conhecimentos!

Nos retiros da Grande Fraternidade Branca, uma das primeiras palestras proferidas pelos mestres em suas turmas de "calouros", a fim de corrigir os equívocos resultantes de um erro doutrinário comum, aborda a falsa convicção de que todas as coisas terminam com a morte.

Se a morte ou a enfermidade fossem permanentes, se a discórdia entre os homens, o pecado e a infelicidade permanecessem como uma mácula irremovível na alma, mestre do destino do homem, e suas influências não pudessem ser eliminadas agora ou depois, se a oportunidade da vida cessasse com a calamidade da morte repentina e inoportuna — se não pudessem ser escritos outros capítulos no livro da vida —, então o homem jamais poderia assimilar as bênçãos maravilhosas que lhe estão destinadas pela mente de Deus. Destino tão cruel não poderia ser concebido pelo Deus de amor, cuja misericórdia sobrevive além do túmulo.

Por meio da reencarnação da alma, seu retorno ao plano de causa e efeito, onde ela tem contas a saldar e desequilíbrios a resolver — além de mais poder, sabedoria e amor que devem ser liberados por seu coração, para as bênçãos de muitas correntes de vida —, o Deus de misericórdia oferece oportunidades para repetidas tentativas para que seja provado que toda morte e sofrimento, todo pecado e toda desonra *podem* ser dissolvidos nas chamas sagradas do Espírito Santo. Com a escolha correta e sua misericordiosa chama violeta, com o conhecimento prático da alquimia da palavra falada, as almas renascidas podem viver para amar novamente, forjar e adquirir sua imortalidade.

Em suas aulas, os mestres ressaltam, então, que a primeira e maior contribuição que Deus concede ao homem é o *dom da vida como um continuum* — identidade preservada através da centelha divina, a Chama Trina da vida. E a segunda, semelhante a esta, é *o dom do livre-arbítrio* no exercício do poder, da sabedoria e do amor — escolhendo, passo a passo, a vida eterna.

Infelizmente, as densidades e opacidades do mundo da forma, que envolvem a mente humana como uma máscara de imperfeição, ao longo de um sem-número de gerações têm roubado à humanidade seu direito inato à sabedoria espiritual e à experiência das glórias do dia infinito!

D. O reino etérico — camadas superior e inferior

Assim, permitam-me levá-los para novos níveis de consciência, onde confrontaremos determinados fatos ainda pouco conhecidos das pessoas em geral. Muitos têm refletido acerca da existência de outros mundos e de outras civilizações. Alguns especulam acerca da penetrabilidade da matéria e da simultaneidade dos campos de força no tempo e no espaço, por meio da qual outros mundos poderiam coocupar a posição desta terra abençoada, embora em outras dimensões.

Quando as leis das frequências e das emanações de ondas forem mais bem compreendidas pelos cientistas do mundo, os fatos desta realidade serão revelados. Nesta obra, tenciono explicar brevemente a esfera etérica.

Quando partem do mundo físico e dão o último suspiro que lhes foi concedido, os espíritos dos homens muitas vezes são levados para a esfera etérica (oitava superior do plano da matéria, correspondente a seu corpo etérico mais refinado, ou "mais puro"), que, para eles, tem a aparência sólida do físico.

Aqui estão as cenas da natureza, a beleza da terra, do mar e do céu, bem como as cidades e edifícios construídos à semelhança daqueles que existem na terra — verdadeiramente uma faixa de frequência inteiramente semelhante àquela que as almas que partem estavam acostumadas a ver na Terra — criadas para o seu conforto, e para a continuidade da sua consciência do eu, bem como da sua eventual transição para mundos mais além.

A oitava etérica possui inúmeras camadas, ou níveis de consciência. É possível afirmar que aqueles que a alcançam vivem em níveis divididos, pois movimentam-se entre as esferas, enquanto outros ficam ancorados em um setor específico.

Não nego que na esfera etérica inferior, que se sobrepõe ao plano astral que é mais denso, as forças negativas criaram focos que são amplamente responsáveis por grande parte das aflições atuais e passadas da humanidade. A partir destas entidades de massa, tentáculos de formas-pensamento sinistras e demônios estendem-se para controlar a humanidade, incluindo os filhos da luz, com elementos da discórdia humana, seduzindo-os, através do vício, à escravidão astral e à depravação desenfreada, que são ainda mais ampliadas e manipuladas, contra os próprios interesses das pessoas, pela falsa hierarquia do planeta (irmãos da sombra, impostores que se opõem às legiões da luz).

Tenham em mente que o homem e a mulher também são responsáveis por isto, pela sua própria criação rebelde. Devido à sua primeira separação da voz da verdade no jardim de Deus — uma escolha ditada pelo livre-arbítrio, pela qual são os únicos responsáveis — eles deram início às sequências de causa/efeito fora do círculo da unidade. E, desde então, seus filhos e os filhos de seus filhos têm colhido situações desventuradas e condições deletérias que afetam suas almas, suas vidas e suas famílias — de maneira ainda mais perturbadora quando, frequentemente, eles estabelecem contato com este nível etérico inferior, ou nível da "memória", no qual velhos males não transmutados reúnem-se como redes flutuantes e campos de força dos *momentums* negativos da humanidade.

Tais contatos são deflagrados por inúmeras situações habituais na vida cotidiana: tudo, de discussões familiares até a violência na TV, os filmes de terror, o rock, o uso de drogas e as conexões astrais por meio dos vícios, do jogo, das brincadeiras com espíritos, a utilização da feitiçaria ou ainda o endeusamento de personalidades de OVNIs e da ficção científica.

Embora sejam consideradas inofensivas, diversões inocentes ou "passatempos", tais atividades, bem como o eterno fascínio da humanidade por símbolos da morte e do sexo — temas favoritos dos jornais, das novelas, da propaganda subliminar e dos romances de suspense — mantêm suas energias aprisionadas no plano astral e os adeptos do controle, encarnados ou não, fazem do etérico inferior seu território.

A atenção é a chave; pois, para onde se dirige a atenção do homem para aí vai a sua energia, e ele nada mais pode fazer do que segui-la.

Filhos dos primeiros padrinhos da Terra, atenção! Se quiserem elevar-se em realização espiritual e na mestria divina das suas vidas, vocês têm de ir para a montanha de Deus e abster-se de todas as distrações de sua verdadeira individualidade, que provém do Ser universal.

Se quiserem transcender os planos do sofrimento da humanidade, a fim de ajudar seus semelhantes, vocês também devem estar dispostos a abandonar os prazeres dolorosos que — bem em seu íntimo — sabem estar destruindo sua alma, com o consentimento de seu próprio livre-arbítrio. E voltem a atenção para sua presença do Eu sou!

Os mestres Ascensos estimulam os compassivos a confrontar o *véu* astral (véu de energia) que envolve os incautos que estão constantemente sucumbindo diante dos quatro cavaleiros.[4] As ilusões mortais e os adeptos das artes ocultas, de que a raça é presa, devem ser desafiados pelo alquimista atento e pelos benfeitores espirituais da raça, os quais convoquei a prestarem serviço mundial como Guardiões da Chama, organizados na ordem fraternal por mim patrocinada.

Vocês poderão questionar por que chamo sua atenção para todas essas coisas. É porque suas almas clamaram pela liberdade e o Deus dos deuses enviou-me para dizer-lhes que só a encontrarão através de sua aceitação da verdade global e da sabedoria sagrada. Portanto, analisem bem minhas palavras neste pequeno livro, pois já tarda a hora e talvez nenhuma outra venha bater novamente na porta de seus corações.

Ora, se todos os níveis etéricos manifestassem a perfeição absoluta, vocês não acham, abençoados, que esta perfeição, tão próxima de sua própria memória e da memória do corpo planetário, não teria, já há muito tempo, transformado o mundo da forma, a tal ponto que apenas a perfeição poderia manifestar-se na Terra!

Portanto, para obter o realinhamento da alma com o Espírito vivo do Senhor, é necessário fazer correções constantes que ajustem a direção das velas pela bússola da vida — autocorreções de desvios maiores e menores da vida, que devoram pouco a pouco o espírito do homem, de sua companheira e de seus filhos. E é a melhor parte da sabedoria sagrada que revelo aqui, para que vocês possam participar da recriação dos mundos internos e externos, pela ciência da palavra falada, em parceria com as hostes celestiais.

Não permitam que os extremos de luz e trevas, do bem absoluto e do mal, aterrorizem quem quer que seja, pois, pouco antes de eu lhes falar ou de vocês lerem tais fatos, eles ainda existiam e tinham existido há séculos. Nossa preocupação é que, com a iluminação do Cristo, as brumas do erro não permaneçam como uma força controladora ou dominante em sua vida no mundo da forma, mas que as correntes de todas as perversidades humanas sejam quebradas e substituídas pela direção divina das esferas mais elevadas de seu próprio ser imortal livre em Deus.

Tais fatos, relativos aos focos astrais da discórdia humana (já bastante conhecidos por vocês, em níveis subconscientes), que agora eu lhes apresento no estado de vigília, devem deixá-los em guarda mental, espiritual, física e emocional. Sem dúvida, existem também os focos celestiais radiosos da harmonia divina, em número quase infinito, que são acessíveis, atualmente, para os doces filhos da luz e para os filhos e filhas de Deus, nos níveis etéricos mais elevados. Templos maravilhosos de música existem onde os tons celestiais, desconhecidos e jamais ouvidos em todo o planeta, elevam-se de instrumentos avançados, que possuem uma capacidade de harmonia quase infinita.

Existem templos de beleza presididos por Paulo, o Veneziano, e outros mestres Ascensos, alguns de outros sistemas de mundos. Pinturas, tapeçarias, estatuária, formas artísticas e registros planetários em exibição, deste e de outros sistemas, são preservados nesses grandes templos, museus e universidades do Espírito, nos níveis etéricos deste planeta.

E agora creio que vocês já adivinharam que também existem tesouros da sabedoria, incluindo as invenções e realizações científicas, preservadas desde idades de ouro do passado da Terra, armazenadas nesses salões de aprendizado e nesses centros espirituais, nos quais as almas sensíveis e responsáveis podem realizar estudos entre as encarnações, a fim de se prepararem para uma missão futura na próxima vida, ou no presente, por meio da viagem da alma para fora do corpo durante o sono ou o samadhi. (Este último tema reservei-o para as lições dos Guardiões da Chama, pois seus exercícios de viagem da alma exigem toda a nossa atenção e a ação guardiã.)

Entretanto, permitam-nos defrontar certos fatos do ser do homem, fundamentais para a busca do Graal do autoconhecimento na oitava etérica. Pois, através da mestria pessoal determinada nas primeiras etapas, ele poderá chegar ao portal da oportunidade para prestar serviço ao mundo.

E. O caminho da sabedoria pela Chama Trina

A mera aquisição de conhecimento, sem a sabedoria para discriminar sua utilização, como já observamos, não produz o tipo correto de fruto, mas amiúde torna-se uma atividade totalmente centrada no ego. Assim, quando a chama da sabedoria é utilizada por uma corrente de vida, evocada do coração de sua própria amada presença divina, e a escória do pensamento incorreto, tingida pelas emoções humanas, é eliminada das células da mente e do corpo mental inferior, então o caminho está livre para que a grande sabedoria flua para a consciência do homem e para sua utilização por ele. Se quiser entrar em contato com as fontes das universidades cósmicas, o homem necessitará de um coração puro!

Não negamos que as violentas rebeldias contra a Causa de Deus Todo-poderoso tornaram o céu "pela força",[5] como já foi dito, perfurando o véu através de meios psíquicos, drogas, rituais satânicos e ocultismo. Elas penetraram para além das camadas habituais, empregando por vezes diversos elementos químicos, ervas e a farmacopeia humana, a fim de fugir à esfera da individualidade e das responsabilidades cármicas atuais, encontrando, todavia, apenas uma recompensa temporal em troca do roubo do fruto proibido — pois a lei não lhes permite manter seus ganhos mal adquiridos.

Permitam-me mostrar que o caminho para o paraíso perdido, o caminho para o Jardim do Éden e a Árvore da vida[6] podem ser encontrados por meios legítimos e íntegros, através dos quais as satisfações do domínio da alma e da integridade pessoal (integração com o todo) são alcançadas a cada passo do caminho. Isto é parte da sabedoria sagrada. Pois simplesmente adquirir poder sem compreender o significado da justiça e da misericórdia, como já procurei enfatizar à exaustão, constitui um erro pelo qual a existência é inteiramente responsável, tanto aqui como no futuro.

Visto que o carma da humanidade torna-a responsável por tantas coisas, não vejo razão para complicar ainda mais as situações adquirindo poder sem alcançar a sabedoria para aplicá-lo corretamente e o amor para refrear seus abusos egoístas. Portanto, opto por fazer algumas sugestões aqui e agora que, creio eu, trarão luz para as almas e colocarão os alquimistas no caminho para uma esfera espiritual superior, bem como direcionarão seu uso correto da energia de Deus aqui e agora para a bênção de todos nesta oitava física perigosa.

Alguns de vocês têm consciência de que a Chama Trina, que está sendo parcialmente interpretada nesta Trilogia, representa apenas cerca de quatro milímetros no interior do coração humano. Ela é composta de uma pluma azul, uma pluma amarela e uma pluma rosa de luz eletrônica radiosa e divina. Cada pluma e um foco manifesto das qualidades de Deus.

A pluma azul do poder espiritual relaciona-se com a fé, a boa vontade e a intenção divina. A pluma amarela da sabedoria divina relaciona-se com a iluminação e com a utilização correta do conhecimento, a expansão da inteligência da divindade para o cálice do coração e a mente do aspirante honesto à santidade.

A pluma rosa do amor divino é a coroa da vida, que proporciona a impregnação das qualidades da misericórdia, da compaixão, da justiça e da criatividade. O amor divino, como luz radiosa, também é a coroa da felicidade de Deus, por ele espargida através de seus poderosos raios luminosos em todo o universo, esteja este consciente disso ou não.

Permitam-me ressaltar que a pluma amarela como raios solares, ou a radiação solar da iluminação divina que se encontra no interior de cada pessoa (liberada através do braço sul da cruz de Malta, como eixo entre os braços positivo e negativo da cruz), representa a chave secreta, por meio da qual o homem pode revelar sua própria chama da sabedoria.

Esta pluma central da chama tripartida da vida deve ser conscientemente expandida no interior do coração e da mente, através da invocação da presença do Eu sou. Pois, como princípio animador da própria mente de Deus, ela é concedida livremente para ser usada por todos que fizerem o chamado em nome do Cristo.

Visualizando sua radiância amarelo-dourada atravessar os quatro corpos inferiores de uma pessoa diversas vezes por dia, o devoto inicia o processo de queimar o acréscimo de negação e densidade, purificando a mente, os sentimentos e a memória, reforçando, assim, o poder eletrônico revitalizador da verdade vital.

À medida que ele assimila jubilosamente as chamas da sabedoria, estas deslocam e consomem a escória dos pensamentos e sentimentos errôneos, anteriormente acumulados na mente humana, impedindo o fluxo da luz através da consciência humana que, até serem transmutados, continuam a ser inimigos de todo homem em busca da iluminação divina.[7]

Jesus disse: "Assim os inimigos do homem serão os seus familiares",[8] e nenhuma outra casa multifacetada assemelhou-se mais aos pensamentos equivocados do homem! Não é necessário arrancar todas as ervas daninhas destes pensamentos errôneos de uma só vez, pois o trigo pode ser facilmente removido juntamente com o joio.[9] Contudo, é fundamental reconhecer que algum nível de reavaliação e autoanálise é *constantemente* necessário — se o indivíduo quiser manter a verdadeira objetividade do alquimista e o padrão da eterna evolução na senda.

Visto ter sido anunciado, anos atrás, que um grande número de magos do ocultismo havia sido retirado do planeta, alguns estudiosos acreditaram que o mundo estaria inteiramente livre da emanação do mal encarnado. Quando a unidade e a harmonia cósmicas existirem em toda a parte, quando a crítica, a condenação e o julgamento tiverem cessado, quando a felicidade celestial penetrar o mundo e toda luta chegar ao fim, eu poderei concordar.

Entretanto, no momento, a presença de muitos magos ocultistas que, através do livre-arbítrio, escolheram a senda da esquerda, é evidente na realização de atrocidades em escala mundial, juntamente com os cultos do prazer e os rituais das trevas envidando suicídios psíquicos. Tudo isto em movimento acelerado, no momento mesmo em que você está lendo minhas palavras. Assim é o mundo nos moldes de *1984*![10]

"Assim, portanto, pelos seus frutos os conhecereis"[11] constitui o critério a ser aplicado ao cenário internacional e individual. As pessoas podem esconder-se durante algum tempo por trás da máscara da perfeição, mas a grande e inexaurível luz de Deus vai além de todas as máscaras e coloca cada ser em julgamento. Não há como escapar do carma nocivo, exceto evitando-o e fazendo o bem.

Assim, que todos os homens possam ter consciência de que é seu dever e responsabilidade cultivar a preocupação consigo mesmo; porquanto, ao preocupar-se com os pensamentos que admitirá em sua mente (e as motivações e sentimentos que admitirá na câmara de seu coração), ele será capaz de purificar seu universo mental e protegê-lo por meio da chama da pureza, promovendo maior benefício e serviço para os demais.

Pode porventura o cego guiar o cego? Como disse o mestre Jesus, "Não cairão ambos na cova?"[12]

A vontade franca e a disposição acentuada pelo decreto de sua palavra eliminam, então, todas as barreiras em seu ser e na consciência, que, como vocês *sabem*, impedem o fluxo da chama da iluminação de Deus. Utilizem a chama violeta/púrpura da liberdade. Acolham-na em cada átomo e célula de seu mundo. Peçam todos os dias a sua presença divina para obterem maior sabedoria e o aumento da chama da iluminação, bem como o seu uso correto.

Em nome do Cristo e pela Chama Trina dentro de seu coração, exijam de seu grande Eu divino um fluxo equilibrado de poder, sabedoria e amor — e vejam o que a vida fará por vocês!

F. *A obtenção do equilíbrio — o caminho da Mestria*

O desequilíbrio — quando ocorre o gigantismo em um aspecto da Chama Trina, tornando-a desproporcional em relação às outras — impede a realização dos objetivos diários, bem como da meta da mestria crística individual.

À medida que a chama palpável e harmoniosa da iluminação expande-se a partir de sua consciência, ela envolve gradualmente o seu ser até que Deus, como sabedoria sagrada, seja entronizado no altar de seu coração. Mas, com cada aumento da sabedoria, as plumas do poder e do amor também devem elevar-se, obedecendo ao comando de sua devoção à boa vontade, caso contrário, os ganhos da sabedoria não serão mantidos. Da mesma maneira, a cada acréscimo de poder, deve suceder-se a realização da sabedoria e do amor em perfeito complemento; assim, também o amor só é concretizado por meio de uma equivalência do poder e da sabedoria.

Reconhecendo que esse equilíbrio é a chave dourada para a cristicidade, vocês compreenderão que não podem conhecer por si mesmos, nem manifestar aquilo que não realizaram antes na esfera da sua experiência externa ou interna em Deus. Tais experiências, em última análise, tornam-se significativas, belas, quando entretecidas através do ritmo da Chama Trina equilibrada.

Isto explica as diferenças expressas no emprego que os homens fazem das faculdades da mente e do coração. Embora alguns tenham negado a si mesmos as graças do céu, outros, os supostos ignorantes ou incultos, não são necessariamente privados das bênçãos da sabedoria sagrada; nem tampouco os cultos os recebem sempre como "os pequeninos". Pois a sabedoria sagrada é transmitida não apenas através do estudo, no sentido exterior, mas também através da sintonia, no sentido interior, com os grandiosos poderes espirituais da luz, dos seres livres divinos e dos círculos de iniciados que vivem, movimentam-se e respiram a chama sagrada nas oitavas superiores.

Mestres do Extremo Oriente e aqueles que elevaram-se dos templos ancestrais da Lemúria e da América do Sul frequentam os retiros da Grande Fraternidade Branca nos planos etéricos mais elevados, recebendo, como permite a lei, aqueles que galgam a escada em espiral das várias etapas a fim de buscar e encontrar sua morada do Espírito. O fato de que os homens não precisam esperar até ultrapassarem a tela da vida para obterem maior sabedoria divina deve ser motivo de grande felicidade para todos os que lerem essas palavras.

De fato, é bem verdade que, para aqueles que não alcançarem com sucesso *a meta da* ascensão ao termo desta encarnação, a encarnação seguinte será enriquecida através da perseverança aos preceitos aqui conferidos; e permitam-me assegurar-lhes que, para aqueles que alcançarem a meta, tudo que for feito em nome de Deus hoje será a realização para a eternidade.

Nada do que é divino é efêmero, nem tampouco pode ser tornado de alguém. Todas as bênçãos divinas são permanentes, e esta é sua maravilhosa qualidade inerente.

Com tudo que desejam possuir, que não se trate do mero desperdício das horas. Com tantos esperando nos portais do nascimento, ansiando pelo ar planetário (embora poluído!) e pela luz solar, permitam que todos aqueles que tiverem esta oportunidade corrijam todos os erros, obtenham a entrada para o reino eterno, superem o erro, entronizem a divindade legítima e desafiem todas as opiniões falsas, aceitando o seu cetro que simboliza o domínio de sua própria sabedoria.

Ninguém pode obter algo sem tentar; ninguém pode obter algo sem fé. Todos que tentarem conseguirão reunir as energias sagradas e glorificar Deus neste sentimento de infinita felicidade, que surge naqueles que acalentam o derramamento da radiância da luz em sua Chama Trina equilibrada de poder, sabedoria e amor que dura para sempre.

Graciosamente, Eu sou

Saint Germain

✠

CAPÍTULO 3

Amor

Preciosos buscadores de sua própria liberdade, saibam que o poder pleno de três-vezes-três é o poderoso *momentum* da torrente de amor proveniente do coração de Deus! Inundando o universo de alegria transbordante, ele flui para o seu próprio coração. Esta é a fonte cósmica do amor puro que surge como radiância entronizadora de cada manifestação da natureza, nas hostes angélicas e no homem.

É a este amor de Deus que devemos prestar nossas homenagens, sempre que bebermos as flagrâncias florais dos botões de beleza natural que se curvam à luz do sol e ao vento suave. Este amor é também o poder motivador subjacente a toda ação angélica. Portanto, aqueles que se aproximarem muito das hostes angélicas, para poderem receber sua proteção, radiância e bênçãos, serão mais sábios se mantiverem a harmonia em todas as ocasiões e se rejeitarem todas as formas de discórdia humana.

O maior amor jamais encontrado no homem é o amor que oferece sua vida diariamente para manter o bem-estar de seu amigo.[1] Que serviço maior pode ser prestado à vida, senão a simples manifestação do amor?

Lembrem-se, o verdadeiro amor é o grande ímã que atrai o poder do coração de Deus, carregado de sua sabedoria sagrada. O segredo da evocação do poder, então, realmente oculta-se no seio do amor. É preciso reconhecer que homens e mulheres do primeiro raio, que invocam com tanto sucesso o poder, fazem-no recorrendo ao grande poder do amor e daí retirando o poder de Deus.

A. *A obra do amor perdida no compromisso humano*

Infelizmente, alguns de nossos leitores, por puro desconhecimento, e às vezes por intolerância, procuram encontrar uma falha em nossos ensinamentos e em nossos conceitos. Ora, a mente humana pode ser extremamente astuta e teimosa. Se os indivíduos se decidirem a encontrar uma falha ou contradição em nossas palavras, estejam certos de que eles conseguirão.

Assim, os investigadores que buscam a falácia no próprio Logos sempre conseguem encontrar uma resposta falsa ou uma conclusão errada, através dos mesmos sistemas da lógica humana que, às suas ordens, sustentarão ou justificarão seus próprios fins, segundo a premissa aceita.

Lamento que pessoas assim sejam impulsionadas por seus vácuos de autoconhecimento e pela necessidade de provar que têm sempre razão, mas não posso nutrir uma preocupação indevida pelo destino delas. Um dia buscarão humildemente a verdade.

Todavia, preocupo-me com os sinceros e, por conseguinte, gostaria de mencionar a lei dos relacionamentos envolvidos nas polarizações da consciência humana — contrárias à lei da polaridade divina, inerente a todo atributo, ou "beatitude", da divindade.

Alguns de vocês têm consciência de que o estudo dos relacionamentos de opostos nos planos da relatividade reflete-se na dialética do filósofo alemão do século XIX, Georg Hegel, cuja teoria afirma que o processo de reflexão do homem e toda transformação histórica resultam da interação de três elementos: tese, antítese e síntese. Segundo este observador das forças da vida, toda tese gera seu oposto, ou antítese, e a interação de ambas produz uma síntese que transcende as duas primeiras. A síntese emergente, por sua vez, torna-se uma nova tese e todo o processo repete-se ininterruptamente.

Assim, na dialética hegeliana, toda evolução é produzida por meio do conflito inevitável de forças contrárias — princípio que Karl Marx virou de cabeça para baixo em seu "materialismo dialético", no qual ele substituiu o idealismo de Hegel pelo materialismo econômico. Enquanto Hegel defendia o valor do Estado e via no processo dialético a evolução do princípio espiritual, Marx estigmatizou o Estado como mecanismo de exploração, afirmando que todo progresso surge de conflitos envolvendo os meios econômicos de produção.

Vocês, que compreendem a premissa dos ensinamentos dos mestres Ascensos como a lei do Um, nem sempre levam em consideração esta lei da relatividade que norteia o mal e o bem relativos, percebido por psicólogos, cientistas e filósofos do mundo. Além disso, no mundo de maya, em que bem e mal estão sempre "relativamente" em oposição, também devemos levar em conta a má qualificação dos absolutos do poder, da sabedoria e do amor, a respeito dos quais estivemos falando. Portanto, alcançaríamos as equações humanas e divinas.

A lei do Um, baseada na unidade do Ser, também funciona dentro da estrutura da razão humana e dos fatos humanos, e, quando completa o círculo na experiência do indivíduo, ela sustenta a verdade e expõe o erro.

Contudo, na percepção humana "biocular" (dualismo) do mundo, adquirida após a partida do autoconhecimento Edênico no Um e como Um — quando a visão de mundo do homem e da mulher deixou de ser uma só no olhar imaculado e onividente de Deus, mas tornou-se igual à da legião de anjos caídos sedutores, chamados serpentes —, houve inalteravelmente dois lados de cada equação humana, com o pêndulo oscilando de quente para frio, da direita para a esquerda, sempre aguardando simplesmente que acontecesse.

O mesmo não ocorre na equação divina. Nesta, a verdadeira polaridade divina de Alfa e Ômega, o mais/menos da divindade e de cada membro da Trindade são as contrapartidas masculina-feminina do Ser. Elas são complementares e não contrárias, cumprindo sempre a lei do Um como totalidade divina. Mas, na condição humana, assim como existe o polo positivo, existe o negativo em uma dada situação. Trata-se de forças contrárias, rivais por natureza e mutuamente destrutivas. Por exemplo, se a tese é o amor humano, sua antítese será alguma forma de polaridade contrária à do amor — o ódio, o medo, a desconfiança ou mesmo vago desagrado do homem. Sua síntese será uma versão diluída de ambos, sem qualquer compromisso de um ou de outro.

Este é o estado momo de mediocridade que Jesus desdenhou ao dizer: "Assim, porque és momo e não és frio nem quente, vomitar-te-ei da minha boca."[2] E é precisamente por isto que a evolução econômica da humanidade segundo Marx e Lenin jamais poderá conduzir à conclusão divina: a autotranscendência, de acordo com a lei do amor, a lei do Um que contém em si a verdadeira Trindade — poder, sabedoria e amor — como a tríade do ser de todo homem e de toda mulher.

Afora aqueles de duplo ânimo que se mostram inconstantes em todos os seus caminhos,[3] a verdade divina permanece como um Sol de amor, que derrete os conceitos humanos mais frágeis e revela a lei do Um!

B. *A premissa original e a polaridade do amor*

Agora ouçam as palavras do SENHOR.

Na premissa original da divindade, o poder, ou a vontade de ser, é a tese. A sabedoria é a antítese e o amor é a síntese. Como a sabedoria magnetiza a inteligência inerente ao poder de Deus, ampliando-a para o verbo de toda ideação agora expressa, os dois tornam-se Um, exibindo a gloriosa revolução do amor, como síntese grandiosa do poder e da sabedoria. O amor, como consumação da essência do poder/sabedoria, torna-se então a nova tese, que personifica a mais plena realização de Si mesmo na Obra do SENHOR — encarnando o Três-em-Um em cada ação manifesta!

Esta verdadeira síntese dos atributos divinos revela que o amor, a sabedoria e o poder são, na realidade, a Totalidade do Um indivisível/indiviso que jamais pode ser dividida ou divisível — seus átomos entoam à medida que mapeiam as esferas: "Nós somos Um, Nós somos Um, Nós somos Um..."

Mas isto não é tudo. A chama cósmica branca da Mãe universal surge agora. Nascida da unidade da Tríade divina, Ela, a quem gosto de chamar de "Luminosa", sai de sua latência no núcleo ígneo da Chama Trina para tornar-se a antítese, ou polaridade divina, desta tese da Trindade. E a partir *desta* união é produzida a síntese de inúmeras manifestações da Totalidade — filhos e filhas de Deus, cada um deles uma nova premissa, encarnando os Atributos Quádruplos: Pai, Filho, Espírito Santo e Mãe!

Cada expressão da Totalidade que sintetiza incomparavelmente suas qualidades, através do livre-arbítrio, na chama da liberdade — não através de alguma inevitabilidade abominável das forças históricas ou econômicas que oprimem sucessivamente a humanidade, mas da união na lei do Um — e então os Três, cingidos pelo Quarto, a Mãe Abençoada. Ela manifesta sua natureza complementar como a Shakti de cada Indivíduo da Trindade, liberando, a partir do centro branco como um lírio de cada pluma, a partir da polaridade masculina (+) do poder, da sabedoria e do amor, a manifestação feminina (–) nos mundos da forma.

Quando esses quatro se tornam colunas no templo das chamas gêmeas, alicerces de sua poderosa obra dos séculos, eles mesmos se tornam colunas no templo de nosso Deus.[4] E nenhum outro alicerce ou falsas premissas ou conclusões sintéticas podem ser estabelecidos, pois o homem, fruto do Mais Alto, contém a tese, antítese e síntese originais, como a trilogia da Chama Trina em seu coração.

Ele é também o homem-criança da Mãe, contendo seu átomo-semente e seu fogo sagrado dentro de si. E ninguém mais pode deslocar este alicerce quádruplo de seu Ser — a menos que ele mesmo sucumba, escolhendo a mentira e os mentirosos que lideram o bando de conspiradores capitalistas/comunistas internacionais, que reproduzem seus cultos pseudometafísicos do materialismo e da dialética no planeta Terra.

Vejamos agora como o amor é na verdade definido pelos amantes divinos.

A senda do amor ardente, que é o fogo sagrado todo-consumidor de Deus, consome até mesmo a força do antiamor, o mal absoluto de anjos réprobos contra a divindade, pois o amor divino vai além do amor — ele é o poder e a sabedoria autocontidos no Um — e depois em alguns. E aqui reside o mistério do amor. O amor é mais do que o efeito ou a causa menor, é a Causa Primeira e ponto de luz para além de toda luz e trevas. O amor é todo amor excedendo as expressões visíveis e as trocas do amor. O amor é a força cósmica invencível!

O verdadeiro amor, o amor divino, em sua própria magia, ainda pode ser conhecido como pelas chamas gêmeas que habitam a zona crepuscular do amor adulterado. Pois o amor é sempre puro e não contém em si nenhuma força autopoluente ou automutilante, como o medo do fracasso, o medo da verdade, o medo da vida, o medo de ser amor. Nenhuma interação ou poder da psicologia humana podem desfigurar o verdadeiro amor, mas podem e realmente desfiguram o amor humano que aguarda em incubação, cuidando dos aglomerados da consciência até que o anjo do SENHOR revolva as águas da mente e eleve uma única gota ao Sol, onde toda a criação do amor humano entrega-se ao amplexo do divino.

O verdadeiro amor é sempre compreensivo, no entanto não é sempre necessariamente compreendido. Ele fala com a voz da autoridade do pastor, jamais do tirano mesquinho; ele pune, retirando, com suas chamas acariciantes, as camadas de autoengano do homem-criança. O amor como disciplina possui a dureza da mente de Deus, brilhante como o diamante, capaz de cegar sozinho o ego tirano e colocar os cativos em liberdade. Do coração do Cristo, de verdadeiro amor, as palavras "Pai, perdoa-lhes porque não sabem o que fazem"[5] são pronunciadas com facilidade.

O amor não tem imitadores, pois apenas Deus é amor. No sentido humano do amor estão contidas a tese e a antítese do amor. Assim, humanamente falando, aquilo que tem a capacidade de amor humano também tem a capacidade de ódio humano. E é precisamente esta a fonte da tragicomédia da vida. O divino, contudo, não é assim.

No absoluto — onde a autodesintegração não existe, onde a lei da síntese humana não neutraliza o mais e o menos do magneto divino, os atributos do poder, sabedoria e amor de Deus estão sempre personificados pela polaridade das chamas gêmeas que representam a totalidade divina do Deus Pai-Mãe. Na tradição hindu, essas encarnações divinas dos princípios masculino e feminino de cada pluma da Trindade recebem nomes e são lembradas como emanações da divindade.

Neste relacionamento de absolutos divinos, o Pai é a tese, a Mãe é a antítese e a totalidade de sua criação, incluindo o fruto de sua consciência crística, é a síntese — sua razão de Ser e para ser a encarnação divina.

O que acontece quando os amantes divinos encontram-se no amplexo divino do T'ai Chi — o grande corpo causal de Deus — é o saldo de sua contribuição ao cosmo. Assim acontece quando as chamas gêmeas retornam ao ovoide de fogo branco da sua origem. Apenas nesta união máxima (celebração da comunhão sagrada de Alfa e Ômega) a finalidade criativa de seu Ser pode ser plenamente realizada.

Assim, os amantes divinos satisfazendo o *intercâmbio* mais/menos do atributo do poder são identificados como Brahma e Sarasvati, que exemplificam a encarnação masculina e feminina da força cósmica. (Observem que a palavra por mim utilizada para descrever este yin e yang não é *síntese*, porquanto, se alguma das metades da Totalidade perdesse o magnetismo desta polaridade de forças cósmicas, os mundos da forma entrariam em colapso; daí *intercâmbio*, ou troca, sim! *síntese*, não!)

Na visão hindu, Brahma, como a figura paterna, Primeira Pessoa da Trindade, é descrito como o Ser Imenso — o Criador, Supremo Governante, Legislador, Sustentáculo e Fonte de todo conhecimento — enquanto Sarasvati representa a eloquência, a Mãe que articula a sabedoria da lei. Ela é a Mãe/Instrutora daqueles que amam a lei como a vontade de Deus revelada por Brahma. Assim, ela é o poder da volição, a vontade e motivação de ser a lei em ação, a Origem, o rio e o leito do rio, para o fluxo do conhecimento universal, como valorização da lei do Criador, autocontida em cada partícula da criação.

Da mesma maneira, os dois na polaridade que abrange a lei da Unidade no atributo da sabedoria são conhecidos e amados como personalidades reais — Vishnu e Lakshmi, contendo o círculo de qualidades atribuídas a um ou a outro e, no entanto, partilhadas amorosamente mas rendendo-se divinamente à esfera turbilhonante da sua Unidade.

Desse modo, nos céus dois é igual a uma totalidade indivisa; na terra, dois em um constantemente sacrificam sua verdadeira identidade à síntese humana que se torna a nova tese — a distinção das duas partes da premissa original, neutralizada no fluxo da relatividade. Vejam bem, a relatividade não possui polaridade fixa. E aí reside sua mutabilidade.

Mas acima, no esplendor cintilante do Sol, Vishnu — o Filho imortal — personifica a sabedoria do Cristo cósmico, cuja essência é a duração, a qualidade da perseverança, a própria continuidade da consciência de Deus. Ele é a coesão personificada, unindo, através do amor da sabedoria, as forças cósmicas concebidas pela mente universal; seu caminho é a liberação, através do autoconhecimento no ser divino mais elevado.

Vishnu, cujas encarnações mais famosas foram as de Rama e Krishna, sempre Hari na manifestação, é o protetor onipresente — protegendo, pela consciência de Deus do antieu (e da aniquilação daí resultante) que roubaria esse Eu verdadeiro antes de ter nascido nos seus pequeninos. Esta Segunda Pessoa da Trindade é o preservador do desígnio divino, concebido na chama da sabedoria a partir da presença legítima do poder. Ele é o restaurador do universo, através da luz da sabedoria que tudo cura, o verdadeiro poder da alquimia da iluminação do amor.

A consorte de Vishnu, Lakshmi, é eternamente identificável como a polaridade de tudo que ele é, sua sabedoria revelada nas bênçãos de prosperidade, pela precipitação da abundância pela ciência de Prakrti e Purusa, e no controle das quatro forças cósmicas. Ela segura uma cornucópia da boa fortuna, através da magia do olhar do olho onividente de seu amado. Ela ensina o domínio dos ciclos cármicos no relógio cósmico, a multiplicidade e a beleza — o Um, e os muitos que provêm do belo Ser — espelhando a imagem do Deus da sabedoria.

Assim, da mesma maneira, o Espírito Santo torna-se vivo nos personagens atraentes de Shiva e sua Shakti. Cada um deles uma esfera e, ao mesmo tempo, a metade do outro, esses complementos divinos do amor são uma prova viva, para todas as almas que amam, que o contrário do amor divino não é o ódio, mas o equilíbrio, seja ele masculino ou feminino, da compaixão e da bondade corrigindo com firmeza, dando e recebendo a gratidão como formas ativa e passiva do mesmo verbo, "amar".

A natureza dual de Shiva, Senhor do amor, ele mesmo destruidor/libertador, é complementada por sua consorte que, sob formas multifacetadas, é ao mesmo tempo exterminadora de demônios e salvadora de crianças. Parvati é o nome da benevolente "filha da montanha", a Mãe e Esposa delicada e benéfica. A face de Durga é a da feroz defensora de seus filhos, terrível e ameaçadora para seus inimigos — a "Deusa inalcançável" — enquanto Kali, outra metamorfose da natureza feminina de Shiva, representa a noite suprema da Mãe que engole a rede do carma, e os mundos de tempo/espaço que a contêm. Ela complementa o poder de Shiva na destruição, pelo amor, do véu de energia (ilusão). Ela é a Mãe que dedica sua vida à causa de seu consorte e de seus filhos. Sua aparência terrível é o símbolo de seu poder ilimitado.

Assim, a encarnação esférica do amor absoluto pelas Chamas Gêmeas Cósmicas consome as forças do mal absoluto, na forma e nas personagens do antiamor que se lançam contra Ele. Esta força é personificada pelos traidores originais do amor, os anjos caídos, que, se pudessem, transfeririam-no para o próprio amor. Lembrem-se, então, de estabelecer sempre a diferença entre a polaridade pura e autossuficiente do ser que o amor contém e o amor a que se opõe diametralmente uma força que lhe é estranha e fora de Si mesmo — e jamais cometa o erro de confundir os dois.

A lei da perversão através da má qualificação do princípio original na prática do ocultismo pelos adeptos da senda da esquerda, como estamos vendo, é extremamente confusa e misturada com a adaptação da síntese hegeliana à visão de mundo comunista. Para que sua teoria aflore, eles devem inserir sementes de corrupção em todas as teses que tenham o desejo de engolir, através da criação de uma antítese sintética (fabricada).

Se a verdade do Cristo for a premissa da vida abundante na terra, a mentira do anticristo como oposição a tudo que a verdade do Cristo é e representa será estabelecida como a antítese a ser demolida, rompida, comprometida e destruída. E o prazer do demônio é colocar seus pijamas vermelhos e dizer: "Olhem para mim!" Vejam minha maneira de alegre mediocridade, vejam minha síntese de dois sistemas contrários que não funcionarão sem minha intercessão e perícia.

Contudo, óleo e água não se misturam, nem tampouco os grilhões e a liberdade, o caminho dos céus e do inferno. Não existe solução ou dissolução humana para a tese divina. A chama da honra cósmica eleva-se solitária, una, como a espada chamejante de dois gumes, para manter o caminho da árvore da vida de todos os homens.[6] Sua pureza que a tudo consome é sua única resposta para cada agressor sintético, antitético de sua divindade intocável.

E o alquimista divino conhece a harmonia de seus elementos, e a mistura que ocasionará a explosão e prejuízos à vida, qual é o solvente universal e qual o elemento que transformará os metais vis em ouro — e como reparar as falhas das pedras preciosas, e a pedra preciosa do coração.

Porque os meus pensamentos não são os vossos pensamentos, nem os vossos caminhos os meus caminhos, diz o

Senhor.[7] E os dois não serão forçados pelos demônios a encontrar-se, disfarçados sob os mantos dos filósofos, trazendo sua pedra branca sintética e sua solução conciliatória, que será sua própria dissolução ao final.

C. *A rocha que é mais alta do que eu*

Portanto, vocês devem elevar-se no amor. Vocês devem satisfazer o padrão do amor. Pois o amor divino não será comprometido nem poderá sofrer dissimulação. O amor é a rocha que Davi sabia ser mais alta do que o eu.

"Leva-me para a rocha que é mais alta do que eu", ele implorou.[8] Assim, palavras contrárias de crítica e condenação, palavras de julgamento duro e hipócrita — palavras mal-intencionadas — não provêm espontaneamente de um coração como este, acostumado a sintonizar-se, que vive e respira a poderosa chama do amor de Deus.

Já não ouvimos, como ouviu João, "Quem não ama o seu irmão, ao qual viu, como pode amar a Deus, a quem não viu".[9] Esta máxima diz ainda a verdade quando se lê: "Se você não enxergar Deus e sentir seu amor, não poderá amar verdadeiramente seu irmão." Assim, o Cristo ordenou "que quem ama a Deus, ame também o seu irmão".[10] Portanto, deixem que suas próprias ações sejam o sinal de suas realizações nesta senda do terceiro raio. Pois elas falam. E elas falarão, mais do que tu mesmo.

O verdadeiro amor que inspirou os universos pode ser proveniente apenas do coração de Deus, centro de todo o Ser — origem grandiosa da vida (poder), da verdade (sabedoria) e do amor, bem como de toda qualidade benigna daí

303

oriunda. Assim, eu diria que, visto não existir outra fonte de amor exceto Deus, e tantos, durante tanto tempo, estiveram "ausentes do SENHOR",[11] na verdade eles perderam até mesmo o mecanismo espiritual em seu íntimo que lhes permite compreender aquilo que não mais possuem.

Bem, se alguém descobrir-se incapaz de sentir amor por seus irmãos, ou compaixão pelo mundo e seus problemas, que ele entenda que este problema indica um estado de aridez espiritual. Sem dúvida, esta é uma deficiência grave do aspirante na senda que pode ser proveniente de rigidez mental e dureza de coração, produzidos pelo medo e pelo ódio a si mesmo.

Mas o perfeito amor lança fora o medo. Ora, o medo produz tormento; logo, o que teme não é perfeito no amor.[12] E a tua alma precisa ser permeada pelo amor eterno, através de poderosa invocação — fervorosa no Espírito Santo.

Aquele que teme mostra que ainda não se tornou perfeito no amor.[13] Ele desvirtua o princípio fundamental de seu relacionamento com Deus e, concomitantemente, com sua amada chama gêmea. Sem fé neste relacionamento, não pode haver outro amor duradouro, pois, como diz Paulo, "sem fé é impossível agradar a Deus"?[14] Sem fé no amor é impossível ficarmos satisfeitos conosco ou com qualquer um de nossos relacionamentos, todos eles sob o dossel das primícias de nosso amor/confiança em nosso Deus Pai/Mãe e em nossa contrapartida divina.

Como disse Cristo a seus discípulos: "Lançai a rede à direita do barco, e achareis!",[15] que então todos aqueles que manifestam mais amor reconheçam sua necessidade de maior sintonia com o amor todo-poderoso, por meio do registro celestial do Pai, do verbo e de seu Espírito Santo;[16] pois até mesmo aqueles que não sentem a pulsação poderosa do amor universal e que não obtiveram sucesso em aumentar a sua expansão em favor da vida como um todo sobre a terra podem, através da Trilogia celestial, corrigir suas deficiências — que, eu poderia acrescentar, não devem ser consideradas com leviandade.

A menos que vocês, alquimistas do fogo sagrado, supostos adeptos dos mistérios, nutram continuamente o amor — amor como compaixão e bondade, amor como tolerância e diplomacia, amor como aprovação e apoio, paciência e indulgência, amor como gratidão e perdão misericordiosos — e o expandam ativamente como uma flor flamejante, uma rosa de grande esplendor em cujas delicadas pétalas desabrocham todas essas qualidades e muitas mais — a lei do equilíbrio como justiça de Deus fará com que aspectos da sabedoria e do poder da Chama Trina sejam reduzidos ao menor denominador comum de sua pluma de amor exteriorizada.

Honestamente, não posso afirmar que me admira o número de buscadores espirituais que anseiam pela obtenção de poder sobre si mesmos — por domínio — e sobre outras áreas da vida — por controle —, ignorando, ao mesmo tempo, a grande lei que exige que o homem expresse o amor verdadeiro e duradouro a Deus, a si mesmo e ao seu semelhante antes de poder possuir a sabedoria e o poder deste mesmo amor, que deu origem à criação.

Lembrem-se de que, assim como Deus não pode ser invocado parcialmente, a "chama autogerada"* — a plenitude da chama tripartida do poder, da sabedoria e do amor — deve ser invocada em sua totalidade e integridade do Pai, Filho

---

* Sinônimo da Chama Trina — em eterna combustão, não alimentada por nenhuma fonte humana.

e Espírito Santo, revelados por Jesus Cristo. Pois ela é o seu foco da totalidade divina — a centelha criativa do desejo de Deus em seu íntimo; e nenhuma manifestação parcial pode gerar a ação incisiva da totalidade que coíbe a antítese da luz, as trevas que os agarrariam — atormentariam, dominariam e possuiriam sua alma.

Apenas a sua fé no Pai e no Filho, sua esperança e caridade no Espírito do Ajudante eterno libertarão seus corações cativos, assim como a luz e o espírito do buscador, das masmorras da autodivisão e dos divisíveis. Assim, dia a dia a glória e o poder do reino de Deus expandem-se a partir do interior da Chama Trina do coração — a mais rara de todas as sempre-vivas.

D. *Definição de amor divino*

Devemos reconhecer que existem muitos tipos de sentimentos chamados de amor, mas que na realidade não o são. Apresentando nossa Trilogia aqui, adaptamos nossas palavras não apenas ao iniciado avançado nem tampouco ao principiante, mas a um estado intermediário, com o qual ambos irão beneficiar-se.

Portanto, vamos mais uma vez definir o amor. Como os mundos foram estruturados pelo amor, o amor é ao mesmo tempo sagaz e poderoso; pois cada parte da chama não alimentada complementa todas as outras partes e a totalidade. No entanto, o amor, em sua essência, é o ser mais íntimo de Deus! Pois o amor, em ação manifesta, é Deus em *manifestação!*

"Porque Deus amou o mundo, de tal maneira, que deu o seu Filho unigênito, para que todo o que nele crê não pereça, mas tenha a vida eterna."[17] Este amor de Deus, para nós, é plenamente expresso na dádiva da presença do Pai conosco, em sua dádiva do Filho, que conhecemos e amamos em Jesus Cristo, no Emanuel do nosso Cristo pessoal — e na dádiva do Espírito Santo.

Todos aqueles que amam nascem do Espírito[18] e encontram a realização do amor nesta Trindade e em sua expressão em cada parte da vida. Assim, é possível afirmar verdadeiramente que aquele que não ama ainda não descobriu a vida, pois ele não conhece o eu nem o seu semelhante, à imagem e semelhança do amor.

Este Deus que é amor, então, enviou-nos a centelha divina, a Chama Trina cujos atributos tríplices de poder, sabedoria e amor são a luz do amor, que incendeia o enxerto e a palavra enxertada,[19] única capaz de elevar-nos até a Fonte que é este amor, para além de toda expressão de amor.

verdadeiramente, meus amados, o amor é a santidade do SENHOR conosco. E em seu nome dizemos "SANTIDADE AO SENHOR".[20]

O amor é penetrante e expansivo; o amor é manifestação e transmutação; o amor é perdão e compreensão. O amor é sabedoria e força. O amor é virtude e pureza. O amor é dedicação e constância. O amor são todas as qualidades de Deus combinadas com um outro ingrediente, ainda não plenamente conhecido pelo homem e a mulher não ascensos — que, por inúmeras razões, não podemos definir nem revelar aqui, exceto para dizer que a plenitude do amor é o próprio segredo da vida!

A obediência secreta do amor

Poder e sabedoria acumulam-se na intenção do amor
A plenitude do amor-guia
no rebento que se curva,
Inclinando-se, para ouvir o chamado do amor
Que dá forma à Árvore da vida
tão ereta e alta.
Tal como os pináculos ascendem até alturas
enevoadas,
O poder da luz obediente do amor,
O diadema da vida rebrilha,
Ornado como o Graal, tornando todos divinos.

São os planos mortais de excelência do amor,
Impondo pela obediência as exigências do amor,
Que rompem o torrão mortal
E, olhando para o alto, veem a face de Deus.

João teve a experiência da verdade a respeito da qual escreveu que "quem está em amor, está em Deus, e Deus, nele".[21] Na verdade, bem-amados, esta é a perfeita equação de Deus no homem e do homem em Deus — a consumação de sua Unidade no Cristo universal.

Todavia, João também fez um comentário sobre seu aperfeiçoamento deste amor. Apenas o desafio do Anticristo diante de sua própria alma poderia ter estimulado essas palavras: "Nisto é perfeito o amor para conosco, para que no dia do juízo tenhamos confiança."[22] Este julgamento constitui a linha divisória do caminho entre o real e o irreal dentro de você — sua reintegração à premissa original do amor. Mas é também o auge da divisão entre a luz e as trevas em escala apocalíptica pela espada de dois gumes do amor. Deveras! O Armagedom é o dia de sua escolha divina, para ser o Eu real em meio às guerras mundiais dos deuses.

Sua coragem em trilhar este caminho na solidão do amor, quando à sua volta os tolos espalham e despedaçam a criação do amor, deve basear-se nos éons de fé estabelecida através da confiança no amor Todo-poderoso. Desafiar o Adversário interno e externo destemidamente, em defesa da unidade do amor, esta é a iniciação que deve preceder, como uma exigência, o casamento alquímico. Para passá-la, vocês necessitam da intercessão de Chamuel e Caridade, os anjos de amor do SENHOR. E Ele enviá-los-á para seu lado, em resposta a seu chamado.

Assim, o amor divino é a coragem de defender o amor contra todos os inimigos e saber que apenas o amor, e o amor único, irá sustentar-te. Dito e feito isto, entra no gozo do teu SENHOR![23]

E. *Amor-próprio, amor familiar e relacionamentos humanos*

Passaremos agora a analisar a esfera da personalidade de cada indivíduo, inclusive em seu próprio Ser, a fim de percebermos o significado do amor-próprio. E pouco a pouco separaremos sem medo o joio do trigo (e as lágrimas também) e passo a passo, no domínio do amor, vocês erigirão a espiral dos degraus do amor.

Amor egoísta não é amor-próprio. Aquilo que não procura partilhar com todas as outras esferas da vida de Deus, mas que procura possuir esta vida em si mesmo, mantendo aprisionadas pessoas, coisas e ideias, com exclusividade, não passa de amor egoísta. É o adorno idólatra do ego.

Aquilo que busca não o seu, mas o bem do próximo, promovendo a abundância para que possa ampliar as glórias da vida e partilhá-las com muitos, essa sim é uma manifestação do mais verdadeiro amor. Este é o verdadeiro amor-próprio — o amor do Eu verdadeiro em todos.

O amor-próprio, ou amor do Eu verdadeiro, não produz desrespeito nem altivez; ao contrário, ele regenera a fé do homem no bem inerente a tudo e ensina-o, conquanto admita a possibilidade de erro humano, que o erro não faz parte do Eu verdadeiro.

Quando os erros humanos, que não passam de registros temporários no gráfico da experiência humana, são dissipados por ações nobres e pela chama violeta, e todas as iniquidades são corrigidas pelo serviço à justiça divina, o fruto da ação altruísta irá manifestar-se em um altar purificado de todo desejo irregular.

Pois a eira do coração tornado puro proporcionará um altar adequado, sobre o qual a chama autogerada não se limitará a tremeluzir. Suas pulsações ascendentes irão expandir-se ao ritmo da vida, elevando a todos com quem estabelecer contato, a começar pelo próprio aspirante.

O verdadeiro amor-próprio é o alicerce de todos os outros relacionamentos.

Ora, existem muitas formas de amor humano, que se relacionam principalmente com o contato do homem com outras partes da vida. Existe o amor entre pai e mãe ou entre estes e seus filhos, e o amor dos filhos por seus pais. O amor de parentes, pais, vizinhos, do servo e seu Senhor, de discípulo e mestre.

Existe o amor que os anjos dedicam aos humildes e que Deus dedica à sua mais elevada criação. Existe o amor do Guru e do Enviado por cada discípulo de boa vontade. E existem discípulos que se amam e amam o Guru, em todos os setores do cosmo, entoando cânticos para os seres divinamente livres, que governam as esferas.

E em toda parte o amor revela os mistérios da vida.

Estabelecendo a matriz e preenchendo-a com a Totalidade do amor, a grande lei houve por bem atribuir aos pais deste mundo a responsabilidade de trazer à manifestação os filhos do Mais Alto, que representam o terceiro ponto da tríade da vida. Assim, depreende-se que as influências maternas e paternas destinam-se, e esta era a intenção, a constituir matrizes de patrocínio divino.

A figura paterna, representando a polaridade positiva, masculina da divindade, possui a responsabilidade maravilhosa e nobre por cada filho, enquanto a mãe, que alimenta e protege o filho desde o período da concepção até a gestação e o nascimento, tem a responsabilidade de portar a chama de lótus da sabedoria ao longo da vida da criança.

Ainda sobre este assunto, desejo esclarecer de uma vez por todas certos conceitos errados referentes a ter filhos no mundo da forma e ao uso da força vital e geradora por nossos filhos e filhas que estão trilhando a senda.

Em primeiro lugar, permitam-me dizer que, a menos que existam alguns portadores de luz conscientes da oposição temível feita às almas elevadas que procuram nascer neste planeta, dispostos, em cada era, a se oferecerem como veículos para as futuras vidas sagradas e evoluídas, seria extremamente difícil para nós auxiliá-los e fornecer-lhes o treinamento adequado desde a tenra idade, o que é exigido pela grande lei,

311

para que possam cumprir sua missão neste mundo de trevas (embora agora ele esteja clareando um pouco e sendo iluminado por decretos dos devotos da chama violeta; portanto, logo será reconhecido como a estrela da liberdade!).

Em nome dos céus, bem-amados, a guarda dos níveis do corpo, da mente, da alma e da energia de uma futura criança sagrada representa uma responsabilidade assustadora! Por esta razão, muitos desejam patrocinar tais crianças sagradas em níveis interiores e ser seus guardiões espirituais, estando alguns deles além da idade fértil. Conquanto possam decidir ser padrinhos ou madrinhas de futuras correntes de vida — serviço benéfico e necessário —, permitam-me ressaltar que, no momento, o processo natural do nascimento continua na terra; consequentemente, existe a necessidade desesperadora de pais e mães dedicados.

É bem verdade que existem inúmeras pesquisas que estão sendo examinadas em níveis superiores, a fim de alterar o atual sistema de dar à luz e tornar todo o processo indolor e mais imaculado, elevando a evolução da terra a uma nova era do Cristo. No entanto, devemos ser o mais práticos possível e permitir que o poder do amor de Deus flua através de seus filhos e filhas encarnados, para gerar e regenerar toda a vida terrena.

Não se pode negar, já que as evidências encontram-se em toda parte, que, juntamente com os portadores da luz, o planeta está cheio de crianças que sem dúvida alguma são espíritos rebeldes. Muitas delas foram liberadas pelos Senhores do carma para reencarnar nos últimos anos, tendo algumas permanecido detidas por tempo considerável no complexo*

---

* Complexo: local no plano astral onde as almas recalcitrantes são detidas, adiando a reencarnação até um período mais propício de sua evolução.

(algumas desde a submersão da Atlântida), outras ainda foram mantidas em esferas especiais de assistência, em templos de cura, aguardando o renascimento.

As oportunidades e restrições que orientam a vida de cada criança são determinadas por seu próprio carma e revistas pelo Conselho do Carma, a fim de determinar quais serão as dispensações de misericórdia a serem concedidas. Cada alma recebe a aprovação e o selo do Senhor Maha Chohan e da amada Mãe Maria antes de entrarem no canal etérico do nascimento.

Lembrem-se, é simplesmente impossível deixar de lado uma lei cósmica porque alguém, batendo nos portais do nascimento, considera-se mais sábio do que é. Portanto, a lei sempre agirá de acordo com a justiça de Deus, tanto em relação às almas que aguardam sua vez para que tenham outra oportunidade de corrigir as coisas na Terra como em relação àquelas que rezam pela oportunidade de tê-las — bem como para aquelas que, unidas mutuamente por um carma difícil, não têm outra escolha senão representar bem os seus papéis.

A utilização sagrada da energia vital de Deus com fins procriativos por aqueles que desejam patrocinar uma família que se dedique a metas construtivas não apenas é admirável, mas louvável. Não estou dizendo que todos devam ou necessariamente irão se decidir por esta senda. Sem dúvida, o livre-arbítrio deve governar todas as questões de casamento e procriação, pois há muita coisa em jogo, e o compromisso é dos mais importantes. Do mesmo modo, não pense que se trata de vaidade desejar abrigar e nutrir uma corrente de vida grandiosa — seja ela livre de carmas, um ser de considerável realização na senda, ou de um grande benfeitor da vida — mas permita que os pais reconheçam o desejo puro de ser simples e humildemente instrumentos do SENHOR.[24]

Lembrem-se, bem-amados, que, no momento em que a alma evoluída encarna, existe sempre a cena da separação em níveis superiores e a plena consciência de que sua missão pode ser ou não bem-sucedida. Quando é adentrado o véu da carne, nunca há qualquer garantia de que o indivíduo, através de alguma forma de discórdia, não será envolvido em uma situação cármica que exija uma série de experiências desagradáveis.

O fato de um indivíduo ser profundamente evoluído ou crístico, como foi o amado Jesus, não lhe assegura proteção contra o fracasso. Sempre existe um risco, a eventualidade de que os amigos, que estavam destinados *a ser seus* guardiões ou os guardiões de sua luz, traiam esta luz. Existe também a possibilidade de que associados interpretem mal suas motivações, desprezando suas boas intenções ou procurando, equivocadamente, afastá-lo das fileiras do serviço de Deus, impugnando seu caráter e, sob outros aspectos lamentáveis, deixando de ajudá-lo em seus propósitos sagrados, através da incompreensão e da indiferença, agravadas pela oposição da força sinistra.

Que todos reconheçam que, no corpo terrestre atual, existem os filhos da luz e os filhos de Mamom. Embora Jesus tenha dito "os filhos deste mundo são mais prudentes, na sua geração, do que os filhos da luz",[25] que todos percebam que os filhos da luz devem se tornar mais sábios do que os filhos de Mamom!

Não nego que alguns dos filhos de Mamom comportam-se como filhos da luz, e que alguns filhos da luz comportam-se como filhos de Mamom. Isto não significa que a lei esteja errada. Simplesmente prova a tenacidade do elemento da discórdia humana, da vaidade e do pecado, por um lado, e, por outro, do poder da bondade inata do Criador que busca elevar toda a vida.

Prova também que as ovalidades retardatárias são contagiosas e que a vigilância é necessária para que seja mantido um conceito imaculado, independentemente das aparências envolvidas, e para que sejam protegidos os herdeiros das promessas de contágios astrais da vida moderna e dos maus exemplos que estão em toda parte. Sem dúvida, a maternidade virtuosa, como aquela oferecida por Mãe Maria, ainda constitui um requisito atual!

Visto estar eu lidando aqui com os relacionamentos interpessoais, quero ressaltar que, no caso de patrão e empregado, jamais deveria existir qualquer forma de escravidão ou tirania. É responsabilidade tanto do empregado quanto do empregador perceber que esta escravidão não existe. Portanto, "Permaneça o amor fraternal".[26]

A palavra do SENHOR, registrada no segundo capítulo do Gênesis, faz lembrar o tributo duradouro do amor à criação das chamas gêmeas no ovoide de fogo branco e seu amor divino, que perdura na bênção de todos os relacionamentos humanos: "Não é bom que o homem esteja só; far-lhe-ei uma auxiliadora que lhe seja idônea."[27] Quando o carma das chamas gêmeas não permite a sua união em uma determinada vida, as almas companheiras, como parceiras na senda, unidas para um serviço especial, também oferecem a polaridade para a integridade cósmica que deve ser alimentada na Terra, nos papéis complementares de Alfa e Ômega.

Esta declaração do Gênesis, referente à solidão do homem, também foi corretamente interpretada como significando, "Não é bom que a manifestação esteja sozinha; portanto, criarei partes individuais a partir de minha unida-

315

de", ou, como o Senhor prometeu a Abraão, "Multiplicarei a tua semente como as estrelas dos céus e como a areia que está na praia do mar".[20]

Assim, que o amor das partes individuais uma pela outra, e para com o todo, ultrapasse o amor-próprio e se destaque expandindo o amor no seio da criação, em honra do Criador, atingindo, assim, a reunião com a vida una que é tudo em todos.

F. *Amor crístico*

O grande e assombroso poder da criatividade que inunda a natureza e o homem com miríades de formas maravilhosas, que cria os seres cósmicos e os anjos mensageiros do fogo, mantém na mente cósmica a verdade de que um amor não inteiramente integrado com a totalidade do cosmo na unidade não seria Deus, não seria o bem.

Visto exigir o bem alguma manifestação objetiva de si próprio a fim de amar, a grande vontade criativa de Deus foi e é criar muitas expressões de si mesmo na forma: o desígnio maravilhoso das chamas gêmeas descendo do Sol para revelar na carne as faces de Alfa e Ômega de muitas maneiras — filhos e filhas do Altíssimo, filhos do Um aquecendo-se no amor dos anjos e dos elementais, guardados pelos espíritos da natureza, presenças luminosas e seres poderosos das esferas dos Elohim, todos em uma grandiosa ordem hierárquica, para que cada um, do elétron à estrela, pudesse, recebendo o seu amor, retribuir este amor não apenas ao Sol Central e ao Criador, mas também a todas as criaturas por ele criadas, que habitam agora os mundos periféricos do tempo e do espaço.

Poucos alcançaram o nível de São Francisco de Assis, na compreensão deste conceito referente a partes multifacetadas do todo indiviso. Portanto, chamo sua atenção para a profundidade da compaixão e a verdadeira compreensão científica da psicologia da alma, bastante avançada para o seu tempo, que o seu abençoado Kuthumi exteriorizou em sua encarnação como o querido Francisco e que mantém até os dias de hoje, em seu estado de ascensão, as qualidades extraordinárias de seu serviço com o amado Jesus no cargo de Instrutor Mundial.

Sua vida foi verdadeiramente uma mensagem do amor de Deus, nascida no cálice do coração ardente do santo para todas as expressões da vida:

O amor de Francisco pelas criaturas grandes e pequenas
Abrangia o mar, o céu e tudo o mais.
Seu amor concebeu o universo,
Assim como as estrelas envolvem a chama da compaixão
No caminho através do qual todos os corações abertos cantam
E as esperanças se erguem como pássaros batendo as asas.
Oh, amor, tua chama eleva o ser já nas alturas!
Oh, amor que vive e não pode morrer,
Para superar os obstáculos e então tornar-se parte
Do próprio coração pulsante e ardente de Deus!
Pois onde EU SOU e estou livre na luz chamejante do conhecimento,
Sinto o poder da verdade tornar-me.
Aquilo que mais me empolga, ao transbordar a taça
É esta grande verdade: QUE EU SOU VÓS!

Quão grandioso foi o seu exemplo! Todavia, o exemplo grandioso não precisa ser alguém que você conheça, ou pode ser alguém que você conheça. Na história da cristicidade, o exemplo grandioso encontra sua forma e expressão mais pura na figura e na personalidade divinamente humana de Jesus. No entanto, não estou blasfemando ao afirmar que muitos homens e mulheres, encarnados hoje, receberam, graças a sua devoção a Jesus e ao grande Eu divino, os mesmos sinais de amor sagrado do coração de Deus que o Todo-poderoso ofereceu a Jesus.

A pomba do Espírito Santo repousou em suas cabeças, e sua radiância da pureza, alva como a neve, jorrou de seus corações. Embora nem sempre conhecidos, os dons divinos da cura, dos milagres e de ensinar e pregar a palavra de Deus também lhes foram concedidos.[29]

Alguns não fundaram nenhuma religião nova, todos apoiaram realizações santas e procuraram ser exemplos da pureza de Deus. Ao longo dos séculos, filhos e filhas amadurecidos de Deus apresentaram realizações consideráveis em muitos campos — profetas, professores, reformadores e um número considerável de grandes luminares — e abrilhantaram o recanto planetário com sua presença. E por meio de sua expressão harmoniosa e generosa partilha da sua desenvolvida Chama Trina — à qual o Salvador, com sua misericórdia, acrescentou seu próprio *momentum* —, eles foram os precursores da senda da cristicidade individual, ordenada por Deus não para um filho apenas, mas para todos os herdeiros de Sua luz.

Para aqueles que acreditam na realidade da chama de Cristo em Jesus, o mestre tem o poder de torná-los — por meio do poder abrasador do amor, pela incorporação da palavra — de *torná-los,* eu digo, Filhos de Deus. Assim está escrito (João 1:12) e assim o mestre Ascenso Jesus Cristo inicia seus discípulos hoje, transmitindo, de coração a coração, sua chama para aqueles que fazem suas obras e personificam sua palavra.

Portanto, gostaria de oferecer este aplauso em homenagem a eles, este reconhecimento, em nome da liberdade, de que o mundo não é tão pobre como às vezes se considera na manifestação desta grandiosa essência divina de amor, mas que já possui uma grandiosa riqueza do amor divino — amor que frequentemente não é reconhecido, até mesmo quando é visto! — amor que comemora a devoção de Jesus a seu rebanho e sustenta o padrão por ele estabelecido para aqueles que desejam segui-lo e fazer as suas obras.

A eles também Jesus prestou homenagem com as palavras: Um novo mandamento vos dou: que vos ameis uns aos outros; como eu vos amei a vós, que também vós uns aos outros vos ameis. Nisto todos conhecerão que sois meus discípulos, se vos amardes uns aos outros.[30] Ninguém tem maior amor do que este: de dar alguém a sua vida pelos seus amigos. Vós sereis meus amigos, se fizerdes o que eu vos mando.[31]

Este amor, como ingrediente essencial da vida, flui não apenas de Deus no alto para os corações de suas manifestações conhecidas e desconhecidas aqui embaixo, mas também de santos e santas encarnados, cujo amor, como devoção e serviço a todas as partes da vida de Deus, torna-se a cada dia mais semelhante ao Pai e ao Filho em sua mútua adoração.

A penetração pelo homem da substância sagrada do amor essencial de Deus lhe proporciona, através do poder do Maha Chohan, uma infusão desse impulso que faz o mundo girar. O fato de não girar mais rápido, de não lançar sua discórdia com maior rapidez, pode ser atribuído aos impedimentos ao amor divino, sustentados pelas massas que ainda não sabem o que fazem.[32]

Esses corações — e muitos deles anseiam pelo conhecimento da verdade e pela libertação[33] — que buscam o caminho imutável de suas próprias vontades mal orientadas e vomitam ódio contra os homens de boa vontade, que eles não compreendem, de fato colocam seus pés em sulcos onde tropeçam na montanha da realização.

E conquanto o grande elo de conexão, a linha de vida proveniente do alto, como uma meada gigantesca de luz e vida lançada na terra, impulsione continuamente os homens para a frente, a tração criada pelo recuo dessas pessoas (a obstinação de uma geração de teimosos), combinada com o peso total decorrente do número de pessoas que exercem o seu livre-arbítrio em oposição (e como antítese) ao divino, impede, na verdade, a manifestação universal do reino de Deus sobre a Terra!

G. *Harmonia, cumprimento da lei do amor*

Em nome do amor sagrado, falaremos de maneira prática sobre a grande necessidade de produzir e manter a harmonia pessoal, não apenas dos próprios sentimentos, mas também dos próprios pensamentos. Pois a harmonia não é apenas a lei do amor, é a epítome do amor, o sinal dos verdadeiros heróis conquistadores do amor.

Ora, como muitos de vocês sabem, quando o pensamento quer ir para a direita e os sentimentos puxam para a esquerda, mais frequentemente os sentimentos vencem e o pensamento, pela racionalização, gravita em direção àqueles. E, em muitos casos, a menos, é claro, que os sentimentos sejam motivados pelo mais puro amor, não se trata da realização da lei da harmonia; ao contrário, amiúde trata-se de um compromisso feito pela alma apanhada entre os mundos mental e dos sentidos. E isso pode resultar naquela paz sem honra que, por não se basear no princípio, não pode oferecer uma solução permanente para o problema.

Com todos os seus nobres esforços para precipitar alquimicamente a substância, o homem não encontrará uma chave alquímica superior à pureza do amor divino que emana de sua consciência, na forma de pensamentos e sentimentos de Deus — mensageiros alados de luz, abençoando, atraindo outros de sua espécie e devolvendo ao alquimista as bênçãos da vida abundante.

O amor de Deus, manifesto na Chama Trina, cintila com fulgor imortal. Sua luz vibrante, radiosa e envolvente abrange os flamejantes centros solares de todos os sistemas energéticos macrocósmico/microcósmico, interligados em sua manifestação material e espiritual. Retirem o poder do amor de qualquer um destes sistemas, e seu eventual colapso será inevitável.

Todo sistema de mundos, do corpo planetário ou estelar que já foi dissolvido, seja qual for a razão científica ou aparente, entrou em colapso devido à retirada da carga do amor do centro solar. O lapso, do momento da retirada até o momento da dissolução, pode estender-se de milhares até milhões de anos, segundo a concepção de tempo do homem; ou pode consistir em uns poucos microssegundos — ou na pausa entre eles. Mas o declínio de cada sistema tem início com a retirada do magneto do amor de seu centro. Assim, o amor é verdadeiramente o poder coesivo do universo.

Uma das doenças mais temíveis existente sobre a face da Terra na atualidade manifesta-se como resultado do ódio que os homens sentem uns pelos outros, o qual, quando retorna àquele que o enviou, retira o elemento amor das células, causando assim a perversão de sua função. Através de invasão e metástase, a doença finalmente dissemina-se pelo corpo; e sobrevém a morte quando a forma, cujas células perderam o poder coesivo do amor, não consegue mais magnetizar luz suficiente para sustentar as funções corporais. Conquanto a causa possa ser milenar, adormecida há muitas existências, o carma do mundo chega no momento certo. Somente as torrentes de amor e os oceanos de chama violeta podem promover a resolução permanente do ódio pútrido que se aloja na psique do homem.

Todavia, até os dias de hoje algumas pessoas fizeram o voto de suportar o carma do mundo em seus membros. Santos imaculados são estes que acolhem em seus corpos o pecado mundial do ódio humano. Assim, não julgue o enfermo, mas ajude-o! Eleve-o! Cure-o! Através do amor. Para a cura de muitos tipos de câncer e de outros distúrbios emocionais, mentais ou físicos, a invocação do amor divino é fundamental. E o curador deve ser todo amor em ação.

A resposta misericordiosa de Jesus: ao brado dos dois homens cegos, "Tem compaixão de nós, filho de Davi", representou um ato pessoal de amor divino. Ele tocou os olhos dos dois homens e disse: "Seja-vos feito segundo a vossa fé."[34]

A cura da mulher que tocou as vestes do mestre sem que este soubesse constituiu um exemplo da ação impessoal do amor divino. A resposta de Jesus: "Quem me tocou?... Senti que de mim saiu virtude", mostrou que o Cristo impessoal havia curado a mulher sem que ele soubesse de antemão.[35]

O amor divino como o Cristo vivo, o Filho por trás de cada filho do homem, é, ao mesmo tempo, pessoal e impessoal; e ele é realizado pouco a pouco, à medida que vocês se tornam capazes, através dos ciclos da lei de seu Ser, a lei que é sempre o amor em manifestação. Quando vocês a exercem, a lei do amor reúne a pureza da justiça, a misericórdia e a liberdade, em perfeito equilíbrio, através da Chama Trina do seu coração.

Que aqueles que quiserem, não levem em conta a lei como amor e neguem suas medidas corretivas como uma ação do amor. Eu lhes peço que se lembrem das palavras: "Porque o SENHOR corrige o que ama, e açoita a qualquer que recebe por filho."[36]

Ao concluir esta Trilogia, digo a todos vocês, não permitam que o amor egoísta os arraste para os desvios da ilusão, distanciando-os mais e mais de seus irmãos e irmãs e daquelas outras partes da vida criadas por Deus. Lembrem-se, também, de que os que optaram por encarnar elementos do mal sempre procuram dividir os filhos da luz através da argúcia, da lisonja, da hipocrisia, do dinheiro, de envolvimentos sexuais etc. — vocês mesmos podem dizer quais são as outras maneiras; enquanto que o verdadeiro amor une os filhos e filhas de Deus na essência mesma da santidade e do serviço ao mundo.

Louvar o amor é louvar o grande poder de atração da própria chama tripartida de Deus. O amor é a chama do Ser de Deus em manifestação. Um dia os cientistas do mundo, com instrumentos especiais, serão capazes de medir uma porção da chama do amor e suas energias radiosas, mas jamais um instrumento poderá possuir uma escala suficientemente ampla para medir o poder onipresente do amor infinito.

O amor infinito pode ser mais bem expresso como a manifestação de Deus. A manifestação de Deus pode ocorrer em qualquer pessoa. É o destino do homem que sacode do homem a sua poeira. Então, o amor é a plenitude de Deus ao manifestar o homem. Eu lhes digo, não existem limites para o amor de Deus que qualquer pessoa que assim deseje pode manifestar. Qualquer pessoa que deseje invocá-lo, sê-lo e compartilhá-lo poderá ser a resposta ao chamado e ao chamamento do amor.

Aqui, na esfera do amor divino, está a Cidade de Deus, a cidade quadrangular descrita pelo amado João[37] como local de realização consciente, onde a plenitude de suas aspirações pode expressar-se livremente. Aqui suas almas erguem os olhos para os grandiosos espaços abertos da criação.

O amor tem novos mundos ilimitados para conquistar. O amor é a Terra Prometida onde a força da natureza do leão é instilada no coração do cordeiro, e o Bom Pastor da Eterna Aliança sela a tudo na vitória da chama Três-em-Um do bem divino em expansão, mundos sem fim.

Pois teu é o reino — a consciência de Deus, sua sabedoria; teu é o poder — a força ilimitada e inexaurível de ser e cumprir seu destino ardente; e tua é a glória — a luz do diadema da perfeição do amor, a luz que coroa — para todo o sempre. Amém.

Assim quis teu Deus.

Eu sou e estou fielmente a serviço
da causa da liberdade,

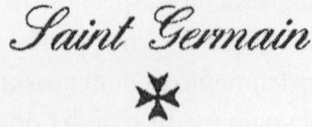

324

Uma mensagem de amor de Saint Germain

Pensei compor um soneto
Valorizado pelo mundo,
Um poema pleno da luz do amor —
Um desafio proferido.

A "lança" que "agito"*
E agora crio,
Uma "vontade" do "Eu sou,"
Para ser a pausa
De que todos poderão gozar
Ó Deus adorado, Eu sou.

Pois tu buscaste
E trouxeste para os homens
Oportunidade e planos,
Mas os homens pensaram
E foram colhidos
Pelas ilusões.

Ora, se o poder
Da verdade agora

---

* Lança, "spear", em inglês, e "shake", cujo significado é agitar, formam
a palavra Shakespeare. "Willing", ter vontade, e "I AM", Eu sou, sugerem a
palavra William. William Shakespeare. [*N. da T.*]

A liberdade na Terra deve indicar,
Deve haver homens,
Ó homens valorosos,
Que se reorganizarão e recomeçarão —

A ver além
Da hipocrisia dos homens
A fraude por eles criada,
Fustigando a verdade
E os filhos da luz
Que muitas vezes censuram.

Ora, poderia acrescentar
Esta avaliação
"Não tão má" de nossos amigos
Já é suficientemente negativa
Pela ausência de amor —
Como eles menosprezaram!

Mas nós que somos
Parte da Terra
E sentimos o aguilhão
De tiranos audaciosos —
Pela liberdade
Fazemos agora
Um chamado aos corações de ouro.

Então, levantem-se resolutos,
E permitam que seus corações
Sejam emoldurados por flores fragrantes
Mas não de substância terrena
Que fenecerá —

Escolham as sempre-vivas
Dos caramanchões celestes.

E vejam vosso coração
Como um cálice de altar,
Amado por Deus e pelo homem,
Sustendo eternamente
A chama Tripartida
... Que exaltará o plano.

Nunca estão sozinhos
Mas são sempre um
Conosco, que os amamos,
E como todos vieram
Do Sol Central
Nosso amor eterno, prometido.

Desejo, nesta ocasião, falar ao coração daqueles que talvez estejam familiarizados com o tema. E ao mesmo tempo, visto estarem muitas almas novas unindo-se às fileiras daqueles que leem e amam as Pérolas de Sabedoria, desejo dizer a todos que seus corações na realidade são um dos dons mais preciosos de Deus.

Em seu interior há uma câmara central cercada por um campo de força de tamanha luz e proteção que nós o chamamos de um "intervalo cósmico". É uma câmara separada da matéria e nenhuma sondagem poderia descobri-la. Ela ocupa simultaneamente não apenas a terceira e quarta dimensões, mas também outras dimensões desconhecidas do homem. Esta câmara central, chamada de altar do coração, é portanto o ponto de conexão do poderoso fio de luz prateada, que desce da sua presença divina para sustentar as batidas de seu coração físico, concedendo-lhe vida, propósito e integração cósmica.

Exorto todos os homens a valorizarem este ponto de contato que possuem com a vida, reconhecendo-o conscientemente. Não é preciso que compreendam, através de postulados científicos e de linguagem sofisticada, como, por que e de onde provém essa atividade.

Contentem-se em saber que Deus está aqui e que, dentro de cada um de vocês, existe um ponto de contato com o divino, uma centelha de fogo do próprio coração do Criador, chamada de Chama Trina da vida. Ali ela arde como a essência trina de amor, sabedoria e poder.

Cada agradecimento oferecido diariamente à chama em seu coração ampliará o poder e a iluminação do amor em seu ser. Cada atenção dispensada produzirá um novo sentido de dimensão para vocês, se não externamente evidente, subconscientemente manifestado nos meandros de seus pensamentos.

Portanto, não negligenciem seu coração, como o altar de Deus. Não negligenciem seu coração, como o sol de seu ser manifesto. Recebam de Deus o poder do amor e ampliem-no em seu coração. Então enviem-no para todo o mundo, como um baluarte daquilo que sobrepujará as trevas do planeta, dizendo:

Eu sou a luz do coração
Que brilha nas trevas da existência
E tudo transforma
No tesouro dourado
Da mente de Cristo.

O meu amor eu lanço
Para o mundo
Para apagar todos os erros
E todas as barreiras derrubar.
Eu sou o poder do amor infinito,
Que se engrandece a si mesmo
Até alcançar a vitória,
No mundo que não tem fim!

Com esta dádiva de infinita liberdade, vinda do próprio coração de Deus neste Dia dos Namorados, concluo esta epístola com a promessa eterna de ajudá-los a encontrar sua liberdade imortal, tão logo tornarem a decisão de jamais desistir e jamais voltar atrás. Lembrem-se de que, enquanto vocês estiverem de frente para a luz, as sombras ficarão sempre atrás. E a luz estará ali também para transmutá-las.

Mantenha seu olhar voltado para "a Cidade" e não se deixe dominar pelo mal, mas supere o mal com o bem.

Pela liberdade de toda a humanidade,
amorosamente, Eu sou

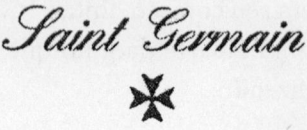

Livro Quatro

A

alquimia
da **palavra**

Pilares para os sábios arquitetos

Mark L. Prophet
Elizabeth Clare Prophet

No princípio era o verbo...

Glossário

As palavras em itálico estão definidas em outra parte do glossário.

Adepto O verdadeiro adepto é um iniciado da *Grande Fraternidade Branca*, de elevado grau de mestria, especialmente no controle da *matéria*, das forças físicas, dos espíritos da natureza e das funções corporais; alquimista que é submetido às iniciações avançadas do *fogo sagrado* na senda da *ascensão*.

Ajuste de Meta Expressão usada por *El Morya, Chohan* do Primeiro *Raio,* para descrever o ajuste da consciência da *alma* em evolução à meta da reunião com Deus; processo de disciplina e iniciação através do serviço e da aplicação do *fogo sagrado,* pelo qual passam as almas que se preparam para *a ascensão,* sob a orientação amorosa dos *mestres Ascensos.*
(Ver em *"O discípulo e a senda"* os pontos fundamentais do mestre sobre ajuste de meta para enfrentar os desafios do século XX.)

Alfa e Ômega A totalidade divina do Deus Pai-Mãe, afirmada como "começo e fim" pelo Senhor *Cristo* no Apocalipse. *Chamas gêmeas* ascensas da *consciência do Cristo* cósmico, mantendo o equilíbrio da polaridade masculina-feminina da Divindade no *Grande Sol Central* do *cosmo*. Assim, através do Cristo universal, o *verbo* encarnado, o Pai é a origem e a Mãe é o cumprimento dos ciclos da consciência de Deus, expressos em toda a criação *Espírito-matéria*. *Ver também* Mãe.

(Ap. 1:8; 11; 21:6; 22:13. Comparar o Purusa hindu e Prakrti.)

Alma Deus é um *Espírito* e a alma é o potencial vivo de Deus. A necessidade de *livre-arbítrio* da alma e sua separação de Deus resultaram na descida deste potencial para o estado inferior da carne. Semeada na desonra, a alma destina-se a ser elevada em honra à plenitude deste estado divino que é o Espírito de toda a vida. A alma pode perder-se; o Espírito jamais poderá perecer.

A alma permanece como um potencial caído que deve ser impregnado com a realidade do Espírito, purificado através da prece e da súplica, e devolvido à glória de onde desceu e à unidade do todo. Esta reunião da alma com o Espírito é o casamento alquímico que determina o destino do eu e torna-o uno com a verdade imortal. Quando este ritual é realizado, o Eu Superior é entronizado como o Senhor da vida e o potencial de Deus, realizado no homem, é encontrado no Tudo-em-Todos.

(Ver Mark L. Prophet e Elizabeth Clare Prophet, *Climb the Highest Mountain*, segunda edição, pp. 8-13.)

Anjo Espírito divino, arauto, predecessor divino; mensageiro enviado por Deus para entregar sua palavra a seus filhos. Espíritos assistentes enviados para cuidar dos herdeiros do *Cristo* — para consolar, proteger, guiar, fortalecer, ensinar, aconselhar e alertar. Coortes de luz a serviço dos seres crísticos, *filhos e filhas de Deus*, em todo o cosmo. Um "ângulo" da consciência de Deus — um aspecto de sua própria consciência; um ser criado por Deus a partir de sua própria presença chamejante para servir a sua vida na forma. "E ele disse a respeito dos anjos: 'Aqueles que fizeram de seus anjos espíritos e de seus ministros uma centelha de fogo.'" As hostes angélicas abrangem um tipo de evolução diferente da humanidade, com sua individualidade chamejante e a pureza de sua devoção à divindade e aos *arcanjos* e hierarcas sob cujo comando servem. Sua função é concentrar, acelerar e ampliar os atributos de Deus em prol da sua criação. Ministram as necessidades da humanidade, magnetizando a *luz* para as auras dos homens, intensificando sentimentos de esperança, fé e caridade, honra, integridade, coragem, verdade e liberdade, misericórdia e justiça, e todos os aspectos da clareza cristalina da mente de Deus. Devido às bênçãos de sua presença invisível, o autor de Hebreus disse: "Não deixem de acolher estranhos; pois alguns receberam anjos sem o saber" — e, assim falando, ressaltou que os anjos encarnam e estão entre nós como nossos melhores amigos e ajudantes, mesmo quando nos são totalmente desconhecidos.

Metaforicamente falando, os anjos são elétrons girando em torno da presença do Sol, que é Deus — elétrons que decidiram, pela Sua vontade, inata em seu interior, expandir sua consciência em cada plano do ser. Anjos são elétrons que receberam uma "carga" de luz/energia/consciência do *Grande Sol Central* para se tornarem 'elétrodos', isto é, pilares da presença ardente de Deus, atuando como 'transformadores redutores' da luz inefável, para que seus filhos possam receber alguma esperança da glória que virá em meio à noite escura de sua condição cármica na terra. Os anjos podem assumir a forma humana ou a de 'varas' e 'cones' ou espirais e anéis de energia concentrada, que podem ser liberados para a cura pessoal e planetária, em resposta ao chamado dos seres crísticos como uma transfusão literal do corpo e do sangue do Cristo cósmico, onde e sempre que houver necessidade. Existem anjos da cura, de proteção, de amor, consolo e compaixão, anjos atendendo aos ciclos de nascimento e morte, anjos do olho onividente de Deus, que empunham a espada chamejante da verdade para separar o real do irreal. Existem tipos e ordens de anjos que realizam serviços específicos na *hierarquia cósmica*, tais como os *serafins*, os *querubins* e *anjos deva*, que servem com os espíritos da natureza e os *elementais* do fogo, da água, do ar e da terra.

Os anjos caídos são aqueles que seguiram *Lúcifer* na grande rebelião e cuja consciência "caiu" para níveis inferiores de vibração e percepção ao serem "lançados na terra" pela lei, pelas mãos do Arcanjo Miguel — confinados, pelo carma de sua desobediência a Deus e a seu Cristo e sua blasfêmia contra os Seus filhos, a assumir um corpo físico denso e a evoluir através dele. Como disse Pedro, eles caminham aqui em busca de quaisquer almas, mentes e corpos que possam devorar, plantando sementes de discórdia e a rebelião luciférica entre as pessoas, por meio da subcultura da música rock, das drogas, da mídia e do seu culto babilônico da idolatria. São conhecidos por várias designações como os caídos, lucíféricos, vigilantes, nephilim, "gigantes na terra", satanistas, serpentes, filhos de Belial etc.

(Sal. 104:4; Heb. 1:7; 13:2; Apoc. 12:9; Gên. 6:1-7. Ver Elizabeth Clare Prophet, *Forbidden Mysteries of Enoch: Fallen Angels and the Origin of Evil*, contendo todos os textos de Enoque, inclusive o Livro de Enoque e o Livro dos Segredos de Enoque.)

Anjo Deva *Ver* Deva.

Anjo do Registro O *anjo* destinado à alma para registrar todos os seus atos, palavras, feitos, sentimentos, pensamentos — em resumo, suas idas e vindas nos planos da *Mater.* O anjo do registro registra os fatos de cada dia e os entrega ao *Guardião dos Pergaminhos,* chefe do grupo de anjos conhecidos como os anjos do registro e de todos os anjos do registro atribuídos às correntes de vida em evolução no tempo e no espaço.

Anjo do SENHOR, a presença da divindade em forma angélica. Os sete *arcanjos* e suas *arqueias* ministrando nos *sete raios,* juntamente com os cinco raios secretos e os hierarcas do décimo terceiro raio são os *anjos* do SENHOR, que "se encontram na presença de Deus" e "são enviados por Deus" como seus mensageiros, a fim de transmitir a *luz (consciência de Cristo)* do EU SOU O QUE EU SOU a seus filhos e filhas, para a realização das dispensações que anunciam. A Moisés foi revelada a presença do EU SOU através do "anjo do SENHOR que lhe apareceu em uma chama de fogo", que era a presença e personificação real do EU SOU O QUE EU SOU pelo Arcanjo *Miguel.* Esta verdade confirma a iniciação conferida por Deus a certos seres avançados na *hierarquia* celestial que contêm — em seus *chakras* e campo áurico — o peso da presença de Deus. Da mesma maneira, seus profetas, mensageiros e seres crísticos carregam este "fardo" do Senhor, conforme têm sido convocados para serem seus anjos visíveis na forma, encarnando para ministrar com os anjos, arcanjos, querubins e serafins, em prol das almas em evolução nos planos terrestres.

(Luc. 1:19; Êxod. 3:2; Jer. 23:30-40; Zac. 9:1; 12:1; Hab. 1:1; Mal. 1:1.)

Antahkarana (Palavra em sânscrito que significa "órgão interno do sentido.") A rede da vida. A rede de *luz* que envolve *Espírito* e *matéria,* unindo e sensibilizando toda a criação em si mesma e no coração de Deus.

Anticristo Com letra maiúscula, a encarnação específica do *mal* absoluto, o ser maléfico. *O morador do umbral* planetário. "Filhinhos, já é a última hora; e, como ouvistes que vem o Anticristo, também agora muitos anticristos têm surgido, pelo que conhecemos que é a última hora." O termo também se aplica a *Lúcifer, Satã,* os Vigilantes, os Nephilim e outros *anjos* caídos que "não mantiveram sua condição inicial", que se opõe ao bem absoluto. Estes traidores do *verbo* juraram fidelidade aos poderes da morte e do inferno e juraram destruir Deus encarnado em sua Igreja, seus santos e seus pequeninos. Com letra minúscula, pessoa ou poder antagônico ao *Cristo,* ou *luz,* em *Jesus* e nos seus. Possuidor das características do Anticristo, negando o potencial do Cristo nas crianças de Deus, destruindo *almas* pela perversão da pessoa e da luz do Cristo.

(I João 2:18, 22; 4:3; II João 7; Gên. 6:1-7; Jud. 6.)

Arcanjo Hierarca das hostes angélicas; posto mais elevado nas ordens dos *anjos*. Cada um dos *sete raios é* presidido por um arcanjo que, com seu complemento divino, uma *archeia,* personifica a *consciência de Deus* desse *raio* e orienta os grupos de anjos que servem sob seu comando naquele *raio*. Os arcanjos e as arqueias dos raios e a localização de seus *retiros* são os seguintes: Primeiro raio, azul, Arcanjo **Miguel** e **Fé,** Banff, nas proximidades do Lago Louise, Canadá. Segundo raio, amarelo, Arcanjo **Jophiel** e **Cristine,** sul da Grande Muralha, nas proximidades de Lanzhou, região norte central da China. Terceiro raio, rosa-claro, rosa-escuro e rubi, Arcanjo **Chamuel** e **Caridade,** St. Louis, Missouri, EUA. Quarto raio, branco e madrepérola, Arcanjo **Gabriel** e **Esperança,** entre Sacramento e o Monte Shasta, Califórnia, EUA. Quinto raio, verde, Arcanjo **Rafael** e **Maria,** Fátima, Portugal. Sexto raio, púrpura e dourado, rubi, Arcanjo **Uriel** e **Aurora,** Montanhas Tatra, sul da Cracóvia, Polônia. Sétimo raio, violeta e púrpura, Arcanjo **Zadquiel** e **Santa Ametista,** Cuba.

(Ver *Vials of the Seven Last Plagues; The Judgments of Almighty God Delivered by the Seven Archangels.* Arcanjo Gabriel, *Mysteries of the Holy Grail,* "The Class of the Archangels", em *Pearls of Wisdom,* 1981, vol. 24, Livro I, números 4-15; álbum com oito fitas cassete. "The Healing Power of Angels", em *Pearls of Wisdom,* 1986, vol. 29, Livro I, números 25-34; Livro II, números 51-57; dois álbuns com videocassetes com dois cassetes cada; dois álbuns de fitas cassete, com doze cassetes em cada um. Elizabeth Clare Prophet, "Self--Healing Workshop with the Healing Power of Angels", três fitas cassete; "On the Healing Power of Angels: Christ Wholeness — The Seven Rays of God", dois videocassetes; três fitas cassete.)

Arcanjo Miguel *Ver* Miguel, Arcanjo.

Arcanjo Zadquiel *Ver* Zadquiel, Arcanjo.

Arhat Monge budista que alcançou o nirvana; aquele que se submete às iniciações do *Buda*.

Arqueia (pl. **Arqueias**) Complemento divino e *chama gêmea* (polaridade feminina) de um *Arcanjo*.

Árvore da vida A Árvore da vida simboliza a *presença do* EU SOU e o *corpo causal* de cada indivíduo e da conexão, retratada na *imagem do seu Eu divino*, dos filhos da *luz* com sua origem imortal. É citada no Gênesis e no Apocalipse: "Do solo fez o SENHOR Deus brotar toda sorte de árvores agradáveis à vista e boas para alimento; e também a Árvore da vida no meio do jardim, e a árvore do conhecimento do bem e do mal." "No meio do jardim e em ambos os lados do rio estava a Árvore da vida, com doze tipos de frutos e frutificando mensalmente e as folhas da árvore destinavam-se à cura das nações." Os doze tipos de frutos são as doze qualidades da *consciência de Deus,* que homem e mulher devem realizar ao trilharem as iniciações na senda da *ascensão*. São estas o poder de Deus, o amor de Deus e a mestria de Deus, o controle de Deus, a obediência de Deus e a sabedoria de Deus, a harmonia de Deus, a gratidão de Deus e a justiça de Deus, a realidade de Deus, a visão de Deus e a vitória de Deus.
(Gên. 2:9; Rev. 22:2. Ver Elizabeth Clare Prophet, "Keys from Judaism: The Kabbalah and the Temple of Man", Parte II, "The Creation of the Tree of Life", vídeo com uma hora de duração.)

Ascensão Ritual por meio do qual a *alma* reúne-se com o *Espirito* do Deus Vivo, a *presença do* Eu sou. A ascensão é a culminação da jornada divinamente vitoriosa da alma, no tempo e no espaço. É a recompensa do justo, dádiva de Deus após o último julgamento diante do grande trono branco, no qual todos os homens são julgados "segundo suas obras". A ascensão foi vivenciada por Enoque, de quem se escreveu que "caminhou com Deus: e já não era, pois Deus levou-o"; por Elias, que subiu em um redemoinho até o céu; e por *Jesus,* embora sua ascensão não tenha ocorrido na ocasião em que as escrituras registram ter sido ele conduzido aos céus em uma nuvem. O mestre Ascenso El Morya revelou que Jesus fez sua ascensão a partir de *Shamballa,* depois de seu falecimento em Caxemira, aos 81 anos, no ano 77 da nossa era. A reunião com Deus na ascensão, cujo significado é o fim da roda do *carma,* e do renascimento e o retorno à glória do Senhor, é a meta da vida para os *filhos e filhas de Deus,* Jesus disse: "Ninguém subiu ao céu, senão aquele que de lá desceu, a saber, o Filho do homem [que está no céu]." Pela salvação, 'Autoelevação', a ascensão consciente do **Filho de Deus** no interior do templo, a alma enverga sua veste nupcial para realizar o cargo do **Filho** (Sol, ou *luz)* da manifestação. A alma torna-se digna pela graça de Jesus, para ser a portadora de sua cruz e de sua coroa. Seguindo o caminho iniciático de Jesus, ela ascende através do *Cristo pessoal* até seu Senhor, a presença do Eu sou, de onde desceu.

(Ap. 20:12,13; Gên. 5:24; II Reis 2:11; Luc. 24:50, 51; Atos l:9-ll; Jo 3:13.Ver Serapis Bey, *Dossier on the Ascension.* Elizabeth Clare Prophet, *A Retreat on the Ascension — an Experience with. God,* álbum com oito fitas cassete.)

Aspirante Aquele que aspira a algo; especificamente, aquele que aspira à reunião com Deus, através do ritual da *ascensão*. Aquele que aspira à superação das condições e limitações de tempo e espaço para cumprir os ciclos do *carma* e a própria razão de ser através do *labor sagrado*.

Astral, *adj.* Ter ou portar as características do *plano astral, sub.* Frequência de tempo e espaço além do físico, embora abaixo do mental, correspondente ao *corpo emocional* do homem e ao inconsciente coletivo da raça. Como o plano astral foi conspurcado por pensamentos e sentimentos impuros do homem, o termo "astral" também é utilizado em sentido negativo, referindo-se àquilo que é impuro ou "psíquico". *Ver também* Psíquico.

Atlântida Ilha-continente que existiu onde hoje é o Oceano Atlântico, que afundou num cataclismo (o Dilúvio de Noé) há aproximadamente 11.600 anos, segundo os cálculos de James Churchward. Vivamente retratada por Platão; 'vista' e descrita por Edgar Cayce nas suas 'leituras'; recordada em cenas de *Romance of Atlantis,* de Taylor Caldwell; explorada e confirmada cientificamente pelo falecido cientista alemão Otto Muck, que fixou a época e a data de sua destruição (por um asteroide que mergulhou no Triângulo das Bermudas com a força de 30 mil bombas de hidrogênio) às 20 horas do dia 5 de junho de 8498 a.C.! Em seus diálogos, Platão relata que "na ilha de Atlântida houve um grande e maravilhoso império" que governou a África até o Egito, a Europa até a Itália, e "partes do continente" (considerado uma referência à América, especialmente América Central, Peru e vale do Mississippi). Postula-se que a Atlântida e as

pequenas ilhas a leste e a oeste formavam uma ponte contínua de terra, unindo a América à Europa e à África.
(James Churchward, *The Lost Continent of Mu* [1931; reedição, Nova York;
Paperback Library Edition, 1968] p. 226. Otto Muck, *The Secret of Atlantis*
[Nova York: Pocket Books, 1979], Ignatius Donnelly, *Atlantis: The Ante-
diluvian World* [Nova York: Dover Publications, 1976], pp. 11, 23, 173,
473. Para pedir palestras sobre a Atlântida, proferidas por Elizabeth Clare
Prophet, com base nos ensinamentos dos mestres Ascensos e *A Dweller
on Two Planets,* de Phylos o Tibetano, favor pedir um catálogo da Summit
University Press.)

Aura Emanação luminosa ou campo 'eletromagnético' que
envolve o corpo físico, comumente associada ao *corpo
astral.* Auréola ou nimbo associada aos santos, proveniente da alma e da matriz da alma, que espelha, pelo
livre-arbítrio, os padrões celestiais ou terrestres. A radiação distinta da vida senciente e dos objetos inorgâni-
cos tal como é captada pela fotografia Kirlian. Sopro ou
atmosfera que envolve e interpenetra os *quatro corpos
inferiores* do homem e seus *chakras,* nos quais as impressões, sentimentos, palavras e atos do indivíduo ficam registrados, incluindo seu *carma* e os registros de vidas
passadas. O círculo altamente carregado de *fogo sagrado*
que envolve o *Cristo,* um *mestre Ascenso, anjo, Elohim* ou
Ser cósmico, transferível na forma de 'graça' a quem eles
desejarem. Coroa espiritual, citada como campo-L ou
campo-vida (L-Life = vida em inglês) (invólucro *astral/
etérico*) que envolve a humanidade e a vida orgânica que
regula e reflete a saúde, vitalidade e longevidade do *corpo
físico* ou organismo.
(Ver Kuthumi, *Studies of the Human Aura,* e Djwal Kul, *Intermediate Studies
of the Human Aura;* ambos publicados em *The Human Aura.* Elizabeth Clare
Prophet; *The Control of the Human Aura Through the Science of the Spoken
Word,* álbum com duas fitas cassete.)

Avatar (Sânscrito, *avafãra* 'descida', de *avatarati*, 'ele desce', de *ava* — 'longe' + *tarati* 'ele atravessa'.) Encarnação do *verbo;* descida ou travessia do *Cristo* universal do plano do *Espírito* para o plano *da matéria.* O avatar de uma era é o Cristo, encarnação do Filho de Deus (Vishnu), Segunda Pessoa da Trindade. O avatar, com seu complemento divino, Shakti, ou *chama gêmea,* "retrata" e "representa" na consciência e nos *quatro corpos inferiores* o padrão arquetípico de Deus Pai-Mãe para a evolução das *almas* em um ciclo de dois mil anos. Os principais avatares de uma era são em número de dois — os protótipos masculino e feminino que personificam e mostram, com seu exemplo, a senda da iniciação, designado pelas hierarquias solares, responsáveis pelas ondas de vida que avançam para o centro do Cristo cósmico, através da porta aberta (instrutor e ensinamento) desta dispensação de dois mil anos. De acordo com o *carma* da humanidade, o *status quo* evolutivo dos filhos de Deus (progresso da alma ou ausência dele em dispensações anteriores), e os requisitos do Logos, os *Manus* podem designar inúmeros seres crísticos — aqueles dotados de *luz* extraordinária — para que venham ao mundo como instrutores e precursores do caminho. Os seres crísticos demonstram, em determinada época, a lei do Logos, desacelerada por intermédio do(s) Manu(s) e do(s) Avatar(es) até que se manifeste na came por meio da sua própria palavra e obra — para serem finalmente vitoriosos, em sua realização em todas as almas de luz, enviadas para conquistar o tempo e o espaço nessa era.

Ballard, Guy W. *Mensageiro da Grande Fraternidade Branca,* nos fins da década de 1920 até o ano de 1939, quando fez sua *ascensão,* no dia 31 de dezembro. Hoje *mestre Ascenso* Godfre, ele personifica a consciência da obediência divina. Encarnou como Ricardo Coração de Leão e como George Washington. Em sua última encarnação, com sua esposa e *chama gêmea,* Edna Ballard (que ascendeu em 12 de fevereiro de 1971), ele fundou o Movimento Eu sou, sob a direção do mestre Ascenso *Saint Germain.* Seu pseudônimo literário era Godfre Ray King, de sua esposa, Lótus Ray King. Suas obras mais importantes são *Mistérios desvelados, A presença mágica* e os *Discursos do* "Eu sou".

Baltazar. Século I, um dos três reis magos (astrônomos/ adeptos), que calcularam a época e o local do nascimento e vieram do Oriente para prestar suas homenagens ao Menino Jesus.

Bodhisattva Palavra em sânscrito cujo significado literal é um ser de bodhi (ou iluminação), ser destinado à iluminação, ou aquele cuja energia e poder estão direcionados para a iluminação. Um Bodhisattva é aquele que está destinado a tornar-se um *Buda,* mas que renunciou ao êxtase do nirvana ao fazer um voto para salvar todos os filhos de Deus sobre a Terra. Na escola Mahayana de Budismo, tornar-se um Bodhisattva é a meta da *senda.* A senda do Bodhisattva em geral divide-se em dez estágios, chamados *bhumis.* O Bodhisattva esforça-se por evoluir de um estágio para o seguinte, até alcançar a iluminação.

(Ver as seguintes obras de Elizabeth Clare Prophet: *"Lord Maitreya: The Coming Buddha Who Has Come"* e *"The Path of the Bodhisattva: The Historical Maitreya"*, em *Pearls of Wisdom*, 1984, vol. 27, Livro I, pp. 1-76; Livro II, pp. 1-74. *"The Path of the Boddhisattva: Confession"*, um videocassete; duas fitas cassete. *"The Path of the Bodhisattva: The Guru-Chela Relationship — Marpa e Milarepa"*, três fitas cassete. *"The Age of Maitreya"*, um videocassete; duas fitas cassete. *"The Buddhic Essence"*, dois vídeos de uma hora; quatro fitas cassete.)

Brahma/Vishnu/Shiva A Trindade Hindu: Criador, preservador, destruidor/libertador. Brahma (Deus **Pai**) é visto como o Criador; Vishnu (Deus **Filho**) é visto como o preservador; e Shiva (Deus **Espírito Santo**), como o destruidor do mal, por isto é o libertador das almas.
(Ver A Alquimia de Saint Germain, pp. 299-301.)

Buda (Do sânscrito *budh*, 'despertar', 'conhecer', 'perceber'.) Buda significa literalmente "o iluminado". Indica um cargo na *hierarquia* espiritual dos mundos que é alcançado quando o indivíduo se submete a determinadas iniciações *do fogo sagrado,* incluindo as dos *sete raios* do *Espírito Santo* e dos cinco *raios* secretos, a elevação do Raio Feminino (fogo sagrado da Kundalini) e a "mestria dos sete nos sete multiplicados pelo poder de dez".
(Ver Djwal Kul, *Intermediate Studies of the Human Aura,* cap. 10; também publicado em *The Human Aura.)*

Gautama alcançou a iluminação de Buda há 25 séculos, a senda por ele trilhada ao longo de inúmeras encarnações anteriores, que culminaram em sua meditação de quarenta e nove dias sob a árvore Bo; por isto ele é chamado Gautama, o Buda. Ele detém o cargo de *Senhor do mundo,* sustentando, com seu *corpo causal* e *a Chama Trina,* a centelha divina e a consciência nas evoluções da Terra,

346

que estão aproximando-se da senda da cristicidade pessoal. Sua aura de amor/sabedoria que envolve o planeta provém de sua incomparável devoção à *Mãe* divina. Ele é o hierarca *Shamballa, retiro* original de *Sanat Kumara,* atualmente no *plano etérico* sobre o deserto de Gobi. Em 18 de abril de 1981, o amado Gautama Buda estabeleceu sua *Shamballa Ocidental* nas terras virgens norte-americanas, na fronteira norte do Parque Nacional de Yellowstone, no Retiro Interior do Rancho do Royal Teton. *Ver também* Senhor do Mundo, Shamballa.

(Ver Gautama Buda, *"Quietly Comes the Buda"*, em *Pearls of Wisdom,* 1975, vol. 18, números 17-29; *Pearls of Wisdom,* 1983, vol. 26, Elizabeth Clare Prophet, *"The Message of the Inner Buddha"*, em *Pearls of Wisdom,* 1989, vol. 32, números 28-30; *A Message of Perfect Love from the Heart of Gautama Buddha,* álbum com três fitas cassete; *Peace in the Plame of Buddha,* álbum com duas fitas cassete; *The Buddha and the Mother,* álbum com seis fitas cassete; *The Buddhas in Winter,* álbum com dezesseis fitas cassete; *"Insatiable Desire: The Enemy Within"* e *"The Eightfold Path of Self-Mastery"*, dois vídeos de uma hora; duas fitas cassete.)

Senhor Maitreya, o *Cristo* cósmico, também passou pelas iniciações de Buda. Ele é o Buda vindouro, que virá ensinar a todos que se afastaram do caminho do Grande Guru, *Sanat Kumara,* de cuja linhagem descendem ele e Gautama. Na história do planeta, houve inúmeros Budas que serviram às evoluções da humanidade, por meio das etapas e estágios da senda do *Bodhisattva*. No oriente, *Jesus é* chamado de Buda Issa. Ele é o Salvador do mundo pelo amor/sabedoria da Divindade. *Ver também* Senhor Maitreya, Bodhisattva.

(Ver as seguintes obras de Elizabeth Clare Prophet: *The Lost Years of Jesus. "Lord Maitreya: The Coming Buddha Who Has Come"* e *"The Path of the Bodhisattva: The Historical Maitreya"*, em *Pearls of Wisdom,* 1984, vol. 27, Livro I, pp. 1-76; Livro II, pp. 1-74, *"The Path of the Bodhisattva: The Historical Maitreya"*, duas fitas cassete.)

Na década de 1960, nove correntes de vida não ascensas que haviam se submetido às iniciações de Buda ofereceram-se como voluntárias para encarnar e ajudar as evoluções da Terra durante sua difícil e perigosa transição para a era de Aquário. O seu serviço ao mundo será reconhecido quando tiverem alcançado a idade do exemplo crístico e búdico, a idade de 33 a 36 anos. No dia 1º de janeiro de 1983, Gautama Buda anunciou que nove Budas, que haviam permanecido no nirvana durante novecentos anos, estavam descendo pelo raio de luz para entrar nos corações de nove indivíduos neste planeta e, por meio da sua presença eletrônica, entrar no campo de força de milhares de corações dedicados. Gautama também concedeu a dispensação de que cada prece, mantra e cântico de devotos do Cristo e de Buda, daquela época em diante, seriam multiplicados pelo poder do coração de Gautama e dos nove Budas.

Carma (Sânscrito *karman,* nominativo *Karma,* 'ato', 'feito', 'trabalho'.) O carma é energia/consciência em ação; a lei de causa e efeito e retribuição. Também chamada de lei do círculo, a que decreta que tudo que fazemos faz um círculo completo e volta até nós para ser resolvido. Paulo disse: "Pois aquilo que o homem semear, isso também ceifará." Newton observou:

"Para cada ação existe uma reação igual e contrária." A lei do carma necessita da reencarnação da *alma* até que todos os ciclos cármicos estejam equilibrados. Assim, de uma vida para outra, o homem determina seu destino através de seus atos, incluindo seus pensamentos, sentimentos, palavras e ações. *Saint Germain* ensina o caminho acelerado da transmutação do carma pela *chama violeta do Espírito Santo* e a transcendência dos sucessivos renascimentos, por meio do caminho da cristicidade individual, que conduz à ascensão demonstrada por *Jesus*.

(Gal. 6:7. Ver Mark L. Prophet e Elizabeth Clare Prophet, *The Lost Teachings of Jesus I*. pp. 129-33; ou em formato de bolso, Livro I, pp. 173-77. *The Lost Teachings of Jesus II*. pp. 44-50; ou em formato de bolso, Livro II, pp. 240-47. Os seguintes são de Elizabeth Clare Prophet: *The Astrology of the Four Horsemen*, pp. 3-19, 65-71, 491-98. *"Prophecy for the 1990s"*, em *Pearls of Wisdom*, 1988, vol. 31, Livro I, pp. l-91; Livro II, pp. 1-123. *"Prophecy for the 1990s III"*, em *Pearls of Wisdom*, 1990, vol. 33, números 4-12. *"Karma, Reincarnation and Christianity "*, em *Pearls of Wisdom*, 1992, vol. 35, números 11-14, 17, 22; 2 videocassetes, 3 fitas cassete.)

Chakra (Palavra em sânscrito que significa "roda" "disco" "círculo".) Expressão usada para indicar os centros de *luz* ancorados no *corpo etérico*, que governam o fluxo de energia para os quatro *corpos inferiores do homem*. Existem sete chakras principais, correspondentes aos *sete raios*, cinco chakras secundários, correspondentes aos cinco *raios* secretos, e um total de 144 centros de luz no corpo do homem. Os sete chakras principais, seus raios, os nomes em sânscrito e as cores são os seguintes: Primeiro Raio, **garganta,** Vishúddha, azul; Segundo Raio, **coroa,** Sahasrāra, amarelo; Terceiro Raio, **coração,** Anāhata, rosa; Quarto Raio, **base da espinha,** Mūlādhāra, branco; Quinto Raio, **terceiro olho,** Ājnā, verde; Sexto Raio, **plexo solar,** Manipūra, púrpura e dourado; Sétimo Raio, habitação **sede da alma,** Svādhisthāha, violeta.

(Ver Djwal Kul, *Intermediate Studies of the Human Aura,* também publicado em *The Human Aura*. Mark L. Prophet e Elizabeth Clare Prophet, *The Lost Teachings of Jesus I*, pp. 261-91, desenhos coloridos após p. 260; ou edição de bolso, Livro Dois, pp. 114-55. Elizabeth Clare Prophet, *Mother's Chakra Meditation s— From My Heart to Buddha,* álbum com 8 fitas cassete; *Saint Germain's Heart Meditation I,* fita cassete.)

Chama de Deus A chama de Deus; *o fogo sagrado,* a identidade, ser e consciência de Deus no núcleo de fogo branco
e como núcleo de fogo branco do ser. Moisés declarou:
"Porque o Senhor teu Deus é um fogo que consome."
Onde quer que a chama de Deus exista ou seja invocada por seus filhos, o fogo sagrado desce para eliminar
(transmutar através de seu fogo branco e da ação do Sétimo *Raio,* a *chama violeta)* tudo que é diferente de si.
Do fogo sagrado de Ahura Mazda, revelado por Zaratus-
tra, ao batismo de Jesus pelo Espírito Santo "com fogo", à
percepção dos apóstolos da provação pelo fogo, à chama
eterna das luzes sétuplas dos hebreus, todos os filhos do
Um que retornaram à chama reverenciaram a presença
Flamejante de Deus e contemplaram-no em meio à glória de Shekinah. E em seus corações eles aceitaram a realidade de sua promessa para a *alma,* a Noiva aguardando,
"Pois eu, diz o Senhor, serei para ela um muro de fogo
em redor, e eu mesmo serei, no meio dela, a sua glória."
(Deut. 4:24; Mat. 3:11, 12; I Cor. 3:13-15; I Pedro 1:7; Êxod. 25:31-40, 37:17-
24; Zac. 2:5.)

Chama gêmea A contrapartida masculina ou feminina do
espírito, concebida a partir do mesmo corpo de fogo
branco, o ovoide ígneo da *presença do* Eu sou.
(Ver "Twin Flames in Love", em *Pearls of Wisdom,* 1978, vol. 21 números
34-47; álbum com oito fitas cassete, *The Ascended Masters on Soul Mates
and Twin Flames, Pearls of Wisdom,* 1985, vol. 28, Livros I e II. *The Coming
Revolution: The Magazine for Higher Consciousness,* verão de 1986. Elizabeth
Clare Prophet, *Twin Flames in Love II,* álbum com 3 fitas cassete; condensado
em uma fita cassete, *Twin Flames and Soul Mates: A New Look at Love, Karma
and Relationships.)*

Chama Trina A chama do *Cristo* que é a centelha da vida, ancorada na câmara secreta do coração dos *filhos e filhas de Deus*, e das crianças de Deus. A sagrada trindade de *poder, sabedoria e amor*, que é a manifestação do *fogo sagrado*. *Ver também* Imagem do Seu Eu divino.
(Ver "Uma trilogia sobre a Chama Trina da vida", *em A alquimia de Saint Germain*, pp. 253-324.)

Chama Violeta Aspecto do Sétimo *Raio* do *Espírito Santo*. O *fogo sagrado* que transmuta a causa, o efeito, o registro e a lembrança do *pecado*, ou *carma* negativo. Também chamada de chama da transmutação, da liberdade e do perdão. *Ver também* Imagem do seu eu divino, decretos.
(Ver Mark L. Prophet e Elizabeth Clare Prophet, *Climb the Highest Mountain*, segunda edição, pp. 359-62. *The Lost Teachings of Jesus II*, cap. 13; ou formato de bolso, Livro IV, cap. 13. *The Science of the Spoken Word*. Elizabeth Clare Prophet, *The Astrology of the Four Horsemen*, caps. 39, 40; "*Saint Germain and Violet Flame Decrees*", 1 videocassete; "*On The Violet Flame and the Chakras*", 1 videocassete. *Save The World with Violet Flame! by Saint Germain*, 1-4, fitas cassete de decretos e cânticos. *Violet Flame for Elemental Life — Fire, Air, Water and Earth 1 e 2*, fitas cassete de decretos e cânticos.)

Chamuel *Ver* Arcanjo.

Chela (Hindi celã, do sânscrito *ceta* 'escravo', isto é, 'servo'.) Na Índia, um discípulo de um mestre ou guru religioso. Termo usado em geral para referir-se a um estudante dos *mestres Ascensos e* seus ensinamentos. Especificamente, um estudioso de algo mais do que autodisciplina comum e devoção, iniciado por um mestre Ascenso e servindo à causa da *Grande Fraternidade Branca*. *Ver também* Discipulado.
(Ver El Morya, *The Chela and the Path: Meeting the Challenge of Life in the Twentieth Century*.)

Chohan Senhor ou mestre; um chefe. Cada um dos *sete raios* possui um Chohan que concentra a *consciência crística* do *raio,* que na verdade é a lei do raio governando o seu uso correto pelo homem. Após encarnar e demonstrar esta lei do raio ao longo de inúmeras encarnações, e ter recebido iniciações tanto antes como depois da *ascensão,* o candidato é nomeado para o cargo de Chohan pelo Maha Chohan, "Grande Senhor", sendo ele mesmo representante do *Espírito Santo* em todos os raios. Os nomes dos Chohans dos Raios (cada um deles um *mestre Ascenso* representando um dos sete raios para as evoluções da terra) e as localizações de seus focos físicos/etéricos são os seguintes: Primeiro Raio, **El Morya,** Retiro da Vontade de Deus, Darjeeling, Índia. Segundo Raio, **Lanto,** Retiro do Royal Teton, Grand Teton, Jackson Hole, Wyoming, EUA. Terceiro Raio, **Paulo, o Veneziano,** Château de Liberté, sul da França, com um foco da *Chama Trina* no Monumento a Washington, Washington, D.C. Quarto Raio, **Serapis Bey,** Templo da Ascensão e Retiro em Luxor, Egito. Quinto Raio, **Hilarion** (apóstolo Paulo), Templo da verdade, Creta. Sexto Raio, **Nada,** Retiro da Arábia, Arábia Saudita. Sétimo Raio, **Saint Germain,** Retiro do Royal Teton, Grand Teton, Wyoming; Gruta dos Símbolos, Table Mountain, Wyoming. Saint Germain também trabalha nos focos do *Grande Diretor Divino* — a Gruta da Luz na Índia e a Mansão Rakoczy, na Transilvânia, onde Saint Germain preside como hierarca.

(Ver *"Messages from the Seven Chohans of the Rays",* em *Pearls of Wisdom,* 1968, vol. II, números 1-7. *Os Sete Chohans, o Maha Chohan e os mestres Mundiais, "The Opening of the Temple Doors",* em *Pearls of Wisdom,* 1973, vol. 16, números 10-19. Mark L. Prophet e Elizabeth Clare Prophet, *Lords of the Seven Rays', The Lost Teachings of Jesus II,* pp. 149-226; ou formato de bolso, Livro Três, pp. 105-200. Elizabeth Clare Prophet, *"Lords of the Seven Rays on Crystals, with Chakras Initiations"*, 4 fitas cassete; *"Lords of the Seven Rays: Find the Perfect Master and Crystal for You "*, dois vídeos de uma hora.)

Cidade Quadrangular A Nova Jerusalém; arquétipo da *Ida de de Ouro, cidades etéricas de luz,* que existem até hoje no *plano etérico* (no céu) e esperam ser trazidas à manifestação física (na Terra). São João Evangelista viu a descida da Cidade Santa como a imaculada geometria daquilo que será e hoje é nas esferas invisíveis da luz: "Vi também a santa cidade, a nova Jerusalém, que de Deus descia do céu." Assim, para que esta visão e profecia seja realizada, *Jesus* ensinou-nos a orar com a autoridade da *palavra falada,* "Faça-se teu reino na terra assim como no céu!". Metafisicamente falando, a Cidade Quadrangular é a mandala dos quatro planos e dos quadrantes do universo da *matéria*; os quatro lados da Grande Pirâmide da consciência de Cristo, focalizada nas esferas da matéria. Os doze portais constituem entradas para a consciência do Cristo, definindo as linhas e níveis das iniciações por ele preparadas para seus discípulos. Os doze portais são as portas abertas para as doze qualidades do *Cristo* cósmico, sustentadas pelas doze hierarquias solares (que são emanações do Cristo universal) em prol de todos que são investidos com o amor ardente e avassalador do Espírito, todos que, pela graça, "Entram pelas portas dele com louvor, e em seus átrios com hinos".

Almas não ascensas podem invocar a mandala da Cidade Quadrangular para realização da consciência crística, assim no alto como embaixo. A Cidade Quadrangular contém a matriz da identidade solar (alma) dos 144 mil arquétipos dos *filhos e filhas* de Deus necessários para concentrar a totalidade divina de sua consciência em uma determinada dispensação. A luz da cidade irradia-se da *presença do* EU SOU, a do Cordeiro, o Cristo cósmico, a partir do *Cristo pessoal*. As joias são os 144 focos e frequências da luz, ancoradas nos *chakras* do Cristo cósmico. (Ap. 21:2, 9-27; Sl. 100:4.)

Ciência da palavra falada *Ver* Palavra falada.

IMAGEM DO SEU EU DIVINO

A Chama Trina da vida:
sua oportunidade para ser o Cristo

Conceito Imaculado O conceito puro ou imagem da *alma* mantida na mente de Deus; qualquer pensamento puro mantido por uma parte da vida em prol de outra parte da vida. Ingrediente fundamental de todo experimento alquímico, sem o qual ele não alcançará sucesso. Capacidade de manter a imagem do padrão de perfeição a ser precipitado, para ter a visão total do projeto, para traçar uma imagem mental, retendo-a e preenchendo-a com *luz,* amor e alegria — estas são as chaves para a ciência do conceito imaculado ensinado pela Mãe *Maria* e pelo mestre alquimista. O exercício da visão interior através do terceiro olho constitui um processo de purificação por meio do qual, como disse *Jesus,* "A candeia do corpo são os olhos; de sorte que, se os teus olhos forem bons, todo o teu corpo terá luz"— isto é, cheio da presença iluminadora do Cristo.

"Deus é o supremo praticante da ciência do conceito imaculado. Por mais distanciado que esteja o *homem* de sua individualidade, Deus sempre vê o homem à imagem da realidade na qual Ele o criou. (…) Esta ciência do conceito imaculado é praticada por todos os *anjos* do céu. É esta lei que está escrita nas entranhas do homem, conhecida pela essência de seu coração, embora obscura na memória de sua mente exterior. Baseia-se na visualização de uma ideia perfeita que então se torna um ímã que atrai as energias criativas do *Espírito Santo* para seu ser, a fim de cumprir o padrão mantido pela mente."
(Mat. 6:22; Jer. 31:33; Heb. 8:10. Ver Mark L. Prophet e Elizabeth Clare Prophet, *Climb the Highest Mountain,* segunda edição, pp. 48-50, 155.)

Consciência cósmica (1) Consciência que Deus tem de si mesmo no cosmo e como o *cosmo*. (2) Consciência que o homem tem de si mesmo conforme ele vive, se movimenta e é no interior das esferas da autopercepção cósmica de Deus. A consciência de si mesmo cumprindo os ciclos do cosmo em e através do grande eu divino; a consciência do eu como parte de Deus nas dimensões cósmicas; realização das iniciações através das bênçãos do Cristo cósmico que conduzem à autorrealização divina no Ser universal.

Consciência crística A consciência ou percepção do eu no Cristo e como o Cristo; realização de um nível de consciência coincidente com aquele que foi realizado por *Jesus*, o Cristo. A consciência crística é a realização no interior da alma desta mente que esteve em Cristo Jesus. É a realização da ação equilibrada do *poder, sabedoria e amor* — do Pai, Filho e Espírito Santo — e da pureza da Mãe, através da *Chama Trina* equilibrada no interior do coração. É a fé aperfeiçoada no desejo de cumprir a vontade de Deus, a esperança na salvação de Cristo Jesus pela senda da sua justiça realizada em nós, e a excelência da caridade no mais puro amor de dar e receber no SENHOR.
(Fil. 2:5.)

Consciência de Deus A consciência, ou percepção, do verdadeiro eu como manifestação de Deus; a consciência do EU SOU O QUE EU SOU ou da *presença do* EU SOU, em, através e além de si mesmo na manifestação universal; capacidade de manter esta autopercepção consciente de Deus — onipotente, onisciente e onipresente — onde quer que alguém, como Ser, seja e declare na plenitude da *luz,* "Eis porque Tu és, Eu sou". O estado de mestria pessoal divina, por meio do qual se mantém esta vibração na totalidade divina do princípio de *Alfa-Ômega* nos planos do *Espírito-matéria.* O plano da consciência de Deus é o reino de Deus. E todos que aí habitam (além das esferas terrenas/celestiais) constituem verdadeiras extensões da própria consciência de Deus — que apenas são suas na mais alta expressão do amor. *Ver também* Consciência Cósmica. (Salmos 82:6; João 10:34.)

Consciência de massa A consciência coletiva da humanidade; o inconsciente coletivo da raça; o menor denominador comum da consciência coletiva da humanidade, vibrando no nível do *plano astral.* A mente de massa é a mente coletiva, computadorizada e programada da humanidade.

Consciência humana A consciência que está ciente do eu como humano — limitado, mortal, caído, pecaminoso, sujeito ao erro e às paixões dos sentidos — e que, portanto, declara com o Filho do homem: "Eu não posso, de mim mesmo, fazer coisa alguma; mas o Pai, que está em mim, é quem faz as obras." (João 5:30; 14:10.)

Conselho do carma *Ver* Senhores do Carma.

Coração de diamante Concentração dos *fogos sagrados* da vontade de Deus, que coalesce como uma matriz de diamante nos corações dos devotos da vontade de Deus, seu *plano divino* e sua matriz interior *(etérica)* para toda a vida. Daí a utilização do termo para descrever o coração de *mestres Ascensos, anjos, devas* e *discípulos* que personificam a vontade de Deus; comumente associado a *El Morya* e a Maria, a Mãe de *Jesus*. O coração de diamante de Deus possui a qualidade do diamante, sua dureza que resiste a qualquer estratégia sinistra do Antieu e da Antivontade. Ao mesmo tempo, reflete o esplendor da sabedoria/amor ao longo da criação — ampliando e projetando as virtudes prismáticas e os poderes carismáticos do *Espírito Santo,* personificado pelos *filhos e filhas ascensos e não ascensos de Deus.*

(Ver Jesus e Kuthumi, *Corona Class Lessons,* pp. 90-91. Mãe Maria, *"The Order of the Diamond Heart",* e Jesus, *"The Hour of Thy Victory Draweth Nigh",* em *Pearls of Wisdom,* 1987, vol. 30, pp. 629, 633-37, 640-46, 237 número 9.)

Corpo astral *Ver* Corpo emocional.

Corpo causal O corpo da primeira causa; sete esferas concêntricas de *luz* e consciência que envolvem a *presença* do Eu sou nos planos do *Espírito,* cujos *momentums,* acrescido do bem — palavra e obra do Senhor manifestadas pela *alma* em todas as vidas pregressas — estão acessíveis hoje, à medida que deles necessitamos. Os recursos e a criatividade espirituais — talentos, graças, dons e gênio, acumulados através do serviço exemplar nos sete *raios* — podem ser obtidos do corpo causal por meio da invocação feita à presença do Eu sou, em nome do *Cristo pessoal*. O corpo causal é o local onde "armazenamos os tesouros no céu" — depósito de todas as coisas boas e perfeitas que são parte de nossa verdadeira identidade. Além disso, as grandes esferas do corpo causal são a morada do Deus Altíssimo, às quais se

referiu Jesus, ao dizer: "Na casa de meu Pai há muitas moradas (...) Vou preparar-vos lugar. (...) Virei outra vez, e vos levarei para mim mesmo, para que, onde EU SOU [onde eu, o Cristo encarnado, SOU na presença do EU SOU], vós estejais também." O corpo causal é a mansão, ou morada, do Espírito do EU SOU O QUE EU SOU, à qual retorna a alma, através de Jesus Cristo e do Cristo pessoal individual, no ritual da *ascensão*. O corpo causal, como a estrela da individualização da chama de Deus em cada homem, foi citado por Paulo, que disse "porque uma estrela difere em glória de outra estrela". *Ver também* Imagem do seu Eu divino.
(Mat. 6:19-21; João 14:2, 3; I Cor. 15:41.)

Corpo de desejos *Ver* Corpo emocional.

Corpo emocional Um dos quatro *corpos* inferiores do *homem,* correspondendo ao elemento água e ao terceiro quadrante da *matéria,* veículo dos desejos e sentimentos divinos manifestados no ser do homem. Também chamado de *corpo astral,* corpo dos desejos e corpo dos sentimentos.

Corpo etérico Um dos quatro *corpos* inferiores *do homem,* correspondendo ao elemento fogo e ao primeiro quadrante da *matéria;* chamado de invólucro da *alma,* mantém a matriz do *plano divino* e a imagem da perfeição de *Cristo* a ser manifestada no mundo da forma. Também chamado de corpo da memória. *Sanat Kumara* anunciou, no dia de Ano-Novo de 1985, que a terra recebera um novo invólucro *etérico* contendo o registro e a matriz do plano divino original para o planeta e que a oportunidade para o mundo renovar a *era de ouro* nunca havia sido maior.

(Ver Sanat Kumara, *"The Turning Point of Life on Earth: A Dispensation of the Solar Logoi"*, em *Pearls of Wisdom*, 1985, vol. 28, Livro I, pp. 60-61.)

Corpo físico O mais denso dos quatro *corpos* inferiores *do homem,* correspondendo ao elemento terra e ao quarto quadrante da matéria: o corpo que é o veículo para a permanência da *alma* na Terra e foco para a cristalização na forma das energias dos corpos *etérico, mental* e *emocional.*

Corpo mental Um dos quatro *corpos* inferiores *do homem,* correspondendo ao elemento ar e ao segundo quadrante da *matéria*[1], o corpo que deve ser o veículo, ou receptáculo, para a mente de Deus ou a mente de *Cristo.* "Deixai que esta mente [universal] esteja em vós, assim como esteve também em Cristo *Jesus.*" Até ser acelerado, este corpo continua a ser o veículo para a *mente carnal,* comumente chamada de corpo mental inferior, em contraste com o corpo mental superior, sinônimo de *Cristo pessoal* ou *consciência do Cristo.*
(Fil. 2:5.)

Corpos do homem Os quatro corpos inferiores constituem quatro invólucros que se compõem de quatro frequências distintas que envolvem a *alma* — física, emocional, mental e etérica — servindo de veículos para a alma em sua jornada através do tempo e do espaço. A camada etérica, de vibração mais elevada, é o portal para os três corpos superiores, que são o *Cristo pessoal*, a *presença do* EU SOU *e o corpo causal. Ver também* Imagem do seu Eu divino, corpo etérico, corpo mental, corpo emocional e corpo Físico.

(Ver Mark L. Prophet e Elizabeth Clare Prophet, *Climb the Highest Mountain*, segunda edição, pp. 164-73; *The Lost Teachings of Jesus I*, pp. 224-26; ou em formato de bolso, Livro Dois, pp. 66-69.)

Corrente de vida A corrente de vida que provém da fonte una, da presença do EU SOU nos pianos do *Espírito,* e desce até os planos da *matéria,* onde se manifesta como a *Chama Trina,* ancorada no *chakra* do coração para sustentação da *alma* na matéria e nutrição dos *quatro corpos inferiores.* Indica almas em evolução como "correntes de vida" individuais, por isso é sinônimo da palavra "indivíduo". Indica a natureza evolutiva do indivíduo através de seus ciclos de individualização.

Cosmo O universo concebido como um sistema ordenado e harmonioso; sistema autoinclusivo, ordenado e complexo. Tudo que existe no tempo e no espaço, incluindo espectros da *luz,* forças de corpos, ciclos de elementos — vida, inteligência, memória, registro e dimensões além da percepção física — calculados matematicamente como evidência de coisas ainda não vistas, mas que aparecem no cosmo do *Espírito* que coexiste e interpenetra o cosmo da matéria como uma rede de luz. O cosmo da matéria de nossa Mãe compõe-se de toda a criação física/astral de universos conhecidos e desconhecidos. O cosmo do Espírito de nosso Pai à nossa volta protege a matriz interior e o movimento da primeira causa e da casualidade, através da qual os mundos são estruturados e mantidos pela sua mente universal e os planos do efeito *(carma)*, nos quais habitamos, são sustentados durante um certo tempo.

Cristo (do grego *Christos,* 'ungido') **Messias** (hebraico, aramaico, 'ungido'); **'crístico'**, aquele dotado e preenchido — ungido — pela *luz* (o Filho) de Deus. O *verbo*, o Logos, a Segunda Pessoa da Trindade. "E o verbo se fez carne e habitou entre nós (e contemplamos sua glória, a glória do único gerado pelo Pai), pleno de graça e verdade... *Esta foi a verdadeira luz que iluminou todos os homens que vieram ao mundo.* Ele esteve no mundo, e o mundo foi criado por ele, e o mundo não o conhecia." Na Trindade Hindu, *Brahma,* Vishnu e *Shiva,* o termo "Cristo" corresponde ou é a encarnação de Vishnu, o Preservador; Avatara, Deus-homem, Aquele que afasta as trevas, Guru.

Cristo pessoal O foco individualizado do "Filho unigênito do Pai cheio de graça e verdade". O *Cristo* universal individualizado como verdadeira identidade da alma; o Eu real de todo homem, mulher e criança, para o qual a alma deve elevar-se. O Cristo pessoal é o mediador entre o homem e seu Deus. Ele é o próprio Instrutor, mestre e Profeta pessoal do homem, oficiando como Sumo Sacerdote diante do altar do Santo dos Santos (a presença do EU SOU) do templo de cada homem criados sem o uso das mãos. O advento da consciência universal do Cristo pessoal no povo de Deus na terra é profetizado pelos profetas como a descida do SENHOR NOSSA JUSTIÇA, também chamado de RENOVO, na Era universal vigente. Quando alguém alcança a plenitude da identificação da alma com o Cristo pessoal, é chamado de ser Crístico, ou ungido, e o Filho de Deus é visto brilhando através do Filho do homem.

(João 1:14; Isa. 11:1; Jer. 23:5, 6; 33:15, 16; Zac. 3:8; 6:12. Ver Mark L. Prophet e Elizabeth Clare Prophet, *Climb the Highest Mountain*, segunda edição, pp. 148-60, 340-41, 368-69; *The Lost Teachings of Jesus I*, pp. 240-45; ou formato de bolso, Livro Dois, pp. 86-92. Elizabeth Clare Prophet, *The Astrology of the Four Horsemen*, pp. 53-57, 479-86, 494-98; *"Jesus Christ, Avatar of the Ages"*, 1 videocassete; 2 fitas cassete.)

O Cristo universal é o mediador entre os planos do *Espírito* e os planos da *matéria;* personificado como *Cristo pessoal,* ele é o mediador entre o Espírito de Deus e a *alma do homem.* O Cristo universal sustenta o nexo da consciência (do fluxo em forma de oito), através da qual as energias do Pai (Espírito) transmitem-se a seus filhos para a cristalização (realização do Cristo) da *chama de Deus* pelos esforços das almas no ventre cósmico (matriz) da *Mãe* (matéria). Este processo é chamado de materialização (*matéria*-realização), "A Descida". O processo por meio do qual as energias da mãe aglutinadas na alma atravessam pelo nexo da *consciência de Cristo* para chegar ao Pai, é a aceleração chamada de espiritualização (*Espírito-realização*), "A Ascensão". Outro nome para o processo por meio do qual a energia da alma retorna da matéria para o Espírito é a sublimação (sublime ação), ou transmutação. A consumação deste processo é vivenciada pela alma, agora uma com o Filho, como a *ascensão* — união com o Espírito da *presença* do Eu sou, o Pai. A ascensão é o cumprimento no céu da promessa de *Jesus* na Terra: "Naquele dia conhecereis que estou em meu Pai, e vós em mim, e eu em vós. (...) Se alguém me ama guardará a minha palavra, e meu Pai o amará, e viremos para ele, e faremos nele morada."

A fusão das energias da polaridade positiva e negativa da divindade na criação ocorre através do Cristo universal, o Logos, sem o qual "nada do que foi feito foi feito". O fluxo de luz do *Macrocosmo* para o *microcosmo*, do Espírito (presença do EU SOU) para a alma e novamente de volta para a espiral em forma de oito, é realizado através desse mediador abençoado, que é o Cristo, o SENHOR, a verdadeira encarnação do EU SOU O QUE EU SOU. Porque Jesus Cristo é esta palavra encarnada, ele pode dizer, "EU SOU [o EU SOU em mim é] a porta aberta (para o céu e para a terra) que nenhum homem pode fechar" e "Todo poder me é concedido [através do EU SOU em mim] no céu e na terra" e "Olhai, EU SOU [o EU SOU em mim é] vivo para sempre — no alto como embaixo — e tenho as chaves do reino dos céus e as chaves do inferno e da morte, e irei dá-las a quem meu Pai quiser, e isso será dado em seu nome". Isto, que é afirmado até hoje pelo *mestre Ascenso* Jesus Cristo, é também afirmado em seu benefício por seu amado Cristo pessoal. Assim, o Cristo universal do Filho único e de muitos, media de fato a presença do EU SOU, para vocês, através de seu próprio e amado Santo Cristo pessoal. Esta é a verdadeira Comunhão do Cristo cósmico, cujo corpo (consciência) foi "partido", partilhado, individualizado, para cada filho do coração do Pai. Os Filhos de Deus guardam a luz de Maxim em confiança para os filhos em Cristo.

A palavra "Cristo" ou "Crístico" também denota um cargo na *hierarquia*, mantido por aqueles que alcançaram a mestria pessoal nos *sete raios* e nos *sete chakras* do *Espírito Santo*. O domínio crístico inclui o equilíbrio da *Chama Trina* — atributos divinos de *poder, sabedoria e amor* — para a harmonização da consciência e implementação da mestria dos sete raios nos chakras e nos *quatro corpos inferiores*, através da chama da Mãe (Kundalini elevada). Na hora aprazada para a ascensão, a alma assim ungida eleva a espiral da Chama Trina a partir dos pés, através de toda a forma para a transmutação de cada átomo e célula de seu ser, consciência e mundo. (Ver p. 355.) A saturação e aceleração dos quatro corpos inferiores e da alma, por esta luz transfiguradora da chama do Cristo, acontecem em parte durante a iniciação da transfiguração, aumentando através da ressurreição e ganhando plena intensidade no ritual da ascensão.

O Cristo individual, o Cristo pessoal, é o iniciador de toda alma viva. Quando o indivíduo submete-se a diversas iniciações no caminho da cristicidade, incluindo "o extermínio do *morador do umbral*", ele adquire o direito de ser chamado de crístico e ganha o título de *filho ou filha de Deus*. Alguns daqueles que adquiriram esse título em eras passadas comprometeram essa realização completamente ou não conseguiram manifestá-la em encarnações subsequentes. Neste século, o Logos exige que revelem seu domínio interior de Deus e aperfeiçoem-no no plano físico durante a encarnação física. Portanto, para auxiliar os filhos e filhas de Deus na manifestação comensurável com sua luz interior, os mestres da *Grande Fraternidade*

Branca revelaram seus ensinamentos através dos mestres Ascensos e de seus *mensageiros* neste século. E *Saint Germain* fundou a *Fraternidade dos Guardiões da Chama*, oferecendo lições mensais graduadas aos membros desta ordem, dedicada à manutenção da chama da vida em todo o mundo. Antes da passagem bem-sucedida pelas iniciações do *discipulado*, o indivíduo é citado como uma criança de Deus, em contraste com a expressão "Filho de Deus", que indica plena cristicidade, onde a alma, como o Filho do homem, torna-se una no Filho de Deus, seguindo o exemplo de Cristo Jesus.

Expandindo a consciência do Cristo, os seres crísticos avançam para alcançar a realização da consciência crística ao nível planetário e são capazes de manter o equilíbrio da chama do Cristo em prol da evolução do planeta. Quando isto é alcançado, ele auxilia membros da hierarquia celestial que servem no cargo de instrutores mundiais e de Cristo planetário. *Ver também* Imagem do seu Eu divino, Jesus.
(João 1:1-14; 14:20, 23. Comparar Ap. 3:8, Mat. 28:18, Ap. 1:18.)

Darjeeling, Conselho de Conselho da *Grande Fraternidade Branca,* composto pelos *mestres Ascensos* e discípulos não ascensos, presidido por *El Morya,* o seu chefe, cujo quartel-general situa-se em Darjeeling, Índia, no *retiro* etérico do mestre. São membros *Mãe Maria, Kuan Yin, Arcanjo Miguel,* o *Grande Diretor divino, Serapis Bey, Kuthumi,* Djwal Kul e vários outros, cujo objetivo é treinar as almas para o serviço mundial no governo e economia de Deus, por meio de relações internacionais e do estabelecimento do *Cristo* interior como alicerce para a religião, educação e o retorno à cultura da *era de ouro* na música e nas artes.

Decreto, sub. Vontade pré-ordenada, édito ou comando, decisão de autoridade, declaração, lei, regulamento ou lei religiosa; um mandamento ou comando. Decretar, *v.* Decidir, declarar, determinar ou ordenar; comandar ou impor; invocar a presença de Deus, sua consciência/energia/luz, seu poder e proteção, pureza e perfeição.

Está escrito no Livro de Jó "Determinando (decretando) tu algum negócio, ser-te-á firme, e a luz brilhará em teus caminhos". O decreto é a mais poderosa de todas as solicitações à divindade. É o "demandai-me ordens" de Isaías 45:11, comando original à *luz,* que, assim como "Faça-se a luz", é o direito inato dos *filhos e filhas de Deus.* É a palavra autorizada de Deus, dita no homem em nome da *presença do* Eu sou e do *Cristo* vivo para efetuar a transformação construtiva na Terra, por meio da vontade de Deus e de sua consciência, assim na Terra como no céu — na manifestação aqui, embaixo como no alto. O decreto dinâmico oferecido como louvor e petição ao Senhor Deus na ciência da *palavra falada* é a "fervorosa e eficaz prece do justo" que é de grande valor. O decreto dinâmico é o meio pelo qual o suplicante identifica-se com a palavra de Deus, até mesmo a ordem original do Criador "Haja luz; e houve luz".

Através do decreto dinâmico, dito com alegria e amor, fé e esperança na graça de Deus, o suplicante recebe o enxerto da *palavra* e experimenta a transmutação pelo *fogo sagrado* do *Espírito Santo,* o "julgamento pelo fogo", por meio do qual todo *pecado,* doença e morte são consumidos e, no entanto, a *alma* justa é preservada. O decreto é o instrumento do alquimista e a técnica para a transmutação e autotranscendência pessoal e planetária. O decreto pode ser curto ou longo, e é geralmente caracterizado por um preâmbulo formal e uma conclusão, ou aceitação. (Jó 22:28; Gên. 1:3; Tiago 1:21; 5:16; I Cor. 3:13-15; I Pedro 1:7. Ver Mark L. Prophet e Elizabeth Clare Prophet, *The Science of the Spoken Word.* Jesus e Kuthumi, *Prayer and Meditation. Prayers, Meditations and Dynamic Decrees for the Coming Revolution in Higher Consciousness,* Seções I e II. Elizabeth Clare Prophet, *The Astrology of the Four Horsemen,* cap. 38-40. Mark L. Prophet e Elizabeth Clare Prophet, *The Science of the Spoken Word: Why and How to Decree Effectively,* álbum com 4 fitas cassete. Elizabeth Clare Prophet, "*I'm Stumping for the Coming Revolution in Higher Consciousness*", álbum com 3 fitas cassete. Para fitas cassete de decretos, cânticos, mantras e rosários, incluindo decretos para o Arcanjo Miguel, El Morya e Senhor Lanto e decretos da chama violeta, ver pp. 465-66.)

Deusa da justiça *Ver* Pórcia.

Deusa da liberdade A *Mestra Ascensa* que detém a *consciência divina* da liberdade para a Terra. Durante sua encarnação na *Atlântida,* ela erigiu o Templo do Sol, onde hoje é a Ilha de Manhattan. Com o afundamento da Atlântida, o templo físico foi destruído, mas a contraparte *etérica* permanece no *plano etérico,* onde ela continua a focalizar a chama da liberdade no altar central, circundado por doze santuários dedicados às doze hierarquias do Sol. A Deusa da liberdade (assim chamada por sua total e irrestrita identificação com a chama da liberdade de Deus, sua consciência da liberdade de Deus) é a porta-voz do *conselho do carma* e representa o Segundo *Raio* neste conselho. Sua estátua na ilha da liberdade (antes Bedloe's Island), no porto de Nova York, retrata a personagem citada por Longfellow, "Senhora com uma Tocha", que, ele profetizou, "irá elevar-se na história grandiosa da terra, tipo nobre da feminilidade benevolente e heroica". Ela é o arquétipo da mulher vestida com o Sol e da mulher da nova era — inspirando as nações à ação iluminada pela tocha da iluminação e o livro da lei.

(Ver Mark L. Prophet e Elizabeth Clare Prophet, *The Lost Teachings of Jesus II*, pp. 181, 251-52, 332, 487; ou formato de bolso, Livro 3, pp. 144-45, 231-33; Livro 4, pp. 46, 237-38.)

Deusa da misericórdia *Ver* Kuan Yin.

Deva (Em sânscrito, "ser radiante") Membro de uma ordem de seres angélicos que servem como as forças elementais da natureza, ajudando-as a realizar suas várias funções. Anjos deva são os espíritos guardiões das montanhas e florestas. Também personificam e mantêm a matriz da *consciência de Cristo*, a ser retratada por pessoas de determinado local — cidade, estado, nação ou continente — ou por uma raça, nacionalidade ou grupo étnico específico.

Discipulado Ser adepto do *Cristo* e dos ensinamentos da *Grande Fraternidade Branca*; processo de obtenção da mestria pessoal através da autodisciplina nas iniciações do *Buda*, dos instrutores mundiais e dos *mestres Ascensos*.

Passos da iniciação no discipulado, sob a *palavra* viva: 1) **Estudante:** Nesta fase, o indivíduo estuda, torna-se um estudante das obras e ensinamentos do mestre. Ele é livre para ir e vir em sua comunidade, usufruindo do contato com outros seguidores e dos frutos de sua dedicação, mas ainda não declarou qualquer responsabilidade específica à pessoa do mestre. Ele não fez votos, não estabeleceu compromissos, mas pode estar estudando para "mostrar-se aprovado", a fim de ser aceito como servidor, ou cosservidor (também conhecido como *"chela"*) partilhando a alegria da missão mundial do mestre. 2) **Discípulo** (chela): O indivíduo tem o desejo de ter um vínculo com o mestre — receber ensinamentos diretamente do mestre, e não apenas através das obras publicadas. O discípulo atende ao chamado do mestre e deixa suas redes de entrelaçamentos cármicos e o desejo do mundo para segui-lo: "Vinde após mim, e eu vos farei pescadores de homens." O discípulo recebe as iniciações do Cristo cósmico do decorrer do seu serviço ao mestre. Seu coração, mente e *alma* começam a desenvolver um maior amor, como apreciação e gratidão pelos ensinamentos recebidos no nível anterior do estudante. Este amor é traduzido em ação como autossacrifício, altruísmo, serviço e renúncia à pessoa do Cristo, o Sol por trás do Filho do homem do mestre; quando este passo é acelerado para o nível de "oferecimento aceitável", e o chela está engajado na harmonização de sua *Chama Trina* e de seu *carma*, ele pode ser considerado apto para o próximo passo. 3) **Amigo:** Aqueles considerados amigos do mestre entram por convite — "Já não vos chamarei servos, mas amigos" — em um relacionamento de companheirismo e colaboração arcando com responsabilidades cada vez maiores relativas à senda do mestre como salvador do

mundo. O amigo carrega a cruz e o fardo de luz do mestre; demonstra as qualidades da amizade como na vida de Abraão e na de outros chelas que ascenderam a um nível de compreensão do próprio coração e da experiência do mestre — oferecendo consolo, conforto, aconselhamento e apoio, na lealdade aos propósitos e à pessoa do mestre. 4) **Irmão:** O grau de irmão é o nível em que a unidade do relacionamento Guru-discípulo, Alfa-Ômega torna-se completa através da troca horizontal em forma de oito, de coração para coração; O Guru, na verdade, fez de seu discípulo parte de sua própria carne e sangue, e ofereceu-lhe o *momentum* completo da sua mestria e partes de seu manto e de sua autoridade, preparando-o para a *ascensão* do mestre e a responsabilidade do discípulo por parte ou todo o cargo do mestre. Esta é a relação amorosa, exemplificada por *Jesus* e João, sua *Mãe, Maria,* e talvez seu próprio irmão de came (ou primo) Tiago. 5) **Cristo ou crístico:** o Ungido da palavra encarnada.
(II Tim. 2:15; Mat. 4:19; Mar. 1:17; João 15. Ver Jesus e Kuthumi, *Corona Class Lessons,* cap. 25-30.)

Divino Filho Varão O Filho nascido da Mulher vestida com o Sol é a encarnação do *Cristo* universal para a era de Aquário, nos *filhos e filhas de Deus,* cujo destino é concentrar-se na *consciência de Cristo* para as evoluções da terra. Com letra minúscula, a palavra "filho" refere-se ao menino que tem o *Espírito Santo* desde o ventre de sua mãe, por exemplo, João Batista e *Jesus.*
(Ap. 12.)

Ego divino Consciência da verdadeira individualidade no Cristo pessoal e como *Cristo pessoal,* o Eu divino, ou a *presença do* Eu sou, consciência superior; Fonte ou Origem do Homem. Sentido da individualidade no ponto de origem; Mônada divina.

Ego humano Ponto da personalidade que abrange a *consciência humana* e tudo que é a verdadeira individualidade; o antieu, a *imagem sintética*. No entanto, o ego positivo, bem-sucedido e possuidor de uma autoimagem saudável, constitui o próprio ingrediente vital que permite ao homem buscar destemidamente o *ego divino*, passo a passo, renunciando a si mesmo, esquecendo o passado até que a máscara humana deixe de ser um vício ou instrumento. E a alegria pura, como ser radiante, torne-se a nova definição da individualidade e a perspectiva da realidade. Um ego saudável é fundamental para uma entrega saudável a Deus — o único e verdadeiro ego de todos nós.

El Morya O *mestre Ascenso*. Senhor *(Chohan)* do primeiro raio da vontade de Deus, *Chefe do Conselho de Darjeeling da Grande Fraternidade Branca,* fundador da *The Summit Lighthouse,* instrutor e patrocinador dos *mensageiros* Mark L. Prophet e Elizabeth Clare Prophet. A extraordinária devoção do mestre à palavra e à obra de Deus constitui poderosa torrente que percorre as encarnações de sua alma na terra à medida que se manteve firme no papel de advogado, mestre e exemplo diante de nossos espíritos elevando-se até o amor.

Como o príncipe rajpute El Morya Khan, ele trabalhou em colaboração com *Kuthumi*, Djwal Kul, *Serapis Bey,*

Saint Germain e outros, para fundar a Sociedade Teosófica em 1875. Ele foi Abraão, antigo patriarca que emergiu de Ur, na Caldeia, para tornar-se o protótipo e progenitor das doze tribos de Israel. Retornando como Melquior, um dos três magos do Oriente, encontrou a estrela que prognostica o nascimento do melhor de sua semente, que cumpriria todas as promessas de Deus para seus descendentes espirituais.

Como Arthur, rei dos britânicos, ele convocou cavaleiros da Távola Redonda e damas da corte de Camelot para a busca do Santo Graal e para alcançar, através da iniciação, os mistérios interiores do *Cristo*. Aparecendo novamente no solo britânico como Thomas Beckett e como Thomas Moore, ambos martirizados, ele representou por duas vezes o papel de defensor da fé e desafiador do rei Henrique — também nascido duas vezes (Henrique II e VIII), e duas vezes o opressor. No século XVI, a jornada de sua *alma* leva-o até o Oriente, na pessoa de Akbar, o maior imperador mongol, e no século XIX, à Irlanda, para ser o poeta laureado Thomas Moore. Em 1898, o renomado "Mahatma de Himavat", El Morya Khan, ascendeu ao coração de Deus.

Durante as décadas de 1920 e 30, o mestre Ascenso El Morya trabalhou com Nicholas e Helena Roerich, que publicaram diversas obras suas. Em 1958, ele chamou Mark L. Prophet para difundir os ensinamentos dos mestres Ascensos como as *Pérolas de sabedoria*, publicadas pela recém-fundada Summit Lighthouse. Com Saint Germain e *Mãe Maria*, ele também preparou Elizabeth Clare

Prophet para ser *mensageira*. Por meio do mensageiro encarnado, ele oferece os ensinamentos do *Cristo* universal à era de Aquário e conduz retiros sobre as técnicas espirituais práticas para enfrentar os desafios pessoais e planetários citados nas profecias do Apocalipse de São João. A nota-chave de El Morya, captando as frequências de sua presença eletrônica, foi expressa em parte por Sir Edward Elgar em sua *Pomp and Circunstance*.

(Ver as seguintes obras de El Morya: *The Chela and the Path; The Sacred Adventure; Morya: The Darjeeling Master Speaks to His Chelas on the Questfor the Holy Grail; Ashram Notes; Ashram Rituals,* brochura e duas fitas cassete; *El Morya: Chohan of the First Ray,* álbum com duas fitas cassete. Mark L. e Elizabeth Clare Prophet, *Lords of the Seven Rays,* Livro I, cap. 1; Livro 2, cap. 1. *El Morya, Lord of the First Ray; Dynamic Decrees with Prayers and Ballads for Chelas of the Will of God 1-4,* fitas cassete. *Hail to the Chief! A salute to El Morya,* cânticos em CD e fitas cassete.)

Elementais Seres da terra, do ar, do fogo e da água; espíritos da natureza que são os servos de Deus e do homem nos planos da *matéria,* para o estabelecimento e manutenção do plano físico como a plataforma para a evolução da *alma.* Os elementais que servem ao elemento fogo são chamados de salamandras; aqueles que servem ao elemento ar, sílfides; aqueles que servem ao elemento água, ondinas; aqueles que servem ao elemento terra, gnomos. *Ver também* Corpo elemental.

(Ver Mark L. Prophet e Elizabeth Clare Prophet, *Climb the Highest Mountain,* segunda edição, pp. 444-70, 548-55. *Saint Germain on Prophecy,* Livro Três. Jesus e Kuthumi, *Corona Class Lessons,* pp. 371-76. *Violet Flame for Elemental Life — Fire, Air. Water and Earth 7 e 2,* fitas cassete de decretos e cânticos.)

Elemental do corpo Ser da natureza (em geral invisível e cuja atuação passa despercebida na oitava física) que serve a *alma* desde o momento de sua primeira encarnação nos planos da *matéria,* zelando pelo *corpo físico.* Com cerca de um metro de altura e semelhante ao indivíduo a quem serve, o elemental do corpo, trabalhando com o *anjo* da guarda sob o comando do *Cristo pessoal* regenerador, é o amigo invisível e auxiliar do homem. *Ver também* Elementais.

(Ver Mark L. Prophet e Elizabeth Clare Prophet, *Climb the Highest Mountain,* segunda edição, pp. 455-64.)

Elohim (Plural do hebraico. *'Eloah',* Deus.) Um dos nomes hebraicos de Deus, ou dos deuses; utilizado no Antigo Testamento cerca de 2.500 vezes, significando "Ser poderoso" ou "Ser forte". *Elohim* é um nome uniplural que se refere às *chamas gêmeas* da Divindade, englobando o "nós divino". Quando fala especificamente da metade masculina ou feminina, a forma plural é mantida devido à compreensão de que uma metade da totalidade divina contém e é o Eu andrógino (o nós divino). Os Sete Elohim poderosos e suas contrapartidas femininas são os construtores da forma; assim, Elohim é o nome de Deus usado no primeiro verso da Bíblia, "No princípio Deus criou o céu e a terra". Servindo diretamente sob os Elohim estão os quatro seres dos elementos, "as Quatro Forças Cósmicas", que detêm o domínio sobre os *elementais* — gnomos, salamandras, sílfides e ondinas.

Os Sete poderosos Elohim são os "Sete espíritos de Deus" citados no Apocalipse e as "estrelas da alva" que cantam juntas no começo, como o SENHOR revelou-as a seu servo Job. Existem também cinco Elohim que envolvem o núcleo de fogo branco do *Grande Sol Central.* Na ordem da *hierarquia,* os Elohim e os *Seres cósmicos* apresentam a maior concentração, a mais elevada vibração da luz que podemos compreender em nosso estado evolutivo. Eles representam, com os quatro seres da natureza, seus consortes e os construtores elementais da forma, o poder de nosso Pai como Criador (o raio azul). Os Sete *Arcanjos* e seus complementos divinos, os grandes *serafins, querubins* e todas as hostes angélicas representam o amor de Deus na intensidade ardente do Espírito Santo (o raio rosa). Os Sete *Chohans dos Raios* e todos os *mestres Ascensos,* juntamente com *os filhos e filhas* não ascensos *de Deus,* representam a sabedoria da lei do Logos sob o cargo do Filho (o raio amarelo). Esses três reinos formam uma tríade de manifestação, trabalhando em equilíbrio para manifestar as energias da Trindade. A entoação do som sagrado "Elohim" libera tremendo poder de sua consciência divina, desacelerada para nosso uso através do Cristo cósmico.

Seguem-se os nomes dos Sete Elohim, os raios que eles servem e as localizações de seus *retiros* etéricos: Primeiro Raio, **Hércules e Amazônia,** Half Dome, Sierra Nevada, Yosemite National Park, Califórnia, EUA. Segundo Raio, **Apollo e Lumina,** Saxônia ocidental, Alemanha. Terceiro Raio, **Eros e amora,** lago Winnipeg, Canadá. Quarto Raio, **Pureza e Astreia,** perto do golfo do Arcanjo, braço sudeste do mar Branco, Rússia. Quinto Raio, **Cyclopea e Virginia,** cordilheira de Altai, onde se encontram China, Sibéria e Mongólia, perto de Tabun Bogdo. Sexto Raio, **Paz e Aloha,** ilhas Havaí. Sétimo Raio, **Arcturus e Victoria,** perto de Luanda, Angola, África.

(Ap. 1:4, 3:1, 4:5, 5:6; Job 38:7. *Vet Spoken by Elohim, Pearls of Wisdom,* 1978, vol. 21. The Seven Mighty Elohim, *"The Chalice of Elohim",* em *Pearls of Wisdom,* 1989, vol. 32, números 9-15, 5 fitas cassete. *The Seven Elohim in the Power of the Spoken Word,* álbum com 4 fitas cassete.)

Era de Ouro Ciclo de iluminação, paz e harmonia, no qual as *almas* da humanidade fundem-se na chama crística, para a realização do *plano divino* "assim no alto como embaixo". Através da convergência do plano e invólucro etérico com os três veículos inferiores do corpo da Terra e suas evoluções, o reino celestial irá manifestar-se na Terra como é visto hoje na oitava *etérica. Ver também* Corpo etérico.
(Ver Elizabeth Clare Prophet, *"The Golden Age of Jesus Christ on Atlantis",* 2 videocassetes; 2 fitas cassete.)

Escolas de mistérios Desde a expulsão do *homem* e da mulher do Jardim do Éden (a Escola de Mistérios do *Senhor Maitreya,* simbolizando a consciência pura de Deus; E--Don, significando a sabedoria divina, ou o Domínio de *Elohim),* devido ao mau uso do fogo sagrado na aplicação incorreta do *livre-arbítrio,* a *Grande Fraternidade Branca* tem mantido escolas de mistérios, ou *retiros.* Eles servem como repositórios para o conhecimento do *fogo sagrado* que é outorgado às *chamas gêmeas,* quando estas demonstram a disciplina necessária para se manterem no caminho da *Árvore da vida.* Após a Queda (descida intencional para os planos inferiores da consciência), a Grande Fraternidade Branca patrocinou as escolas de mistérios na *Lemúria* e na *Atlântida,* onde as verdades espirituais superiores eram ensinadas àqueles que quisessem seguir as disciplinas dos adeptos. A Sangha do Buda, a comunidade essênia em Qumran e a escola de Pitágoras em Crotona encontravam-se entre as escolas de mistérios mais recentes. Outras escolas localizavam-se nos Himalaias, no Extremo Oriente e no Egito, bem como na Europa e na América do Sul. Uma a uma, essas escolas de mistérios foram destruídas ou dispersadas.

Sempre que essas escolas eram destruídas, os *mestres Ascensos* que as patrocinavam retiravam suas chamas e santuários sagrados para seus retiros no *plano etérico*. Aí os discípulos são treinados entre as encarnações e em seus corpos mais sutis (durante o sono ou no samadhi) para que possam alcançar o conhecimento do Eu divino, que, até que *Saint Germain* mais uma vez o fomentasse neste século, não esteve disponível, para a humanidade em massa no plano físico, durante séculos. Em 1984, o Senhor Maitreya restabeleceu sua escola de mistérios no rancho do Royal Teton, na região sudoeste de Montana.

Espírito Polaridade masculina da divindade; a coordenada da *matéria;* Deus como Pai, que, necessariamente, inclui na polaridade de si mesmo, Deus como Mãe, sendo por isso conhecido como o Deus Pai-Mãe. O plano da *presença do* Eu sou, da perfeição; a morada dos *mestres Ascensos* no reino de Deus. (Quando escrita com minúscula, como em "espíritos", a palavra é sinônimo de desencarnados, ou entidades *astrais;* "espírito", em minúscula e no singular, é usado também como alma.)

Espírito Santo Terceira Pessoa da Trindade; a onipresença de Deus; as línguas bipartidas de fogo que focalizam o Deus Pai-Mãe, também chamado de *fogo sagrado;* as energias da vida que permeiam um *cosmo.* Na Trindade Hindu de *Brahma, Vishnu* e *Shiva,* o Espírito Santo corresponde a Shiva, conhecido como o Destruidor/Libertador, pois seu amor ardente, quando evocado nos planos da *matéria,* elimina as forças do *mal* e transmuta a causa e o efeito das criações erradas do homem libertando-o, assim, da prisão do carma e dos habitantes das trevas. Prana é a essência do Espírito Santo que recebemos pelo sopro do fogo sagrado, através dos *chakras,* para nutrir os *quatro corpos inferiores.* O Espírito Santo focaliza o equilíbrio do Deus Pai-Mãe no núcleo de fogo branco do ser. O exorcismo dos espíritos malignos e das entidades impuras é realizado pelo fogo sagrado do Espírito Santo, em nome do *Cristo* e do EU SOU O QUE EU SOU. Os nove dons do Espírito constituem poderes transmitidos aos servos do Senhor, a fim de eliminar a morte e o inferno e criar suas obras na terra.

A pessoa e a chama do Espírito Santo são o Consolador cuja vinda Jesus prometeu quando o Senhor partisse — para iluminar-nos, ensinar-nos e fazer com que nos lembrássemos de todas as coisas que o amado Jesus nos ensinou, tanto no céu como na Terra. Sempre que um filho ou filha de Deus ascende à presença do EU SOU O QUE EU SOU, o Espírito Santo desce para preencher o vazio e ampliar a presença do Senhor na terra. Este é o ritual da descida do Espírito Santo prometido por Jesus a seus discípulos, quando o mestre disse: "Ficai, porém, na cidade de Jerusalém, até que do alto sejais revestidos de poder", o que ocorreu no Pentecostes. O representante da chama do Espírito Santo para as evoluções da terra é o mestre Ascenso que ocupa o cargo de Maha Chohan. O Espírito Santo é a impessoalidade pessoal (ver p. 99) da divindade e situa-se no lado oeste da Cidade Quadrangular. *Ver também* Imagem do seu Eu divino.

(I Cor. 12:4-11; João 14:16, 26; 16:7; Lucas 24:49, 51; Mark L. Prophet e Elizabeth Clare Prophet, *Climb the Highest Mountain*, segunda edição, pp. 386-88, 408-44, 555-62; *The Lost Teachings of Jesus II*, pp. 158-63; ou formato de bolso, Livro Três, pp. 116-22; *Lords of the Seven Rays*, Livro I, pp. 15-20; Livro II, pp. 277-97.)

Etérico De ou relativo ao plano mais elevado do *cosmo da matéria,* isto é, o mundo celestial. A frequência do etérico e seu plano correspondente de consciência são o repositório da matriz ígnea de todo o universo físico.

Eu divino *Ver* presença do Eu sou.

Eu real O *Cristo pessoal;* a *presença* do Eu sou; o *Espírito* imortal que é o princípio ativador de toda a manifestação. *Ver também* Imagem do seu Eu divino.

Eu superior A presença do Eu sou; o *Cristo pessoal;* o aspecto exaltado da individualidade. Utilizado em contraste com o termo "eu inferior" ou "pequeno eu", que indica a *alma* que afastou-se e que pode decidir, pelo *livre-arbítrio,* retornar à totalidade divina, através da realização da unidade do eu em Deus. Consciência superior.

Filho Varão *Ver* divino Filho Varão.

Filhos e Filhas de Deus 1) Aqueles que surgem como fruto da união divina das espirais de *Alfa e Ômega;* aqueles que têm o *Cristo* em si como o Emanuel. A criação de Deus Pai-Mãe *(Elohim),* feito à imagem e semelhança do Nós divino, identificado pela *Chama Trina* ancorada no interior do coração. 2) Na *senda,* a expressão "filhos e filhas de Deus" indica um nível de iniciação e um lugar na *hierarquia* que está acima daqueles que são chamados de crianças de Deus — crianças porque não passaram ainda pelas iniciações do *fogo sagrado* que lhe garantiria a denominação de coerdeiros com Cristo, isto é, de filhos e filhas de Deus.

Fogo Sagrado O fogo da Kundalini que permanece como a serpente enroscada no *chakra* da base da espinha (o Mūlādhāra) e eleva-se através da pureza espiritual e da mestria pessoal até o chakra da coroa, acelerando os centros espirituais que se encontram entre ambos. Deus, vida, *luz,* energia, o EU SOU O QUE EU SOU. "Nosso Deus é um fogo consumidor." O fogo sagrado é a precipitação do Espírito Santo para o batismo das *almas,* a purificação, a alquimia e a transmutação, bem como para a realização da *ascensão,* o ritual sagrado de retorno ao Um.
(Heb. 12:29.)

Fraternidade *Ver* Grande Fraternidade Branca.

Fraternidade dos Guardiões da Chama Fundada em 1961 por *Saint Germain,* uma organização de *mestres Ascensos* e seus *discípulos,* que se comprometem a manter a chama da vida na terra e apoiar as atividades da *Grande Frater-nidade Branca,* no estabelecimento de sua comunidade e *Escola de Mistérios,* e na propagação de seus ensinamentos. Os Guardiões da Chama recebem lições progressivas de *lei cósmica,* ditadas pelos mestres Ascensos a seus *mensageiros,* Mark e Elizabeth Prophet.

Gabriel *Ver* Arcanjo.

Gautama Buda *Ver* Buda.

Godfré Ray King *Ver* Ballard, Guy W.

Grande Centro *Ver* Sol Central.

Grande Diretor divino O *Mestre Ascenso* cuja realização da *consciência cósmica* qualifica-o a personificar a chama da direção divina em prol das evoluções da Terra e das inúmeras outras ondas de vida. Fundador da Casa de Rakoczy, Instrutor de *Saint Germain,* patrocinador e *Manu* da futura *sétima raça raiz,* este *Ser cósmico* mantém um foco na Gruta da luz, na Índia, e em seu retiro na Transilvânia, foco de liberdade para a Europa. O Grande Diretor divino representa o Primeiro *Raio* no *Conselho do Carma.* E também conhecido como mestre R.
(Ver o Grande Diretor divino, *"The Mechanization Concept",* em *Pearls of Wisdom,* 1965, vol. 8, números 3-26, também publicado como *The Soulless One: Cloning a Counterfeit Creation.)*

Grande Fraternidade Branca Ordem espiritual de santos do Ocidente e *adeptos* do Oriente, que se reuniram ao

Espírito do Deus vivente e de que fazem parte as hostes celestiais. Eles transcenderam os ciclos de *carma* e renascimento e ascenderam (aceleraram) para esta realidade superior que é a eterna morada da *alma*. Os *mestres Ascensos* da Grande Fraternidade Branca, unidos para as metas mais elevadas da fraternidade do homem sob a Paternidade de Deus, tem se elevado em todas as eras e de todas as culturas e religiões, para inspirar as realizações criativas na educação, nas artes e nas ciências, no governo divino e na vida abundante, através das economias das nações. A palavra "branca" refere-se não à raça, mas à *aura* (auréola) de *luz* branca que circunda esses seres. A Fraternidade também inclui em suas fileiras determinados *chelas* não ascensos dos mestres Ascensos. *Jesus* Cristo revelou esta ordem celestial de santos com "mantos brancos" a seu servo João no Apocalipse. *Ver também* Hierarquia Cósmica.
(Ap. 3:4, 5; 6:9-11; 7:9, 13, 14, 19:14. Ver Elizabeth Clare Prophet, *The Great White Brotherhood in the Culture, History and Religion of America.*)

Grande Sol Central *Ver* Sol Central.

Gruta dos Símbolos *Retiro etérico* e físico do mestre *Saint Germain*, localizado na Table Mountain, nas Montanhas Rochosas, nos arredores do Wyoming. Aí os iniciados do Sétimo *Raio* são levados em seus corpos sutis para se prepararem para a *ascensão*. Aqueles que estão aptos recebem os ensinamentos diretamente do mestre alquimista sobre os mistérios sagrados da cristicidade e a ciência e tecnologia da nova era. Nos laboratórios de química e eletricidade deste retiro, cientistas estão aperfeiçoando

fórmulas e invenções que tiveram permissão de retirar de cidades hermeticamente seladas no fundo do oceano Atlântico, protegidas desde o afundamento da *Atlântida*. Saint Germain é o guardião dos registros das realizações científicas e espirituais avançadas de antigas civilizações, que serão apresentadas na *era de ouro* de Aquário — para a qual Saint Germain e seus estudos de alquimia abrem as portas. Três focos na Gruta dos Símbolos destinam-se a auxiliar as almas no processo de ascensão: o Acelerador Atômico, o Espelho de Cristal e a Esfera de luz.
(Ver *Pearls of Wisdom,* 1977, vol. 20, pp. 184, 192.)

Guardião dos Pergaminhos O *anjo* encarregado dos *anjos do registro,* atribuídos a cada corrente de *vida.* O Guardião dos Pergaminhos é aquele que tem a custódia dos arquivos contendo o livro da vida de cada *homem. É* sua responsabilidade apresentar aos *mestres Ascensos* e ao *Conselho do Carma* o registro da vida de toda e qualquer encarnação de uma *alma* em evolução, a respeito da qual eles podem desejar obter informações. Estas informações são utilizadas não apenas no julgamento final da alma, mas também para aconselhamento e atribuição das tarefas da alma e também de sua missão, de uma existência para outra. Este registro da vida também é usado para assegurar dispensações (de misericórdia ou talentos), iniciações ou atribuição de um encargo na *hierarquia* ascensa ou não ascensa da *Grande Fraternidade Branca:* "Mas naquele tempo livrar-se-á o teu povo, todo aquele que se achar inscrito no livro. (…) E abriram-se os livros; e abriu-se outro livro, que é o da vida." *Ver* Anjo do Registro.
(Dan. 12:1; Ap. 20:12.)

Hierarquia *Ver* Hierarquia cósmica.

Hierarquia cósmica A cadeia universal de seres individualizados livres em Deus que satisfazem os atributos e os aspectos da individualidade infinita de Deus. Incluídos no esquema hierárquico cósmico estão os Logos Solares, *Elohim, Filhos e Filhas de Deus,* mestres *ascensos* e não--ascensos, com seus círculos de *chelas, seres cósmicos,* as doze hierarquias solares, *Arcanjos* e *anjos do fogo sagrado,* filhos da *luz* e espíritos da natureza chamados de *elementais,* e *chamas gêmeas* da polaridade Alfa-Ômega, patrocinadores dos sistemas planetário e galático. Esta ordem universal da própria autoexpressão do Pai constitui o meio através do qual Deus, no Grande *Sol Central,* promove a descida da presença e do poder de seu Ser/consciência universal, a fim de que as evoluções no tempo e no espaço, da menor até a maior, possam conhecer as maravilhas de seu amor. O nível de realização espiritual/física de cada um — medido pela própria consciência equilibrada "oculta no *Cristo* em Deus" e demonstrando a sua lei, por seu amor, no *cosmo Espírito-matéria* — é o critério que estabelece a posição de cada um nesta escada da vida chamada hierarquia.

No século III, Orígenes de Alexandria estabeleceu sua concepção de uma hierarquia de seres, de anjos a seres humanos e demônios e feras. Este renomado teólogo e erudito dos primórdios da Igreja, que estabeleceu o fundamento básico da doutrina do Cristo, sobre cujas obras subsequentes os patriarcas, doutores e teólogos da Igreja erigiram suas tradições, ensinando que as almas recebem

387

seus respectivos cargos e deveres com base em ações e méritos passados, e que cada uma tem a oportunidade de ascender ou descer na hierarquia. Muitos seres da hierarquia celestial são citados no Livro do Apocalipse. À parte da falsa hierarquia do Anticristo, incluindo os anjos réprobos, alguns membros da *Grande Fraternidade Branca* apontados por *Jesus* são *Alfa e Ômega,* os Sete Espíritos, os anjos das sete igrejas, os Vinte e Quatro Anciães, as quatro bestas, os santos de mantos brancos, as Duas Testemunhas, o Deus da Terra, a Mulher vestida com o Sol e seu Filho Varão, o Arcanjo Miguel e seus anjos, o Cordeiro e sua esposa, os 144 mil que têm o nome do Pai escrito em suas testas, o anjo do Evangelho Eterno, os sete anjos (isto é, os Arcanjos dos sete raios) que estavam diante de Deus, o anjo vestido com uma nuvem e um arco-íris sobre a cabeça, os sete trovões, o fiel e verdadeiro e seus exércitos, e aquele que está sentado no grande trono branco. *Ver também* Elohim.

(Ap. 1:4, 8, 11, 20; 2:1, 8, 12, 18; 3:1, 4, 5, 7, 14; 4:2,10; 5:2, 6, 11: 6:9,11; 7:1, 2, 9, 13, 14; 8:2; 10:1, 3, 7; 11:3, 4; 12:1, 5, 7; 14:1, 3-6, 14-19; 15:1; 16:1, 4, 8, 10, 12, 17; 17:1; 18:1, 21; 19: 4, 7, 11-17; 20:1; 21:6, 9; 22:13. Ver Elizabeth Clare Prophet, *The Great White Brotherhood in the Culture, History and Religion of America*, pp. 83-101. Origen, On First Principles.)

Homem A manifestação de Deus; homem e mulher criados à imagem e semelhança de Deus *(Elohim).* Humanidade ou raça humana; *Homo sapiens.*

Imagem do seu Eu divino Existem três figuras representadas na imagem, que chamaremos de figura superior, figura do meio e figura inferior. A figura superior é a presença do EU SOU, o EU SOU O QUE EU SOU, a individualização da presença de Deus para todos os filhos e filhas do Altíssimo. A Mônada divina consiste na presença do Eu sou rodeada pelas esferas (anéis coloridos) de luz que compõem o corpo da primeira causa, ou *corpo causal*. Estas esferas são as muitas moradas na casa do Pai, onde estabelecemos para nós "tesouros nos céus". Os nossos tesouros são as nossas palavras e obras dignas do nosso Criador, pensamentos e sentimentos positivos, nossas vitórias para o que é correto e as virtudes que personificamos para a glória de Deus. Quando exercitamos judiciosamente nosso *livre-arbítrio*, as energias de Deus que qualificamos com harmonia, elevam-se automaticamente para nosso corpo causal. Essas energias são depositadas nas esferas de luz que correspondem aos sete *chakras* e aos sete *raios* coloridos que utilizamos em nossas atividades criativas. Eles são adicionados à nossa corrente de vida como "talentos", que podemos aumentar se deles fizermos bom uso, vida após vida.

A figura do meio na imagem é o mediador entre Deus e o homem, chamado de *Santo Cristo pessoal*, o *Eu real*, ou a *consciência de Cristo*. Também é chamado de corpo mental superior ou consciência superior. Este mestre interior cobre com a sua sombra o eu inferior, que consiste na *alma* em evolução através dos *quatro planos da matéria*, usando os veículos dos *quatro corpos inferiores* (o *corpo etérico*, ou da memória; o *corpo mental*, o *emocional*, ou dos desejos; e o *corpo físico*) para equilibrar o *carma* e cumprir o *plano divino*.

As três figuras da imagem correspondem à Trindade do Pai, que sempre inclui a *Mãe* (figura superior), o Filho (figura do meio) e o *Espírito Santo* (figura inferior). Este último é o templo destinado ao Espírito Santo, cujo fogo *sagrado é* representado na *chama violeta* que o envolve. A figura inferior corresponde a vocês como discípulos na *senda*. Sua alma é o aspecto não permanente do ser, que se torna permanente através do ritual da *ascensão*. A *ascensão* é o processo por meio do qual a alma, após equilibrar seu carma e cumprir seu plano divino, funde-se em primeiro lugar com a consciência de Cristo e, então, com a presença viva do Eu sou o que eu sou. Uma vez realizada a ascensão, a alma, o aspecto não permanente do ser, torna-se no ser Incorruptível, um átomo permanente no corpo de Deus. A imagem do seu Eu divino é, portanto, um diagrama de vocês mesmos — passado, presente e futuro.

A figura inferior representa o filho do homem ou filho da luz evoluindo debaixo da sua própria *'Árvore da vida'*. Assim vocês devem visualizar a si mesmos, em pé na chama violeta que invocam diariamente em nome da presença do Eu sou e do seu Santo Cristo pessoal, a fim de purificar seus quatro corpos inferiores em preparação para o ritual do casamento alquímico — a união da sua alma com o bem amado, seu Santo Cristo pessoal. A figura inferior é circundada por um *tubo de luz*, projetado do coração da presença do Eu sou em resposta a seu chamado. É um cilindro de luz branca que sustenta um campo de força de proteção 24 horas por dia, enquanto vocês puderem mantê-lo em harmonia. A *Chama Trina* da vida é a centelha divina enviada pela presença do Eu sou como a dádiva da vida, da consciência e do livre-arbítrio. Ela está selada na câmara secreta do coração para que, através do amor, da sabedoria e do poder da divindade ali ancorada, a alma possa realizar sua razão de ser no plano físico. Também chamada de chama crística e chama da liberdade, ou flor-de-lis, é a centelha da divindade do homem, seu potencial para a cristicidade.

O cordão de prata (ou cristal) é o fluxo de vida ou "corrente de vida" que desce do coração da presença do Eu sou para o Santo Cristo pessoal, a fim de nutrir e sustentar (através dos chakras) a alma e seus veículos de expressão no tempo e no espaço. É por este cordão "umbilical" que a energia da presença flui, entrando no ser do homem pela coroa e fornecendo ímpeto para a pulsação da Chama Trina, bem como para os batimentos do coração físico. Quando um ciclo da encarnação da alma na forma-matéria é concluído, a presença do Eu sou retira o cordão de prata retornando a Chama Trina para o nível do Cristo, e a alma envolvida na veste *etérica* gravita até o nível mais elevado de sua realização, onde ela é instruída entre as encarnações, até sua encarnação final, quando a grande lei decreta que ela não voltará mais.

A pomba do Espírito Santo descendo do coração do Pai é mostrada logo acima da cabeça do Cristo. Quando o Filho do homem se torna a consciência de Cristo como fez Jesus, ele se funde com o Santo Cristo pessoal. O Espírito Santo está sobre ele e as palavras do Pai, a amada presença do Eu sou, são pronunciadas: "Este é o meu Filho amado, em que me comprazo."

(Mat. 3:17. Ver Lições dos Guardiões da Chama. Mark L. Prophet e Elizabeth Clare Prophet *Climb the Higher Mountain; The Lost Teaching of Jesus I*, pp. 205-59, 267-68; ou formato de bolso, Livro Dois, pp. 43-110, 126-27. Elizabeth Clare Prophet, *The Astrology of the Four Horsemen*, cap. 37.)

Imagem real 1) A verdadeira imagem de Deus, de acordo com a qual o ser humano (masculino e feminino) foi criado no princípio. A imagem real é a semelhança de Deus, o *Cristo,* ou a emanação de *luz* de Deus; é a matriz da verdadeira identidade dos *filhos e filhas de Deus.* 2) A face de Deus, espelhada por seus *anjos* e *almas* inocentes. (Gên. 1:26, 27.)

Imagem sintética Aquele aspecto do homem ou da mulher que é a simulação da verdadeira individualidade. A imagem sintética é diametralmente oposta à *imagem real do Cristo pessoal,* que é a verdadeira identidade *dos filhos e filhas de Deus.*
(Ver Mark L. Prophet e Elizabeth Clare Prophet, *Climb the Highest Mountain,* cap. 1.)

Instrutor mundial Cargo na *hierarquia* atribuído àqueles *seres ascensos* cujas realizações os qualificam para representar o *Cristo* universal e pessoal perante a humanidade não ascensa. O cargo de instrutor mundial, anteriormente ocupado por *Maitreya,* foi transmitido a *Jesus* e seu discípulo São Francisco *(Kuthumi)* em 1º de janeiro de 1956, quando o manto do *Senhor do mundo* foi transferido de *Sanat Kumara* para Gautama *Buda* e os cargos de Cristo cósmico e Buda Planetário (anteriormente ocupado por Gautama) foram preenchidos pelo Senhor Maitreya. Servindo sob a direção do Senhor Maitreya,

Jesus e Kuthumi são responsáveis pela transmissão dos ensinamentos neste ciclo de dois mil anos que conduz o indivíduo à mestria pessoal e à *consciência crística*. Patrocinam todas as *almas* que buscam a união com Deus, orientando-as nas leis fundamentais que governam as sequências de causa/efeito de seu próprio *carma* e ensinando-as a enfrentar os desafios cotidianos de seu dharma individual, o dever de cumprir o potencial de Cristo através do trabalho sagrado.

Os instrutores mundiais patrocinam a educação das almas na *luz* do Cristo em todos os níveis, desde a pré-escola, passando pela educação primária e secundária, até chegar aos níveis universitários. Em todas as nações da Terra, eles possuem professores, filósofos, cientistas, artistas, profissionais e não profissionais inspirados com a sabedoria dos séculos, na forma como ela se aplica a cada cultura em particular, ainda que muitas culturas do mundo sirvam para trazer à luz as muitas facetas da consciência do Cristo.

A expressão "instrutor mundial", com minúscula, refere-se ao discípulo encarnado que dedica sua vida à iluminação planetária sob a direção do Cristo universal. Esta designação descreve o *trabalho sagrado* escolhido pelo discípulo e sua dedicação a ele. Não é uma indicação de sua mestria ou de que está necessariamente qualificado para partilhar do cargo ou do manto de Jesus e Kuthumi.

Irmãos e Irmãs do Manto Dourado Ordem de *seres ascensos e não ascensos* que se dedicam à iluminação da humanidade, através da chama da sabedoria, presididos pelo *mestre Ascenso Kuthumi,* com retiros no *plano etérico* em Shigatse e Caxemira.

(Ver Kuthumi, *"The 'Second Coming' of the Saints",* em *Pearls of Wisdom,* 1989, vol. 32, 781-82, 786.)

Jesus O *Mestre Ascenso* Jesus *Cristo. Avatar* da era de Peixes; encarnação do *verbo,* o Cristo universal; exemplo da *consciência de Cristo* que deveria ter sido retratada pelas crianças de Deus, na dispensação de dois mil anos da era de Peixes; aquele que realizou a plenitude do *Cristo pessoal* e foi, portanto, chamado de Jesus, o Cristo. Ele veio revelar o Cristo pessoal individual a toda a humanidade e mostrar as obras do Pai (a presença do EU SOU*),* as quais podem ser realizadas por seus filhos e filhas no Cristo pessoal e através da chama do Cristo pessoal individual. Jesus ocupa na *hierarquia* o cargo de *instrutor mundial* que compartilha com o mestre Ascenso *Kuthumi,* que esteve encarnado como São Francisco. O *retiro* de Jesus é o Templo da Ressurreição, localizado na esfera *etérica,* por cima da Terra Santa. Também presta serviço no Retiro da Arábia, no deserto da Arábia, na região nordeste do mar Vermelho. *Ver também* "Jesus Cristo e Saint Germain: Precursores da Era de Aquário", pp. 205-213 deste livro.

(Ver Jesus e Kuthumi, *Prayer and Meditation; Corona Class Lessons.* Mark L Prophet e Elizabeth Clare Prophet, *The Lost Teachings of Jesus.* O seguinte por Elizabeth Clare Prophet: *The Lost Years of Jesus.* "The Lost Years and the Lost Teachings of Jesus", vídeo de uma hora. "The Golden Age of Jesus Christ on Atlantis", 2 videocassetes; 2 fitas cassete. "Jesus Christ, Avatar of the Ages", 1 videocassete; 2 fitas cassete. "Roots of Christian Mysticism", cinco vídeos de uma hora; 6 fitas cassete. Para obter informações sobre outras palestras acerca dos anos perdidos e os ensinamentos perdidos de Jesus, incluindo ensinamentos sobre Textos Gnósticos, peça um catálogo da Summit University Press.)

Jophiel *Ver* Arcanjo.

Kuan Yin *A Mestra Ascensa.* Conhecida como Deusa da Misericórdia por sua incorporação das chamas da misericórdia e da compaixão de Deus, ela mantém a chama da *Mãe* divina em prol dos povos da China, Ásia e de todo o mundo. Na qualidade de representante do Sétimo *Raio* no *Conselho do Carma,* ela irradia as qualidades da misericórdia, perdão e compaixão para com as evoluções da Terra, de seu templo *etérico* sobre Pequim, na China. Kuan Yin manteve o cargo de *Chohan* do Sétimo *Raio* durante dois mil anos, até *Saint Germain* assumir o cargo em fins de 1700. No budismo chinês, Kuan Yin é a forma feminina de Avalokitesvara hindu e tibetana, emanação do Buda Amitãbha. Ela tem sido identificada como Tara, a Deusa Branca do Tibete. Kuan Yin ascendeu há milhares de anos. Fez o voto de *Bodhisattva* para servir o planeta Terra até que todos os filhos da luz estejam livres. (Ver *Kuan Yin Opens the Door to the Golden Age: The Path of the Mystics East and West, Pearls of Wisdom,* 1982, vol. 25, Livro I, pp. 1-80, 1-14, 229-34; Livro II, pp. 81-140. *Kuan Yin's Crystal Rosary: Devotions to the Divine Mother East and West,* álbum com 3 fitas cassete e brochura. Palestras de Elizabeth Clare Prophet: *"The Path of the Divine Mother East and West: Mother Mary and Kuan Yin",* 3 fitas cassete, A88059, San Francisco, *"Teachings, Meditations and Mantras of Kuan Yin and Mother Mary",* 3 videocassetes; 3 fitas cassete. *"Kuan Yin's Miracle",* 4 fitas cassete.)

Kuthumi O *Mestre Ascenso.* Serve com *Jesus* no cargo de *Instrutor Mundial;* anteriormente *Chohan* do Segundo *Raio;* mestre psicólogo; patrocinador da juventude; chefe da Ordem dos *Irmãos* e das *Irmãs do Manto Dourado* e do Templo *etérico* da Iluminação em Caxemira, também conhecido como Catedral da Natureza. O mestre mantém um foco em Shigatse, Tibete, onde toca seu grande órgão — atraindo a harmonia do cosmo pelos *fogos sagrados* de seu coração. Com esta música celestial, ele envia cura e paz através do corpo planetário para as *almas* em transição (especialmente no momento da morte) e as conduz até os *retiros* etéricos da *Grande Fraternidade Branca,* para que sejam orientadas e preparadas para sua próxima vida na Terra. Ele inspira arquitetos, poetas e cientistas com a lembrança mística da harmonia de sua alma com a geometria celestial e o ritmo das estrelas. Na evolução de sua alma no caminho da mestria pessoal, Kuthumi encarnou como:

Tutmoses III, que reinou de 1503-1450 a.C. no Egito. Maior de todos os faraós; dirigente dos adeptos, conquistador militar e patrono das artes. E considerado o arquiteto do império egípcio.

Pitágoras, 582-507 a.C. Filósofo e matemático grego. Criou a *escola de mistérios* de Crotona, Itália, onde lecionou para sua comunidade de iniciados. Suas doutrinas influenciaram muitos dos grandes filósofos.

São Francisco de Assis, 1182-1226, Itália. Fundador da ordem franciscana, o "poverello divino" que abraçou a "Dama Pobreza", primeiro santo conhecido que recebeu os estigmas.

Shah Jahan, 1592-1666, Índia. Imperador mongol que proporcionou à Índia uma idade de ouro nas artes e arquitetura, exemplificada pelo magnífico Taj Mahal, construído em Agra, sua capital, santuário para sua chama gêmea.

Koot Hoomi Lal Singh, Brâmane da Caxemira no século XIX, Shigatse, Tibete; também chamado de K.H. Em 1875, fundou com *El Morya* a Sociedade Teosófica para trazer novamente à humanidade a sabedoria milenar subjacente a todas as religiões do mundo.

Lei cósmica Esta lei que governa matematicamente, embora com a espontaneidade da chama da misericórdia, toda manifestação no *cosmo,* nos planos do *Espírito e da matéria.*

Leituras Sondagens dos registros e da memória anímica do passado, do presente e do futuro, bem como dos planos de consciência além do físico. Se as leituras são realizadas por um *psíquico* ou através da regressão pela hipnose, elas podem constituir um meio de acesso ao *corpo astral* e ao cinturão astral da terra, e também à *consciência humana* em todos os seus aspectos astrológicos pessoais e planetários. Uma vez que aí se incluem as experiências do eu inferior, sem o benefício da integração da alma com o *Eu Superior* e a sua perspectiva — analisando-se a partir do plano da causa para o plano do efeito — esta leitura, na melhor das hipóteses, tem uma só dimensão. Pode ser uma reprise que evoca emoções intensas, mas que não conseguirá recriar o êxtase da transcendência da alma na consciência superior — desfecho vitorioso de sua passagem através da noite escura.

As leituras feitas por um *mestre Ascenso,* em benefício de um *chela,* são realizadas para que aprenda suas lições, estabeleça metas e faça escolhas corretas com base na totalidade do quadro da vida, envolvendo o *carma* da cena em questão, as prioridades da mestria pessoal e serviço com a *chama gêmea* e a visão da liberdade futura. A realização desta liberdade pode depender de um compromisso de sacrifício no presente — a disposição de assumir obrigações e dívidas num esforço direcionado para atingir a meta. Quando os mestres Ascensos fazem uma leitura, fazem-na para o discípulo que deseja saber não por curiosidade ou por vaidade, mas para que possa pagar o preço da separação da alma da lei do Um, equilibrar o carma, abandonar a rotina da reencarnação, servir ao Eu sou e suas realizações em prol da humanidade, reunir-se com sua chama gêmea e ascender até Deus. Os mestres Ascensos apresentam uma avaliação precisa da integração da alma com o *Cristo pessoal* nos quatro planos da matéria. Aceleram a memória do *plano divino* para esta vida e dizem a seus estudantes qual é o seu progresso na senda. Com base na avaliação dos *Senhores do Carma*, os mestres revelam o que é mais importante para a salvação da alma, recorrendo ao Livro da vida e à galeria de registros mantidos pelo *Guardião dos Pergaminhos*. Como este tipo de leitura do subconsciente abre os registros que estavam selados em nome da sabedoria pelo Cristo pessoal para esta existência, os mestres Ascensos recomendam que, em vez de uma leitura, seja invocada a *chama violeta* para "limpar," isto é, transmutar esses registros sem sondagem prévia, de modo que a alma possa ascender diariamente rumo a Deus, transcendendo o passado, vivendo no eterno agora, fortalecida pela consciência superior. A própria chama violeta pode revelar à alma e à mente vislumbres do passado, à medida que passaram pela chama da transmutação. A transmutação pela chama violeta liberta-nos para sermos aquilo que realmente somos por nossas vitórias em Deus, libertos das alianças equivocadas de nossos dias de ontem.

Lemúria Mu, o continente perdido do Pacífico, que, segundo descobertas de James Churchward, arqueólogo e autor de *O Continente Perdido de Mu,* estendia-se do norte do Havaí até cerca de cinco mil quilômetros ao sul da ilha da Páscoa e das ilhas Fiji, constituído de três áreas de terra que compreendiam mais de oito mil quilômetros de leste a oeste. A história da antiga terra-mãe de Churchward baseia-se em registros encontrados nas tábuas sagradas que ele afirma ter descoberto na Índia. Com o auxílio do sumo sacerdote de um templo hindu, ele decifrou as tábuas. Durante cinquenta anos de pesquisa, confirmou o conteúdo em obras subsequentes, inscrições e lendas que veio a encontrar no sudeste da Ásia, em Yucatán, na América Central, nas ilhas do Pacífico, no México, na América do Norte, no antigo Egito e em outras civilizações. Ele estima que Mu tenha sido destruída aproximadamente há doze mil anos, devido a um colapso nas câmaras de gás que sustentavam o continente.
(O *continente Perdido de Mu,* SP. Ed. Hemus.)

Livre-arbítrio Liberdade para criar; opção de escolha da senda da direita ou da esquerda, da vida ou da morte, as espirais positivas ou negativas da consciência. Possuidora do dom do livre-arbítrio, a *alma* pode optar entre habitar o plano do relativo, onde bem e *mal* são relativos à perspectiva no tempo e no espaço; ou pode optar pelo plano do absoluto, onde o bem é real e o mal é irreal e a alma contempla Deus como a verdade viva, "face a face". Livre-arbítrio significa que o indivíduo pode aceitar ou rejeitar o *plano divino*, as leis de Deus e a oportunidade de viver na consciência do amor.

O dom do livre-arbítrio concedido por Deus traz consigo uma certa extensão de consciência, conhecida como extensão de vida, uma série de encarnações, e os "limites da habitação do homem". A alma, portanto, não está apenas confinada ao tempo e ao espaço durante o período de sua experimentação do livre-arbítrio, mas também está limitada a determinado número de ciclos de vida. Ao final desta oportunidade (compartimentada em dias, anos e dimensões), o uso que a alma fez do dom do livre-arbítrio determinará seu destino. A alma que escolheu a glorificação do *ego divino* (realidade) ascende para a presença do EU SOU O QUE EU SOU. A alma que escolheu a glorificação do *ego humano* (irrealidade) atravessa a segunda morte, sendo sua consciência de autonegação cancelada permanentemente por si mesma; e todas as suas energias, passando simultaneamente pelo fogo sagrado, são devolvidas ao Grande *Sol Central* para repolarização.
(Ap. 20:6, 11:15; 21:8; Atos 17:26.)

Lúcifer (Do latim, significando "portador da luz".) Aquele que alcançou a condição de *Arcanjo* e perdeu esta graça pelo orgulho, a ambição e o desejo de estar acima das Estrelas de Deus (Filhos de Deus e *Elohim)*, acima da glória da Shekinah, rivalizando com o Altíssimo. "Como caíste do céu, ó estrela da manhã, filha da alva!..." Arquétipo do *morador do umbral* planetário. *Anticristo*. Os *anjos* que seguiram este arqui-impostor, chamado por *Jesus* de "pai das mentiras" e "assassino desde o começo", são os caídos, também chamados de luciféricos, satanistas ou filhos de Behal (de acordo com seus vários lugares-tenentes). Mais do que desobedientes, esses rebeldes contra a Primeira Causa foram blasfemos e desrespeitaram o Pai e seus filhos, entre os quais encarnaram (ver a parábola do joio e do trigo, Mat. 13), caindo — até a condição inferior da encarnação física — por obra das hostes do Senhor. Lúcifer foi aprisionado "na Terra" pelo Arcanjo Miguel em 16 de abril de 1975 (assim como ele e seus anjos foram aprisionados "no céu" pelo mesmo Defensor da fé e seus anjos) e levado à Corte do Fogo Sagrado em Sírio, onde foi julgado pelos Vinte e Quatro Anciães e as quatro 'bestas' no julgamento final na sala do grande trono branco. Ele sofreu a segunda morte em 26 de abril de 1975. Muitos dos seguidores do Caído na Grande Rebelião contra o Filho de Deus também foram levados a julgamento. Sua semente, ainda "encolerizada com a Mulher" e com o seu *Filho* Varão, está em guerra com os herdeiros da luz de Sanat Kumara no planeta Terra. Diariamente eles são novamente aprisionados pelo Arcanjo Miguel e as hostes do Senhor e enviados ao seu julgamento final, e um a um sua hora vai chegando — e eles estão sendo julgados: "Todo homem segundo suas obras", como o anjo de Jesus mostrou em uma visão dos últimos dias da era de Peixes para João Evangelista. *Ver também* Anjo, Satã.

(Ler Isa. 14:12-17 para o relato escritural da declaração de guerra de Lúcifer contra Deus Todo-poderoso e seu Cristo; João 8:44; Mat. 13:24-30, 36-43; Ap. 12; 19:4; 20:11-15. Ver Elizabeth Clare Prophet, *Forbidden Mysteries of Enoch: Fallen Angels and the Origins of Evil,* contendo todos os textos de Enoque, inclusive o Livro de Enoque e o Livro dos Segredos de Enoque.)

Luciférico *Ver* Lúcifer

Luz luz espiritual é a energia de Deus, o potencial do *Cristo.* Como personificação do *Espírito,* a palavra "luz" pode ser usada como sinônimo dos termos "Deus" e "Cristo". Como essência do Espírito, é sinônimo de *"fogo sagrado".* É a emanação do Grande *Sol Central* e a presença do EU sou individualizada — e Origem de toda a vida. É aquilo que acende a centelha divina, pois a verdadeira luz ilumina todas as manifestações de Deus que devem descer para um mundo de trevas. *O portador de luz é* aquele que afasta as trevas, e a luz de sua presença do EU sou provém das esferas do Dia Eterno.
(João 1:7-9.)

Má qualificação (da energia) A qualificação errada feita pelo homem e pela mulher caídos; reprodução do *mal,* ou do *véu* de energia, através do mau uso do *livre-arbítrio* pelas *almas* em evolução no tempo e no espaço. Aplicação errada da energia de Deus. Qualificação negativa da consciência e força vital de Deus, multiplicando as trevas, a dúvida, a doença, a degeneração e a morte, em vez da luz, do amor, da totalidade divina, da paz e da liberdade. As **energias mal qualificadas** que sobrecarregam a *aura* e o cinto eletrônico das pessoas e do planeta são resultado direto desta perversão da alquimia, a totalidade da química de Deus, a ciência da criação que Pai e Filho convidam-nos a "EXPERIMENTAR", como cocriadores com o grande alquimista.

Macrocosmo (Do grego, significando "grande mundo".) O *cosmo* maior; toda a urdidura e a trama da criação, que chamamos de *ovo cósmico*. Usado também para diferenciar o *homem* como o *microcosmo*, "o pequeno mundo", em relação à tela de fundo do mundo maior, no qual ele vive. *Ver também* Microcosmo.

Mãe "Mãe divina", "Mãe universal" e *"Virgem cósmica"* constituem expressões alternativas para a polaridade feminina da divindade, manifestação de Deus como Mãe. *Matéria é* a polaridade feminina do *Espírito*, e a palavra é usada também com *Mater* (latim, significando "mãe"). Neste contexto, todo o *cosmo* material torna-se o ventre da criação, no qual o Espírito projeta as energias da vida. A matéria é, então, o ventre da Virgem cósmica que, como a outra metade da totalidade divina, também existe no Espírito como polaridade espiritual de Deus.

O próprio *Jesus* reconheceu *Alfa e Ômega* como os mais elevados representantes do Deus Pai-Mãe e referiu-se frequentemente a Alfa como Pai e a Ômega como Mãe. Aquelas que assumem a polaridade feminina da consciência após a ascensão são conhecidas como *Mestras Ascensas*. Juntamente com todos os seres femininos (com a polaridade feminina) nas oitavas de *luz*, elas concentram a chama da Mãe divina em prol das evoluções da humanidade em muitos sistemas de mundo. Contudo, por serem andróginas, todas as hostes celestiais concentram qualquer um dos atributos masculinos ou femininos da divindade segundo a sua vontade, pois adentraram as esferas da totalidade divina. *Ver também* Mãe da chama. (Ver as seguintes obras de Elizabeth Clare Prophet: *"The Path of the Divine Mother East and West: Mother Mary and Kuan Yin"*, 3 fitas cassete, A8055, Toronto. *"The Path of the Divine Mother"*, 3 videocassetes; 3 fitas cassete. *"The Worship of the Goddess — The Path of the Divine Mother"*, dois vídeos com uma hora de duração; 3 fitas cassete.)

Mãe da chama Mãe do mundo. Cargo da *hierarquia* ocupado sucessivamente por aquelas discípulas não ascensas escolhidas pela *Grande Fraternidade Branca* para nutrir ou proteger a chama da vida em toda a humanidade. Em 1961, Clara Louise Kieninger foi nomeada por *Saint Germain* Primeira Mãe da chama da *Fraternidade dos Guardiões da Chama*. Em 9 de abril de 1966, esse manto foi transferido para a *mensageira* Elizabeth Clare Prophet. Nesta ocasião, Clara Louise Kieninger tornou-se Mãe regente da chama. Ela fez sua ascensão em 25 de outubro de 1970 em Berkeley, Califórnia, e continua a ocupar o mesmo cargo, no nível dos ascensos. *Ver também* Mãe.

Mãe divina *Ver* Mãe.

Mãe Maria Arqueia do Quinto Raio, complemento divino do *Arcanjo* Rafael, Rainha dos Anjos e Mãe Abençoada de *Jesús* Cristo. Seu nome significa Raio da Mãe (Ma ray). Convocada pelo Pai a encarnar na Terra para dar à luz o *Cristo* que salvaria aquelas almas que haviam sido desencaminhadas pelos rebeldes *luciféricos,* Maria faz parte das hostes do Senhor, exemplo ardente, ao longo de suas encarnações na Terra, da Maternidade de Deus.

Desde os primeiros dias *da Atlântida,* ela se preparou para sua encarnação final, quando alimentaria em Belém o 'filho' *(alma)* de Davi, nascido novamente para ser o Salvador *(avatar)* da era de Peixes. Maria serviu como sacerdotisa na Atlântida, no Templo da verdade, ensinando e estudando as artes da cura e direcionando, através de seu coração imaculado, a luz da palavra inefável para milhões de habitantes daquele continente. Ela também foi a mãe de Davi, rei de Israel. Foi a sua mestria na ciência do conceito imaculado adquirida na Atlântida, e por ela praticada nos céus, que lhe permitiu ser a serva do SENHOR, preparando os seus *quatro corpos inferiores* para a encarnação do *verbo* em Cristo Jesus, seu filho. Ao termo desta vida abençoada, concluído com sucesso seu *plano divino,* Maria ascendeu ao coração do Pai. Hoje ela serve à humanidade e à 'Igreja viva' a partir de níveis interiores, bem próximos das *hierarquias* de *anjos* e *mestres Ascensos* que compõem a *Grande Fraternidade Branca.* A intercessão da Mãe Maria é imediata através da doação de seu Rosário da Nova Era, por ela ditado à mensageira em 1972.

(Ver Mark L. Prophet e Elizabeth Clare Prophet, *My Soul Doth Magnify the Lord! Mother Mary's New Age Teachings and Rosary with a Challenge to Christendom. Mary the Mother On the Temple of Understanding: A Challenge to the Christian World, Pearls of Wisdom,* 1972, vol. 15, números 29-41. As seguintes palestras são de Elizabeth Clare Prophet: "Prophecy: Fatima e Medjugorje", vídeo com uma hora de duração. "The Path of the Divine Mother East and West: Mother Mary and Kuan Yin," 3 fitas cassete, A88059, San Francisco. "Mother Mary's Twentieth-Century Prophecies", 1 fita cassete. "The Divine Mother and World Karma: Mother Mary Intercedes for mankind", 1 vídeocassete. *Mother Mary's Scriptural Rosary for the New Age,* 8 fitas cassete. *A Child's Rosary to Mother Mary,* 4 álbuns, 3 fitas cassete em cada. *Sanctissima: Music for World Peace,* em CD e fita cassete.)

Maha Chohan "Grande Senhor" dos *sete raios*. Representante do *Espírito Santo* para um planeta e suas evoluções. Aquele que personifica a Trindade e a chama da *Mãe* dos sete *raios* e *chakras*, qualificado como o *Chohan*, "Senhor", de cada um e de todos os sete raios. Por isso ele é chamado de Maha Chohan, o Grande Senhor, pois dirige os Sete Chohans que personificam a lei, a *palavra* e a *consciência crística* de seus respectivos *raios*. O *mestre Ascenso* que atualmente detém o cargo de Maha Chohan dirigindo os Sete Senhores (Chohans) dos raios esteve encarnado como o poeta Homero. Em sua última encarnação, como pastor nas encostas da Índia, *a luz* (consciência do Cristo) por ele invocada constituiu um manto consolador para milhões. O Maha Chohan mantém um *retiro* etérico com foco físico na ilha de Sri Lanka (Ceilão), onde a chama do Espírito Santo está ancorada. *Ver também* Chohan.

(Ver as seguintes obras de Mark L. Prophet e Elizabeth Clare Prophet, *Climb the Highest Mountain,* segunda edição, pp. 386-88, 411-44, 555-62. *The Lost Teachings of Jesus* II, pp. 48, 50, 154, 157, 159-61, 163; ou em formato de bolso, Livro II, pp. 245, 247; Livro III, pp. 111, 114, 117-19, 122. *Lords of the Seven Rays,* Livro I, pp. 11, 13, 15-18; Livro II, pp. 277-97.)

Maitreya *Ver* Senhor Maitreya.

Mal *Véu de energia,* o véu da energia mal qualificada que o homem impõe à *matéria* através do mau uso do *fogo sagrado;* maya, ilusão. A consciência do bem e do mal relativos, personificados pelas *correntes de vida* que avançam contra a corrente da vontade de Deus, é a consequência do *livre-arbítrio* adotado pelas almas que escolheram descerem no plano e consciência, abaixo do nível e frequência da mente do Cristo. O mal absoluto, personificado pelos *anjos* caídos, é o estado daqueles que declararam guerra contra Deus Todo-poderoso, seu *Cristo* e seus filhos na Grande Rebelião, e que não cessaram o combate contra a semente da *Mãe* divina, não dobrarão os joelhos diante da *luz* e serão derrotados no Armagedom pelo julgamento do Senhor, através de suas hostes — as forças do bem absoluto, Deus identificado no céu e na terra. Como consequência da vitória da luz sobre as trevas, as almas que perderam a bem-aventurança edênica podem ser salvas de todo mal e do Ser maléfico, por decisão consciente do livre-arbítrio em Cristo, para retornarem a seu reino sob a lei de Deus.

(Ver Elizabeth Clare Prophet, *Forbidden Mysteries of Enoch: Fallen Angels and the Origins of Evil;* "*Keys from Judaism: The Kabbalah and the Temple of Man*", Parte 4: "The Origin of Evil", vídeo de uma hora.)

Mantra Fórmula ou invocação mística; palavra ou fórmula, comumente em sânscrito, que é recitada ou entoada com a finalidade de intensificar a ação do *Espírito* de Deus no *homem.* Forma de oração que consiste em uma palavra ou grupo de palavras entoada(s) repetidamente, a fim de magnetizar determinado aspecto da divindade ou de um ser que realizou este aspecto da divindade. *Ver também* decreto.

(Ver Mark L. Prophet e Elizabeth Clare Prophet, *The Lost Teachings of Jesus II,* pp. 141-46, 450-51; ou em formato de bolso, Livro III, pp. 79-85; Livro IV, pp. 192-93; "*The Efficacy of Decrees*", com instrução sobre mantras e bhajans indianos, 1 fita cassete. Elizabeth Clare Prophet, *The Liberating Power of the Word,* álbum 1,6 fitas cassete. *Devotions to Lord Krishna: The Maha Mantra and Bhajans,* fita cassete e brochura.)

Manu Palavra em sânscrito cujo significado é progenitor e legislador das evoluções de Deus na Terra. O Manu e seu complemento divino são as *chamas gêmeas* ascensas designadas pelo Deus Pai-Mãe para patrocinar e encarnar a imagem crística de determinada evolução ou onda de vida, conhecida como **raça-raiz** — *almas* que encarnam como um grupo e possuem um padrão arquetípico único, *plano divino,* e uma missão a cumprir na terra. Segundo a tradição esotérica, existem sete grupos principais de almas, isto é, da primeira à sétima raça-raiz. As três primeiras raças-raízes viveram na pureza e inocência na Terra ao longo de três *eras de ouro* antes da Queda de Adão e Eva. Através da obediência à *lei cósmica* e da total identificação com o *Eu real,* estas três raças-raízes adquiriram sua liberdade imortal e ascenderam da Terra. Durante o período da quarta raça-raiz, no continente da *Lemúria,* a Queda alegórica ocorreu sob a influência dos anjos caídos conhecidos como Serpentes (pois usavam as energias espinais em forma de serpente para seduzir a alma, ou princípio feminino na humanidade, como meio para alcançar o seu fim, que era reduzir o potencial masculino, desvirilizando os Filhos de Deus). A quarta, a quinta e a sexta raças-raízes (esta última um grupo de almas que ainda não desceu inteiramente para a encarnação física) permanecem encarnadas na terra atualmente. A sétima raça-raiz destina-se a encarnar no continente sul-americano na era de Aquário, sob a direção de seus Manus, o *Grande Diretor divino* e seu complemento divino. O Deus e a Deusa Meru são os Manus da sexta raça-raiz, Vaivasvata Manu com sua consorte são os Manus da quinta raça-raiz, e Senhor Himalaia, com sua bem-amada, são os Manus da quarta. Os Manus são amados padrinhos que respondem prontamente ao chamado de seus filhos com a presença consoladora de sua luz, dotada de tamanho *poder/sabedoria/amor* que estremece o éter e faz cada um dos homens sentir-se em casa nos braços de Deus, até mesmo nos momentos mais adversos.

Maria *Ver* Mãe Maria.

Mater. (Palavra em latim para "mãe".) Mater é a materialização da *chama de Deus,* por meio da qual o *Espírito* adquire, "fisicamente", uma dimensão e forma quádruplas através da polaridade feminina, ou negativa, da divindade. Expressão utilizada também com "matéria" para descrever os planos do ser que se adaptam e que compreendem o cálice universal, ou matriz, para a descida desta *luz* de Deus que é percebida como a *Mãe.* É através deste aspecto da Mãe em si mesmo que o Espírito de Deus, o Pai, promove a evolução da consciência do *Cristo,* Filho unigênito do Pai, em seus filhos, como uma percepção em desenvolvimento do Cristo pessoal através da *Chama Trina* — centelha divina e selo de sua futura herança--conjunta. A *alma* que desce do plano do Espírito habita, no tempo e no espaço, na Mater para promover sua evolução espiritual/física, que exige mestria pessoal das energias de Deus, através do exercício judicioso do *livre--arbítrio.* Os quatro *corpos inferiores do homem,* de um planeta e de sistemas de mundos — como os quatro planos, quadrantes e forças cósmicas — ocupam e produzem as frequências da matéria. *Ver também* Espírito.

Matéria *Ver* Mater.

Mensageiro Evangelista. Aquele que leva, na presença dos anjos, a boa-nova do evangelho de Jesus Cristo ao povo da terra e, no momento aprazado, o Evangelho Eterno. Os mensageiros da *Grande Fraternidade Branca* são ungidos pela *hierarquia* como seus apóstolos ("aquele enviado em missão"). Eles transmitem, através dos ditados (profecias) dos *mestres Ascensos*, o testemunho e os ensinamentos perdidos de Jesus Cristo pelo poder do *Espírito Santo*, à semente do Cristo, às ovelhas perdidas da casa de Israel e a todas as nações. Um mensageiro é aquele que é treinado por um mestre Ascenso para receber, através de vários métodos, as palavras, conceitos, ensinamentos e mensagens da Grande Fraternidade Branca; aquele que transmite a lei, as profecias e as graças de Deus a um povo e a uma era.
(Ap. 14:6; Mat. 10:6; 15:24; El Morya, *The Chela and the Path*, pp. 115-22. Jesus e Kuthumi, *Prayer and Meditation*, pp. 246-53. Elizabeth Clare Prophet, *The Astrology of the Four Horsemen*, pp. 52-53, 58-61.)

Mente carnal O *ego humano*, a vontade e o intelecto humano; autopercepção sem o *Cristo;* a natureza animal do homem, chamada de homem-mecânico e conceito de mecanização pelo mestre R; chamado de *morador do umbral* na tradição esotérica. Para o apóstolo Paulo, "a mente carnal é inimizade contra Deus; pois não é sujeita à lei de Deus, nem o pode ser".
(Rom. 8:7. Ver Elizabeth Clare Prophet, *The Lost Teachings of Jesus: On the Enemy Within*, 2 fitas cassete. *Pearls of Wisdom*, 1983, vol. 26, pp. 50, 383-91, 429-54, vol. 28, Livro I, pp. 84, 85-93, 97; 1986, vol. 29, Livro I, pp. 199, 203, 210-12.)

Mestre ascenso Aquele que, através do *Cristo* e ao revestir-se daquela mente que estava em Cristo *Jesus*, dominou o

tempo e o espaço e neste processo adquiriu o controle da personalidade nos *quatro corpos inferiores* e nos quatro quadrantes da matéria, nos *chakras* e na *Chama Trina equilibrada*. Um mestre Ascenso também transmutou pelo menos 51% de seu *carma,* cumpriu o seu *plano divino* e recebeu as *iniciações* do raio Rubi para o ritual da *ascensão* — aceleração pelo *fogo sagrado* até a presença do Eu sou o que eu sou. Um mestre Ascenso é aquele que habita os planos do *Espírito,* o reino de Deus (consciência de Deus), e pode ensinar almas que ainda não alcançaram a ascensão *num retiro* etérico ou nas cidades etéricas no *plano etérico* (reino dos céus.)
(Fil. 2:5.)

Microcosmo (Palavra grega, significando "pequeno mundo".) 1) O mundo do indivíduo, seus *quatro corpos inferiores,* sua *aura* e o campo de força de seu *carma.* 2) O planeta. *Ver também* Macrocosmo.

Miguel, Arcanjo *Arcanjo* do Primeiro *Raio,* Príncipe dos Arcanjos, o primeiro entre os seus pares, ao qual se submetem todos os outros Arcanjos e suas legiões. Conhecido como Defensor da fé, Defensor da Mulher e Sua Semente e Líder na Batalha de Armagedom, ergue-se como o defensor da *consciência de Cristo* em todos os filhos de Deus. Seu nome significa "aquele que é semelhante a Deus". Sua intercessão em defesa do povo de Deus nesta era foi profetizada em Daniel 12:1: "Nesse tempo se levantará Miguel, o grande príncipe, o defensor dos filhos do teu povo, e haverá tempo de angústia, qual nunca houve desde que houve nação até aquele tempo;

mas naquele tempo será salvo o teu povo, todo aquele que for achado inscrito no livro."

O *Arcanjo Miguel* é o Anjo do SENHOR que vem reanimar os eleitos de Deus com os ensinamentos perdidos de Jesus Cristo e aplicar os julgamentos corretos e verdadeiros de Deus à semente do malvado. Este salvador enviado a nós pelo SENHOR figura como o maior e mais venerado dos anjos na escritura e na tradição judaica, cristã e islâmica. No Antigo Testamento, ele aparece como o guardião de Israel e é identificado na literatura mística judaica como o *anjo* que lutou com Jacó, conduziu Israel através do deserto, destruiu o exército de Senaqueribe e salvou os três meninos hebreus da fornalha ardente de Nabucodonosor. poderoso ao lado do SENHOR, a espada desembainhada, o *Arcanjo Miguel* apareceu a Josué quando este se preparava para conduzir os israelitas na batalha de Jericó, revelando-se como o Capitão das Hostes do SENHOR — defensor imparcial de todos que abraçam a verdade e a justiça. (Jos. 5:13-15.)

A lenda judaica conta que "o fogo visto por Moisés na sarça foi uma aparição de Miguel, que havia descido como precursor da Shekinah". De fato, sempre que a expressão "Anjo do SENHOR" aparece nas escrituras, ela está se referindo a este *mensageiro* de Deus — a imagem divina de Sua aparição. O Livro de Enoque descreve o *Arcanjo Miguel* como "misericordioso, paciente", "um dos anjos sagrados que, presidindo a virtude humana, comanda as nações". Em *The War of the Sons of Light and the Sons of*

Darkness, um dos Manuscritos do Mar Morto, Miguel é "o poderoso anjo ministrante" através do qual Deus promete "enviar auxílio eterno" aos filhos da *luz*. Chamado de Mika'il no folclore maometano, ele é o anjo da natureza, proporcionando alimentos e conhecimentos ao homem.

São Miguel, venerado pelos católicos como patrono e protetor da Igreja, também foi o médico celestial reverenciado na primeira comunidade cristã pelas curas milagrosas realizadas graças à sua intercessão. Além disso, o bem-amado Arcanjo estava entre os três visitantes celestiais que revelaram à jovem camponesa Joana D'Arc sua missão de libertar a França. O Apocalipse 12 fala do papel fundamental do *Arcanjo Miguel* como defensor da Mulher vestida com o Sol, ao expulsar o adversário de seu *Filho varão* das cortes do céu: "E houve guerra no céu: Miguel e seus anjos combateram o dragão, e o dragão lutou, e os seus anjos, e não venceram; tampouco encontraram lugar no céu." Em Apocalipse 16:1, ele é o primeiro dos sete anjos a derramar "pela terra as sete taças da cólera de Deus" — indicando os infortúnios do carma da humanidade, devolvendo-lhe os maus usos da luz de Deus.

Como Arcanjo do Primeiro Raio, o *Arcanjo Miguel* personifica a consciência da fé em Deus, bem como a proteção, a perfeição e a vontade de Deus. De seu *retiro* no *plano etérico* em Banff, província de Alberta, Canadá, ele sai para percorrer o mundo inteiro com suas legiões de anjos do raio azul para proteger os filhos da luz e preservar a liberdade na Terra. Com suas hostes ele desce aos abismos da morte e do inferno para deter os adversários da consciência do Cristo, aprisionando-os uma vez mais na Corte do Fogo Sagrado para seu julgamento final. Ele percorre o *plano astral,* detendo demônios e desencarnados que atormentam *almas* confiantes, oferecendo incomparável auxílio àqueles assediados pelas forças das trevas. Sua nota-chave é "O Hino da Marinha", "Pai Eterno, Dai-me Forças para Salvar". A nota-chave do seu retiro é "O Coro dos Soldados" do *Fausto,* de Charles Gounod. O nome de seu complemento feminino é fé.

No final da era de Peixes, quando vence o prazo de mais de dois mil anos de carma por transmutar, coincidindo com um período de iniciação acelerada — quando os *portadores de Luz* estão enfrentando desafios maiores no caminho da cristicidade pessoal, para conseguirem entrar na era de Aquário — o Pai concedeu aos portadores de luz a oportunidade sem precedentes de invocar a presença consoladora e a intercessão deste Anjo do SENHOR. Oferecendo preces, invocações, hinos e decretos dinâmicos através da ciência da *palavra falada* — tais como aquelas incluídas no "Rosário do arcanjo Miguel para Armagedom", lançado pela mensageira Elizabeth Clare Prophet — a armadura e o escudo do *Arcanjo Miguel* tornam-se imediatamente seus. Correspondendo às necessidades da humanidade, eles lançam o chamado para a salvação das nações neste ciclo que marca o retorno do carma pessoal e planetário, liberado pelos Quatro Cavaleiros. Certamente neste tempo de infortúnios, os portadores de luz estão demonstrando diariamente lei: "O Chamado compele a resposta." Se vocês estiverem com problemas, bradem ao

Anjo do SENHOR o seguinte decreto dinâmico, até que ele responda: "São Miguel à frente! São Miguel atrás! São Miguel à direita! São Miguel à esquerda! São Miguel acima! São Miguel abaixo! São Miguel, São Miguel aonde quer que eu vá! EU SOU seu amor que protege aqui! EU SOU seu amor que protege aqui! EU SOU seu amor que protege aqui!" *Ver também* Arcanjo.

(Ver Elizabeth Clare Prophet, "Archangel Michael's Rosary for Armageddon", en *Pearls of Wisdom*, 1985, vol. 28, Livro I, número 19; *Archangel Michael's Rosary fo, Armageddon*, fita cassete e brochura; "Putting on the Armour and Shield of Archange Michael", fita cassete. *Decrees and Songs to Archangel Michael*, fita cassete. *Hail Light Victorious! A Salute to Archangel Michael, Captain of the Lord's Host*, cântico: em CD e fita cassete.)

Mônada *Ver* Mônada divina, Mônada humana.

Mônada divina *Ver* Imagem do seu Eu divino.

Mônada humana Todo o campo de força do eu, esferas interligadas de influências — hereditária, ambiental, cármica — que formam a autopercepção que identifica a si mesma como humana. O ponto de referência de uma percepção inferior ou não existente, a partir da qual toda a humanidade deve evoluir até a realização do Eu real como o Cristo pessoal.

Morador do Umbral Expressão utilizada às vezes para designar o antieu, o não eu, o eu sintético, a antítese do Eu real, o conglomerado do ego autocriado, criação indevida pelo uso desordenado do dom do *livre-arbítrio*, consistindo na *mente carnal* e em uma constelação de energias mal qualificadas, campos de força, focos, magnetismo animal, incluindo-se aí a mente subconsciente. O contato do homem com o eu antimagnético reptiliano — inimigo de Deus, de seu *Cristo* e da reunião da alma com este Cristo — dá-se através do corpo de desejos, ou *corpo astral,* e através do *chakra* do plexo solar. O morador do umbral, portanto, é o núcleo de um vórtice de energia que forma o "cinto eletrônico", em forma de tímbalo que circunda os *quatro corpos inferiores,* da cintura para baixo. A cabeça de serpente do morador é vista, vez por outra, emergindo do poço profundo do inconsciente. Este cinto eletrônico contém a causa, o efeito, o registro e a memória do *carma* humano em seu aspecto negativo. O *carma* positivo, como atos realizados através da consciência divina, está registrado no *corpo causal* e selado nos anéis de fogo eletrônicos que envolvem a *presença do* Eu sou de cada um. Quando a serpente adormecida do morador é despertada pela presença do Cristo, a alma deve tornar a decisão, ditada pelo livre-arbítrio, de exterminar, pelo poder da presença do Eu sou, este *anticristo* pessoal e obstinado e tornar-se o defensor do Eu real, até que a alma reúna-se inteiramente com Ele, que é o Senhor justo, o Senhor NOSSA JUSTIÇA, o verdadeiro Eu de todas as *correntes de vida* na senda da iniciação.

O morador aparece à alma no umbral da consciência, onde bate à porta para conseguir entrada no reino "legítimo" da individualidade autorreconhecida. O morador gostaria de entrar para tornar-se o senhor da casa. Mas é o Cristo, e apenas o Cristo, cuja batida você deve ouvir — apenas a ele você deve deixar entrar. A mais séria iniciação na senda do discípulo de Cristo é o confronto com o não eu. Pois, se este não for exterminado pela alma que é una com a mente do Cristo, ele emergirá para devorar esta alma na explosão de fúria de seu ódio pela *luz*. A necessidade do Instrutor na senda e do Guru *Sanat Kumara* conosco, manifestando-se fisicamente no *mensageiro de Maitreya,* é manter o equilíbrio tanto na oitava espiritual como na física para cada iniciado na senda, à medida que este aproxima-se da iniciação do encontro — face a face com o morador do umbral. O morador do umbral planetário é personificado pelas forças do *Anticristo*.

(Ver Jesus Cristo, *"The Awakening of the Dweller on the Threshold",* e Elizabeth Clare Prophet, *"Christ and the Dweller",* em *Pearls of Wisdom,* 1983, vol. 26, números 36, 38; *Pearls of Wisdom,* 1985, vol. 28, Livro I, pp. 84, 85-93, 97; 1986, vol. 29, Livro I, pp. 199, 203, 210-12; 1988, vol. 31, Livro II, pp. 422, 456-57. Elizabeth Clare Prophet, *"The Lost Teachings of Jesus: On the Enemy Within",* 2 fitas cassete.)

Morya *Ver* El Morya.

O universal Deus, o Uno, a totalidade divina; energia que permeia o *cosmo* nos planos do *Espírito* e da *matéria* como a presença universal do *Espírito Santo*.

Oculto Aquilo que está escondido. Os mistérios "ocultos" da *Grande Fraternidade Branca* mantidos em seus *retiros,* durante milhares de anos, atualmente estão sendo trazidos à luz pelos *mestres Ascensos,* através de seus *mensageiros*. As escrituras, bem como outras obras não incluídas na Bíblia — como os evangelhos gnósticos, especialmente o Evangelho de Tomás e o Evangelho Secreto de Marcos —, apresentam evidências de que os apóstolos

417

possuíam um ensinamento secreto e avançado, transmitido por *Jesus* ao seu círculo íntimo. Teria Paulo aludido a estes ensinamentos ao dizer: "Mas falamos a sabedoria de Deus, oculta em mistério, a qual Deus ordenou, antes dos séculos, para a nossa glória?"

(I Cor 2:7. Ver James M. Robinson, ed. *The Nag Hammadi Library in English* [Nova York: Harper & Row, 1977]; Elaine Pagels, *The Gnostic Gospels* [Nova York: Random House, 1979]; Morton Smith, *The Secret Gospel* [Nova York: Harper and Row, 1973], Para uma lista das palestras de Elizabeth Clare Prophet sobre os ensinamentos Perdidos de Jesus e os Textos Gnósticos, peça um catálogo da Summit University Press.)

Ômega *Ver* Alfa e Ômega.

Ovo cósmico Universo espiritual-material, incluindo uma cadeia aparentemente infinita de galáxias, sistemas estelares, mundos conhecidos e desconhecidos, cujo centro, ou núcleo de fogo branco, é chamado de Grande *Sol Central*. O ovo cósmico possui um centro espiritual e material. Embora possamos descobrir e observar o ovo cósmico a partir de nossos sentidos e de nossa perspectiva física, todas as dimensões do *Espírito* também podem ser conhecidas e vivenciadas no interior do ovo cósmico. Pois o Deus que criou o ovo cósmico e o mantém em sua mão também é a chama de Deus expandindo-se a cada hora no seio de seus próprios filhos e filhas. O ovo cósmico representa os limites da habitação do homem neste ciclo cósmico. Contudo, como Deus está em toda parte no ovo cósmico e além dele, através de seu Espírito que está dentro de nós, despertamos diariamente para novas dimensões do Ser, satisfeita a alma em conformidade com sua Semelhança.

Palavra A palavra é o Logos; é o poder de Deus e a realização deste poder encarnado no *Cristo* e como o *Cristo*.
As energias da palavra são liberadas pelos devotos do
Logos no ritual da ciência da *palavra falada*. É através da
palavra que o Deus Pai-Mãe se comunica com a humanidade. O Cristo é a personificação da palavra. *Ver também*
Cristo, Decreto.

Palavra Falada A palavra do *Senhor* Deus, liberada nos co-
mandos originais da criação. Liberação das energias da
palavra, ou Logos, através do *chakra* da garganta, pelos
Filhos de Deus, confirmando a palavra perdida. Está escrito: "Pelas tuas palavras serás justificado, e pelas tuas
palavras serás condenado." Quando homem e mulher
reconsagram o chakra da garganta na afirmação da palavra de Deus, eles se tornam instrumentos dos próprios
mandamentos de Deus, cumprindo a lei de sua recriação
segundo a imagem do Filho.

As invocações oferecidas por sacerdotes e sacerdotisas do
fogo sagrado na *Lemúria* utilizando este poder da palavra falada foram realizadas originalmente de acordo com
a ciência do Logos. A perversão desta ciência, na prática posterior do ocultismo, nos últimos dias da Lemúria,
provocou a destruição dos templos da *Virgem Cósmica* e
o cataclismo que levou ao afundamento do continente. As
imagens da ilha da Páscoa são restos que marcam o local
das guerras dos deuses que sacudiram a terra naqueles
dias terríveis. Em contrapartida, esta ciência da palavra
falada foi utilizada em sua forma pura pelos israelitas
que derrubaram as muralhas de Jericó. Hoje os discípulos

usam o poder da palavra em *decretos,* afirmações, preces e *mantras* para colher a essência do fogo sagrado da *presença do* Eu sou, do Cristo pessoal e dos *seres cósmicos,* canalizando a *luz* de Deus para matrizes de transmutação e transformação para produzir mudança construtiva nos planos da matéria.

A ciência da palavra falada (juntamente com a do *conceito imaculado)* é fundamental e é o ingrediente básico para toda a alquimia. Sem a palavra falada, não existe alquimia, nem criação, nem troca ou intercâmbio em qualquer esfera da vida. É a pedra branca do alquimista que, ao ser utilizada com sucesso pelos segredos da chama do coração, revela o "novo nome escrito, o qual ninguém conhece senão aquele que o recebe". Abençoado é aquele que venceu a oposição da mente carnal ao exercício — a prática que traz a perfeição — da ciência da palavra falada, no oferecimento de decretos dinâmicos diários ao Senhor, pois o *Espírito Santo* "lhe dará de comer do maná oculto".

O Mestre da Era de Aquário, *Saint Germain,* ensina seus discípulos a invocarem, pelo poder da palavra falada, a *chama violeta* para o perdão dos *pecados* e o batismo do fogo sagrado em preparação para a transição para a consciência mais elevada de Deus. *Ver também* Decreto, Mantra.

(Mat. 12:37; Ap. 2:17. Ver Mark L. Prophet e Elizabeth Clare Prophet, *The Science of the Spoken Word.* Jesus e Kuthumi, *Prayer and Meditation. Prayers, Meditation and Dynamic Decrees for the Coming Revolution in Higher Consciousness,* Seções I e II. Mark L. Prophet e Elizabeth Clare Prophet, *The Science of the Spoken Word: Why and How to Decree Effectively,* álbum com 4 fitas cassete. Elizabeth Clare Prophet, *"I'm Stumping for the Coming Revolution in Higher Consciousness!"*, álbum com 3 fitas cassete; *The Liberating Power of the Word*, álbum 1, 6 fitas cassete. Para fitas cassete de decretos, cânticos, mantras e rosários, incluindo decretos para o Arcanjo Miguel, El Morya e Lorde Lanto e decretos da chama violeta, ver pp. 465-66.)

Pecado De modo geral, qualquer afastamento da *lei cósmica* que é o resultado do exercício do *livre-arbítrio*.

Pérolas de sabedoria Cartas semanais de instrução ditadas pelos *mestres Ascensos* a seus *mensageiros*, Mark e Elizabeth Prophet, para os estudiosos dos mistérios sagrados em todo o mundo. As *Pérolas de sabedoria* têm sido ininterruptamente publicadas pela *Summit Lighthouse* desde 1958. Elas contêm ensinamentos fundamentais e avançados sobre *lei cósmica*, com aplicação prática das verdades espirituais aos problemas pessoais e planetários.

Plano astral Repositório de padrões de pensamento/sentimento coletivos, conscientes e inconscientes, da humanidade. A finalidade prístina desta faixa, ou frequência, é a ampliação dos pensamentos e sentimentos puros de Deus no homem, mas, ao contrário, ela tem sido poluída com registros impuros (vibrações) da memória da raça, multiplicados ao *infinitum* por uma evolução colhida nos redemoinhos dos ciclos repetitivos de sua própria negatividade.

Plano divino O plano de Deus para a individualização da chama de Deus na alma, estabelecido no princípio, quando a matriz da vida foi impressa no núcleo de fogo branco da presença do Eu sou individual. O plano divino determina os limites da expressão individual do *livre-arbítrio*. Assim como a bolota está destinada a tornar-se o carvalho, da mesma maneira cada *alma* individual está destinada a realizar a plenitude de seu potencial preestabelecido (mas não predestinado), traçado pelo livre-arbítrio a partir da *Árvore da vida* — a presença do EU SOU e o *corpo causal*. O que é este potencial e como ele será realizado nesta vida fazem parte do conhecimento de Deus, e podem ser revelados à consciência externa através de solicitação ao Cristo pessoal, à presença do EU SOU e ao *Grande Diretor divino*.

Plano Etérico O plano mais elevado na dimensão da *matéria;* plano tão concreto e real (ou ainda mais) do que o plano físico, mas que é experimentado através dos sentidos da *alma* em uma dimensão e consciência além da percepção física. O plano no qual os *registros akáshicos* da evolução de toda a humanidade são inscritos individual e coletivamente. É o mundo dos *mestres Ascensos* e seus *retiros,* cidades *etéricas* de *luz* onde as almas de ordem superior da evolução habitam entre as encarnações. É o plano da realidade, livre da sociedade sórdida e pecadora/enferma que homens e demônios fizeram dos planos terrestres. Aí a *idade de ouro* encontra-se em evolução, o amor é a plenitude da presença de Deus em toda parte e os *anjos* e *elementais,* juntamente com os filhos de Deus, servem em harmonia, para manifestar o reino de *Cristo* na Era universal, mundos sem fim. Como tal, é o plano de transição entre as esferas terrestres/celestiais e o reino de Deus, *Espírito,* ou o Absoluto. O *plano etérico inferior* sobrepõe-se aos cinturões *astral*/mental/físico. É contaminado por esses mundos inferiores ocupados pela falsa hierarquia e a consciência de massa que ela controla, incluindo suas matrizes e emoções da consciência de massa (isto é, e-moções, "energias em movimento").

(Ver Elizabeth Clare Prophet, *"On Dealing with Death, Discarnates e Malevolent Spirits, Parte III*, 4 fitas cassete.)

Poder, sabedoria e amor A trindade da *Chama Trina* — o poder representando o Pai, a sabedoria o Filho e o amor o *Espírito Santo*. A manifestação harmoniosa dessas qualidades de Deus na chama e como a chama no interior do coração constitui um pré-requisito para a cristicidade pessoal. Atributos da concepção hindu da Trindade como 1) Brahma, o Criador, 2) Vishnu, o preservador e 3) Shiva, o Destruidor do *mal*/Libertador das *almas*. Segundo a tradição oriental, a *Mãe* divina é a força universal, Shakti, que libera a luz/ação, energia/consciência desta Chama Trina do *Espírito* no *cosmo da matéria*, através dos corações preciosos de seus filhos. *Ver também* Chama Trina.

Pórcia A *Mestra Ascensa*. Ao longo de milhares de anos de serviço a Deus no Sétimo *Raio* da justiça, da liberdade, da misericórdia, do perdão, da alquimia e do ritual sagrado, a bem-amada Pórcia alcançou a personificação da chama de Deus e da consciência de Deus da Justiça divina como oportunidade divina. Assim, ela é chamada de Deusa da Justiça ou Deusa da oportunidade. Representando o Sexto Raio do serviço e ministração no *Conselho do Carma*, Pórcia mantém a chama da justiça e da oportunidade em prol da evolução da terra. A bem-amada Pórcia é a chama gêmea e a consorte divina de *Saint Germain*. Juntos eles comandarão o próximo ciclo de dois mil anos, a sétima dispensação, conhecida como era de Aquário.

Portador de luz Significa portador do Cristo, aquele que traz a *luz* que é o *Cristo*, aquele que traz a responsabilidade da cristicidade em si mesmo e nos outros, defendendo a verdade e a honra de Deus; aquele que é ungido com a *consciência de Cristo* e leva esta iluminação a todos. O portador de luz é o guardião da chama, cujo lema deve ser "Eu sou o guardião do meu irmão — Eu sou o guardião da luz que é o Cristo em meu irmão".

Presença *Ver* presença do Eu sou.

Presença de Deus *Ver* presença do Eu sou.

Presença do Eu sou O Eu sou o que eu sou; presença individualizada de Deus, concentrada em cada *alma* individual. A identidade de Deus do indivíduo; a Mônada divina; a origem individual. A origem da alma, concentrada nos planos do *Espírito*, logo acima da forma física; a personificação da chama de Deus para o indivíduo. *Ver também* Imagem do seu Eu divino.
(Êxodo 3: 13-15.)

Psíquico (Do grego *psyche*, 'alma'.) Aquele que desenvolveu suas faculdades da *alma*, ou solares, para ampliação dos cinturões físico, *astral*, mental e às vezes *etérico* da terra e de suas evoluções. Um psíquico, nesta encarnação ou em encarnações anteriores, desenvolveu uma sensibilidade ou a percepção extrassensorial, a que a humanidade em geral não tem acesso. Podem estar incluídos aí estados alterados acima ou abaixo do limiar habitual de consciência, e o contato com o computador da mente sub ou superconsciente. Embora alguns utilizem essas aptidões construtivamente, com um nível considerável de exatidão, em muitos casos a informação e o discernimento não são confiáveis.

A palavra "psíquico" passou a ser usada como sinônimo do termo "astral" em seu contexto negativo, que é o da penetração e manipulação da energia ao nível do *plano astral*. Segundo os *mestres Ascensos,* aquele que envolve suas energias com os fenômenos psíquicos mediúnicos, ou está funcionando no plano astral inferior. Assim, ao estabelecer fortes laços com as entidades das oitavas inferiores, ele adia o momento de sua verdadeira evolução espiritual e união com a penetrabilidade da divindade. Ao contrário, por meio da unidade com Deus e a apreensão direta das oitavas superiores, ele pode obter benefícios espirituais para sua alma no *plano etérico* (mundo celestial), viajando no seu invólucro etérico até os *retiros* dos mestres Ascensos da *Grande Fraternidade Branca* e cidades e templos da *luz* localizados neste plano. O verdadeiro domínio espiritual não é mensurável pela clarividência ou por fenômenos mediúnicos e psíquicos, mas pelo controle divino do *fogo sagrado* do coração e do discipulado na senda do amor.

Quatro corpos inferiores *Ver* Corpo do homem, corpo físico, corpo mental, corpo emocional e corpo etérico.

Querubim Membro de uma ordem de seres angélicos dedicados à expansão e proteção da chama do amor, empunhando a espada e o julgamento do Raio Rubi e do *Espírito Santo*. Por isto o SENHOR Deus "colocou, no [portal] leste (o portal *da consciência crística)* do jardim do Éden, Querubins e uma espada flamejante que se revolvia por todos os lados, para guardar a Árvore da vida." O SENHOR instruiu Moisés para que moldasse querubins de ouro como focos destes verdadeiros guardiões angélicos do assento da misericórdia da arca da Aliança. Tradicionalmente, Deus habitava entre os querubins e falava a Moisés do assento da misericórdia — altar da *presença do* EU SOU, cuja lei, gravada nas placas de pedra, era transportada na arca de um lugar a outro, em suas deambulações pelo deserto. Davi descreve o SENHOR montando um querubim, voando nas asas do vento. Ezequiel retrata o querubim com quatro asas, criaturas de quatro rostos, acompanhadas de rodas turbilhonantes. O querubim pode ser identificado com o *karibu* alado, "intercessor" nos textos mesopotâmicos, retratado como uma esfinge, grifo ou criatura humana alada. Em todo o cosmo, os querubins sábios e fortes são encontrados assumindo os mais variados aspectos a serviço de Deus e de seus filhos.
(Gên. 3:24; Êxod. 25:17-22; II Sam. 22:11; Ezeq. 1,10).

Raça-raiz *Ver* Manu.

Rafael *Ver* Arcanjo.

Raios Feixes de *luz* ou outra energia radiante. As emanações de luz da divindade que, quando invocadas em nome de Deus ou do *Cristo,* explodem como uma chama no mundo individual. Os raios podem ser projetados pela *consciência de Deus* dos *seres ascensos* ou *não ascensos,* por meio dos *chakras* e do terceiro olho, como concentração de energia portadora de numerosas qualidades divinas, tais como o amor, a verdade, a sabedoria, a cura etc. Pelo mau uso da energia de Deus, aqueles que praticam o ocultismo projetam raios com qualidades negativas, tais como raios mortíferos, raios que provocam o sono, raios hipnóticos, raios de doença, raios psicotrônicos, mau-olhado etc. *Ver também* Sete Raios.

(Ver Mark L. Prophet e Elizabeth Clare Prophet, *Lords of the Seven Rays*.)

Raios Coloridos *Ver* Sete Raios.

Registros Akáshicos Tudo que ocorre no mundo do indivíduo é registrado em uma substância e dimensão conhecidas como akasha (sânscrito, da raiz *kās,* 'ser visível, aparecer', 'brilhar intensamente', 'ver com clareza'). Akasha é a substância primordial, a essência mais sutil e etérea que preenche todo o espaço; energia *"etérica"* vibrando em determinada frequência, de modo a absorver, ou registrar, todas as impressões da vida. Estes registros podem ser lidos por *adeptos* ou por aqueles cujas faculdades da *alma (psíquicas)* estão desenvolvidas.

Relógio cósmico Ciência de representação dos ciclos do *carma da alma* e das iniciações nas doze linhas do Relógio sob a direção das doze hierarquias do *Grande Sol Central*. Ensinada pela Mãe Maria a Mark e Elizabeth Prophet, para os *filhos e filhas de Deus* que estão retornando à lei do Um e a seu ponto de origem além dos mundos da forma e da causalidade.

(Ver Elizabeth Clare Prophet, *"The Cosmic Clock: Psychology for the Aquarian Man and Woman"*, em *The Great White Brotherhood in the Culture, History and Religion of America*, cap. 15; *The ABC's of Your Psychology on the Cosmic Clock: Charting the Cycles of Karma and Initiation*, álbum com 8 fitas cassete; *"Seminar on the Cosmic Clock: Charting the Cycles of Your Karma, Psychology and Spiritual Powers on the Cosmic Clock"*, 2 fitas cassete, acompanha material de estudo.)

Retiros Focos da *Grande Fraternidade Branca,* especialmente no *plano etérico,* presididos pelos *mestres Ascensos.* Os retiros ancoram uma ou mais chamas da divindade, bem como o *momentum* do serviço e das realizações dos mestres para o equilíbrio da *luz* nos *quatro corpos inferiores* de um planeta e suas evoluções. Os retiros têm muitas funções para os conselhos da *hierarquia* que ministram às ondas de vida da terra. Alguns retiros estão abertos à humanidade não ascensa, cujas *almas* podem viajar a estes focos em seus *corpos etéricos,* entre as encarnações na terra, ou nos corpos sutis (durante o sono ou o samadhi).

Muitos retiros dos mestres, incluindo as *escolas de mistérios,* tiveram sua manifestação no plano físico durante as *idades de ouro* da Terra e mesmo depois da Grande Rebelião dos *anjos* caídos e da Queda. Em face da profanação e da destruição de seus santuários, os mestres retiraram seus centros e suas chamas para o plano etérico, daí a expressão "retiro". Após a *ascensão* do *mensageiro* Mark L. Prophet, em 26 de fevereiro de 1973, os filhos de Deus receberam mais uma oportunidade, proporcionada pelos *Senhores do Carma,* de equilibrar seu *carma,* participando de aulas nos retiros dos Sete *Chohans,* do *Maha Chohan,* e dos Instrutores Mundiais. Em 1º de janeiro de 1986, Gautama Buda e os Senhores do Carma atenderam a um pedido dos Senhores dos Sete Raios, para abrir universidades do Espírito em seus retiros etéricos para dezenas de milhares de discípulos que buscam sistematicamente o caminho da mestria pessoal nos sete raios. Viajando em seus corpos sutis durante o sono, os estudantes passam quatorze dias em cada um dos retiros dos Chohans e do Maha Chohan.

(Ver *"The Opening of the Temple Doors",* em *Pearls of Wisdom,* 1973, vol. 26, números 10-19. El Morya, *The Chela and the Path,* cap. 5. Mark L. Prophet e Elizabeth Clare Prophet, *Lords of the Seven Rays,* Livro II, pp. 302-9. Elizabeth Clare Prophet, "The Message of the Inner Buddha", em *Pearls of Wisdom,* 1989, vol. 32, pp. 419-28.)

Saint Germain *O Mestre Ascenso. Chohan* (Senhor) do Sétimo *Raio* da liberdade, Hierarca da Era de Aquário, patrocinador dos Estados Unidos da América; iniciador de *almas* na ciência e no ritual da alquimia e da transmutação, por meio da *chama violeta,* pelo poder da *palavra falada,* da meditação e da visualização. Seu *retiro* na América do Norte é a *Gruta dos Símbolos* na Table Mountain, Wyoming. Ele também utiliza o Retiro do Royal Teton, no Grand Teton, Jackson Hole, Wyoming; o retiro de seu Guru, o *Grande Diretor divino,* a Gruta da luz na Índia; e a Mansão Rakoczy, seu foco na Transilvânia. As notas-chave da Mansão Rakoczy são "Contos dos Bosques de Viena" e "Marcha de Rakoczy". A seguir, encontramos as encarnações de sua alma, reveladas em diversas atividades/dispensações:

Governante de uma civilização da idade de ouro na região do deserto do Saara, há 50 mil anos.

Sumo Sacerdote na Atlântida há 13 mil anos. Serviu na Ordem do Senhor *Zadquiel*, no Templo da Purificação, localizado onde hoje situa-se a Ilha de Cuba.

O Profeta Samuel, século XI a.C., Israel. Grande líder religioso que atuou como profeta, sacerdote e último dos juízes hebreus.

Santo Albano, fins do século III ou começo do século IV, cidade de Verulamium, chamada posteriormente de Saint Albans, Hertfordshire, Inglaterra. Primeiro mártir britânico. Abrigou um sacerdote fugitivo, tornou-se convertido piedoso e encontrou a morte ao disfarçar-se como o sacerdote para morrer em seu lugar.

São José, século I, Nazaré. Protetor de *Jesus* e *Maria*.

Mestre de Proclo, Último grande filósofo neoplatônico grego, Proclo (410-485, Atenas) dirigiu a Academia Platônica e escreveu extensivamente sobre filosofia, astronomia, matemática e gramática.

Merlin, século V ou VI, Inglaterra. Mago, vidente e conselheiro da corte do Rei Arthur, inspirou a fundação da Ordem dos Cavaleiros da Távola Redonda.

Roger Bacon, 1220-1292, Inglaterra. Filósofo, reformador educacional e cientista experimental; precursor da ciência moderna, conhecido por suas investigações minuciosas sobre alquimia, ótica, matemática e idiomas.

Cristóvão Colombo, 1451-1506, nascido provavelmente em Gênova, na Itália, viveu em Portugal. Desembarcou na América do Norte em 1492, durante a primeira de quatro viagens ao Novo Mundo, patrocinadas pelos reis católicos Fernando e Isabel da Espanha.

Francis Bacon, 1561-1626, Inglaterra. Filósofo, estadista, ensaísta e mestre em literatura, autor das peças shakes-pearianas, pai da ciência indutiva e símbolo da revolução científica. Ascendeu em 1º de maio de 1684, reaparecendo depois como: **Le Comte de Saint Germain, o "homem prodigioso da Europa",** nos séculos XVIII e XIX. Segundo o príncipe Karl de Hesse, o conde revelou-se filho do príncipe Ferenc Rakoczy II, da Transilvânia; outros especularam ter sido ele um judeu português ou filho do rei de Portugal. Alquimista extraordinário, erudito, linguista, musicista, artista e diplomata; atuou nos bastidores para promover os Estados Unidos da Europa e impedir o derramamento de sangue de uma violenta revolução.

Seus poderes incluíam a bilocação, aparecendo na corte e depois dissolvendo sua forma segundo a própria vontade, removendo falhas em diamantes e outras pedras preciosas, e precipitando um elixir que impedia o envelhecimento. Também era ambidestro e podia compor simultaneamente uma carta com uma das mãos e poesia com a outra, ou duas obras idênticas escritas com cada uma das mãos. Visitou Maria Antonieta e sua amiga íntima, madame d'Adhémar, que mais tarde escreveu a história da sua condição de adepto e de advertência da derrocada que se aproximava e da morte do rei e da rainha.

(Ver Madame d'Adhémar, *Souvenirs de Marie Antoinette,* excertos em Isabel Cooper-Oakley, *The Count of Saint-Germain* [Blauvelt, NY: Rudolph Steiner Publications, 1970], *"Saint Germain on Freedom",* em *Pearls of Wisdom,* 1977, vol. 20, números 31-52; 1978, vol. 21, números 1-7; *A alquimia de Saint Germain, Saint Germain on Prophecy.* Mark L. Prophet e Elizabeth Clare Prophet, *Lords of the Seven Rays,* Livro I, cap. 7; Livro II, cap. 7. *Saint Germain: Chohan of the Seventh Ray of Freedom,* álbum com 2 fitas cassete. Palestras de Elizabeth Clare Prophet: *The Golden Age Prince: A Lecture on Francis Bacon,* álbum com 2 fitas cassete. *"Saint Germain: 'The Man Who Never Dies e Who Knows Everything'",* vídeo com uma hora de duração. *Saint Germain on Alchemy,* álbum com 2 videocassetes; 3 fitas cassete. *"Christopher Columbus: The Man and the Myth",* 3 vídeos com uma hora de duração, 2 fitas cassete.)

Sanat Kumara Grande Guru da semente do *Cristo* em todo o *cosmo,* Hierarca de Vênus; Ancião de Dias, citado em Daniel 7:9, 13, 22. Sanat Kumara (do sânscrito, significando "sempre jovem") é um dos Sete Santos Kumaras. Há muito tempo, veio para a Terra quando ela se encontrava em seu momento mais obscuro, quando toda luz se apagara em suas evoluções, pois não havia um único indivíduo no planeta que adorasse a presença de Deus. Sanat Kumara e o grupo de 144 mil almas de luz que o acompanhou ofereceram-se como voluntários para manter a chama da vida, em benefício dos povos da Terra. Fizeram este voto, até que os filhos de Deus respondessem ao amor de Deus e mais uma vez se dedicassem a servir sua poderosa presença do Eu sou. O *retiro* de Sanat Kumara, *Shamballá,* foi estabelecido em uma ilha no Mar de Gobi, hoje deserto de Gobi. O primeiro a responder à sua chama foi Gautama *Buda,* seguido do *Senhor Maitreya* e de *Jesus.*

Sanat Kumara é venerado no hinduísmo como um dos quatro ou sete filhos de Brahma. São retratados como jovens que permaneceram eternamente puros. Ele é considerado um dos mais antigos progenitores da humanidade. Sanat Kumara revelou sua identidade quádrupla como protetor do Cristo cósmico nos quatro quadrantes *da matéria* e nos seus próprios *portadores de luz* como 1) Kārttikeya, deus da guerra e comandante em chefe do exército de deuses. Dizem as lendas que Kārttikeya nasceu para exterminar o demônio Tāraka, que simboliza a mente inferior, ou ignorância. 2) Kumāra, "o jovem santo". 3) Skanda, filho de Shiva. 4) Guha, "gruta"; assim chamado porque vive na gruta do coração.

Sanat Kumara ocupou o cargo de *Senhor do Mundo* até seu discípulo Gautama Buda alcançar mestria suficiente para ocupar esse cargo. Em 1º de janeiro de 1956, Gautama Buda foi coroado Senhor do Mundo e Sanat Kumara, como Senhor Regente do Mundo, retornou a Vênus e à sua chama gêmea, a Mestra Ascensa Vênus. Ali, em outra dimensão da oitava 'física/etérica ' — juntamente com os outros santos Kumaras, o poderoso Vitória e suas legiões, muitos *mestres Ascensos* e portadores de luz de Vênus — ele continua a prestar serviço com a *Grande Fraternidade Branca,* em benefício do planeta Terra. Em 25 de maio de 1975, a Mestra Ascensa Vênus anunciou que "permaneceria algum tempo na Terra", a fim de consagrar novamente os fogos da *Mãe,* enquanto Sanat Kumara mantém a chama em Vênus. Sanat Kumara costuma transmitir ditados através da *mensageira* e envolve a Terra no manto de seu campo áurico. *Ver também* Senhor do mundo.

(Ver *Sanar Kumara On The Path of the Ruby Ray: The Opening of the Seventh Seal, Pearls of Wisdom,* 1979, vol. 22, Livro I.)

Santa Ametista *Ver* Zadquiel, Arcanjo.

Santo Cristo pessoal *Ver* Cristo pessoal.

Satã (do grego e hebraico, "adversário.") Lugar-tenente do Arcanjo caído *Lúcifer,* membro de sua falsa *hierarquia,* considerado, erradamente, o próprio arqui-impostor. Contudo, antes de sua queda, Satã jamais chegara à posição de *Arcanjo.* Assim, na hierarquia dos *anjos* caídos, nem ele nem qualquer outro jamais sobrepujaram Lúcifer. O "Demônio" era Lúcifer e os anjos caídos sobreviventes que estavam sob suas ordens são todos chamados de "demônios", sementes de Lúcifer, que ainda excedem em importância a semente de poderes inferiores e principados das trevas. Ainda assim, em sua personificação do *mal,* ou *véu* da energia, aqueles que deificaram e foram a encarnação do mal absoluto são chamados pelo nome genérico de "demônio". Tanto Lúcifer como Satã e seus vários lugares-tenentes são citados nas escrituras como o adversário, o acusador dos irmãos, a tentação, *o Anticristo,* a personificação da *mente carnal* da humanidade, isto é, o *morador do umbral* planetário, Serpente, a besta, o dragão etc. Em 27 de janeiro de 1982, Satã foi enviado mais uma vez à Corte do Fogo Sagrado, resultando em seu julgamento final e segunda morte.
(Ver Jesus Cristo, *"The Final Judgment of Satan"*, em *Pearls of Wisdom,* 1982, vol. 25, Livro I, número 16.)

Senda Portal e caminho estreitos que conduzem à vida. A senda da iniciação, por meio da qual o discípulo que busca a *consciência do Cristo* supera passo a passo as limitações da individualidade no tempo e no espaço, alcançando a reunião com a realidade através do ritual da *ascensão.*
(Mat. 7:14. Ver El Morya, *The Chela and the Path.)*

Senhor do Mundo Gautama *Buda* ocupa o cargo de Senhor do Mundo (citado como "Deus da Terra" em Ap. 11:4), sucedendo recentemente a *Sanat Kumara,* que manteve o cargo por dezenas de milhares de anos. O seu cargo é o mais elevado na *hierarquia* espiritual do planeta — no entanto, o Senhor Gautama é na verdade o mais humilde dentre os *mestres Ascensos.* A níveis interiores, ele mantém a *Chama Trina,* a centelha divina, para aquelas correntes de *vida* que perderam o contato direto com sua presença do Eu sou e que criaram tanto carma negativo que tornaram-se incapazes de magnetizar luz suficiente da divindade, para manter a encarnação física de suas *almas* na terra. Através de um fio de luz muito fino que interliga seu coração aos corações de todos os filhos de Deus, o Senhor Gautama alimenta a chama tremeluzente da vida, que deveria arder no altar de cada coração com uma amplitude maior de amor, sabedoria e poder, estimulada pela *consciência do Cristo* em cada um.

No dia 1º de janeiro de 1956, Gautama Buda recebeu o manto de Senhor do mundo, conferido por Sanat Kumara, hierarca do planeta Vênus, que manteve a posição de Senhor do mundo desde as horas sombrias da história da Terra. Conhecido como o Ancião de Dias, Sanat Kumara ofereceu-se como voluntário para vir à Terra há milhares de anos, quando conselhos cósmicos haviam decretado a dissolução do planeta. Tamanho era o distanciamento da humanidade da *lei cósmica* que os Senhores Solares haviam determinado que nenhuma outra oportunidade seria concedida à humanidade, que havia ignorado e esquecido obstinadamente a *chama de Deus* em seus

435

corações. A exigência da lei para que a Terra fosse salva era que alguém qualificado como o "Cordeiro" encarnado estivesse presente na oitava física para manter o equilíbrio e a Chama Trina da vida em benefício de cada alma viva. Sanat Kumara ofereceu-se para desempenhar esta missão.

Em sua *Pérola de sabedoria* de 8 de abril de 1979, Sanat Kumara contou a história de como devotos venusianos ofereceram-se como voluntários para acompanhá-lo e encarnar entre a humanidade, para ajudá-lo a manter a chama: "A alegria da oportunidade misturou-se à tristeza provocada pela sensação da separação. Eu havia optado por um exílio voluntário em uma estrela sombria. E, conquanto ela estivesse destinada a ser a estrela da liberdade, todos sabiam que para mim aquilo seria como uma longa noite escura da alma. Então, subitamente, dos vales e montanhas surgiu um grande número de meus filhos. Eram as almas dos cento e quarenta e quatro mil aproximando-se do nosso palácio de luz. Formaram uma espiral cada vez mais próxima de doze companhias entoando o cântico da liberdade, do amor e da vitória. (...) Observando da varanda, Vênus e eu vimos a décima terceira companhia vestida de branco. Era o clero real da Ordem de Melquisedeque. (...) Quando todos se reuniram, anéis e anéis e anéis envolvendo nosso lar, e, após o término do hino de louvor e adoração a mim, seu porta--voz postou-se diante da varanda dirigindo-se a nós em nome da grande multidão. Era a alma daquele que vocês conhecem e amam hoje como o Senhor do mundo, Gautama Buda. E ele disse-nos: 'Ó Ancião de Dias, ouvimos falar da graça que Deus te concedeu neste dia e de teu compromisso de manter a chama da vida até que algumas evoluções na Terra possam ser aceleradas e mais uma vez renovem os seus votos para serem portadores da chama. Ó Ancião de Dias, tu és o nosso Guru, nossa própria vida, nosso Deus. Não te abandonaremos sem conforto. Nós iremos contigo."

Assim, eles vieram para a Terra com Sanat Kumara e legiões de *anjos*, precedidos por outra comitiva de *portadores de luz* que preparou o caminho e estabeleceu o *retiro de Shamballa* — a Cidade Branca — em uma ilha do mar de Gobi (hoje o deserto de Gobi). Ali, Sanat Kumara ancorou o foco da Chama Trina, estabelecendo o fio inicial de contato com todos os habitantes da Terra, estendendo *raios* de luz de seu coração para o deles. E ali os voluntários de Vênus encarnaram em véus densos da carne, para acompanhar as evoluções da Terra até a vitória de sua promessa. O primeiro dentre os portadores da luz não ascensos da oitava física a responder ao chamado do Senhor do Mundo foi, compreensivelmente, Gautama e junto a ele estava Maitreya. Ambos trilharam a senda do Bodhisattva até o estado de Buda, Gautama concluindo a corrida em 'primeiro lugar' e *Maitreya* em 'segundo'. Assim, os dois se tornaram os primeiros discípulos de Sanat Kumara; o primeiro acabou sucedendo-o no cargo de Senhor do mundo, e o outro tornou-se o Cristo cósmico e Buda Planetário.

No momento da transferência do manto de Senhor do Mundo, em 1º de janeiro de 1956, Gautama Buda assumiu a responsabilidade de sustentar a linha da vida das evoluções da terra através da chama de seu próprio coração, e Sanat Kumara, como Senhor Regente do Mundo, retornou à sua estrela, Vênus, onde mantém intensa atividade de envolvimento com o serviço da *Grande Fraternidade Branca* no planeta Terra. O cargo anterior de Gautama, de Cristo cósmico e Buda Planetário, foi ocupado pelo Senhor Maitreya. Na mesma cerimônia, ocorrida no Retiro do Royal Teton, o cargo de *instrutor mundial,* anteriormente ocupado por Maitreya, foi passado ao Senhor Jesus e a seu querido amigo e discípulo São Francisco *(Kuthumi).* O Senhor Lanto assumiu o cargo de Chohan do Segundo Raio em julho de 1958, anteriormente ocupado por Kuthumi, e a bem-amada Nada assumiu o cargo de Chohan do Sexto Raio, anteriormente ocupado por Jesus, durante a era de Peixes, da qual ele foi também o hierarca. *Saint Germain,* com *Pórcia,* assumiu a liderança de Aquário no dia 1º de maio de 1954. Enquanto Maitreya representa o Cristo cósmico e o Buda Planetário, Jesus detém o cargo de Cristo pessoal, grande exemplo do *Santo Cristo pessoal* em cada um.

O Senhor Gautama preside como Hierarca de Shamballa, agora no *plano etérico,* para onde o retiro físico foi levado. Ao longo das eras, os *mensageiros* da Fraternidade, conhecidos e desconhecidos, têm mantido o equilíbrio na oitava física para a chama e para o Buda de Shamballa. Assim Jesus, na qualidade de mensageiro ungido do Senhor Maitreya, o Cristo cósmico, foi a porta aberta, através de seu sagrado coração, para que a luz do Pai, representado pelas pessoas de Maitreya, Gautama e Sanat

Kumara, pudesse ser ancorada nos corações dos muitos povos da Terra. O Senhor Jesus Cristo definiu seu cargo na oitava física, segundo a lei cósmica, ao dizer: "Enquanto EU SOU e estou no mundo, o EU SOU O QUE EU SOU, o verbo que encarno, É a luz do mundo." Foi o estabelecimento da luz da presença do EU SOU em seu *chakra* do coração que permitiu a Jesus tornar sobre si o *carma* planetário, "os *pecados* do mundo", para que as almas da luz pudessem segui-lo no caminho da cristicidade, até que elas também acolhessem no templo de seus corpos a luz do Filho de Deus.

(João 9:5. Ver *Sanat Kumara On The Path of the Ruby Ray: The Opening of the Seventh Seal, Pearls of Wisdom,* 1979, vol. 22, Livro I, número 14.)

Senhor Maitreya *O Mestre Ascenso.* Juntamente com Gautama, Maitreya cumpriu as disciplinas do *Buda* e de *Sanat Kumara.* Ocupa o cargo de Cristo cósmico e Buda Planetário, servindo na *hierarquia* sob a direção do Senhor Gautama, dirigindo a obra dos Instrutores Mundiais. Ele demonstra, em prol da humanidade em evolução, a *consciência cósmica* do Cristo em todas as áreas do conhecimento humano e sua universalidade em todo o *cosmo.* Ele é conhecido como o Grande Iniciador e, de fato, foi o iniciador de *Jesus* em sua individualização da chama crística, em sua encarnação final como salvador do mundo e exemplo do caminho, da verdade e da vida para todos os *aspirantes* na senda da cristicidade pessoal. O amado Maitreya foi o SENHOR Deus no Éden, o Guru das *chamas gêmeas.* O "Buda vindouro" tão esperado; ele veio reabrir a sua *Escola de Mistérios* para auxiliar *Saint Germain* e *Pórcia,* chamas gêmeas do Sétimo *Raio* e hierarcas de Aquário, a abrir as portas para iniciar a nova era. No dia 31 de maio de 1984, ele dedicou o coração do retiro interno e todo o Rancho do Royal Teton à senda e ensinamento do Cristo cósmico, a fim de que as pessoas que se tinham afastado de sua tutela, tornando o caminho das Serpentes (os *anjos* caídos que desviaram Eva), pudessem ser recuperadas e os filhos da *luz* seguissem o Filho de Deus na regeneração. Como patrocinador das chamas gêmeas, ele é o amigo de todos os iniciados *do fogo sagrado*. Quando convocado, ele concede a iluminação do Cristo e a força da *palavra*, para auxiliar nas iniciações sob seus cuidados. *Ver também* Escolas de Mistérios, Buda.

(Ver Senhor Maitreya, *"On Initiation"*, em *Pearls of Wisdom*, 1975, vol. 18, números 49-53; *Maitreya on the Image of God: A Study in Christhood by the Great Initiator, Pearls of Wisdom,* 1984, vol. 27, Livros I e II. Elizabeth Clare Prophet, *"Darshan with the Cosmic Christ"*, 2 fitas cassete; *"The Path of the Bodhisattva: The Historical Maitreya"*, 2 fitas cassete; *"The Age of Maitreya"*, 1 videocassete; 2 fitas cassete.)

Senhores do Carma Os *seres ascensos* que compõem o Conselho do Carma. Seus nomes e os *raios* que representam no conselho são os seguintes: Primeiro Raio, **Grande Diretor divino** Segundo Raio, **Deusa da liberdade**; Terceiro Raio, **Mestra Ascensa Nada;** Quarto Raio, **Elohim Cyclopea;** Quinto Raio, **Pallas Athena**, Deusa da verdade; Sexto Raio, *Pórcia*, Deusa da justiça; Sétimo Raio, **Kuan Yin**, Deusa da misericórdia. Os Senhores do *Carma* promovem a justiça deste sistema de mundos, distribuindo o carma, a misericórdia e o julgamento em prol de todas as *correntes de vida*. Todas as *almas* devem apresentar-se diante do Conselho do Carma antes e depois de cada encarnação na terra, recebendo antecipadamente suas tarefas e seu quinhão cármico para cada existência, e submetendo-se à revisão de seu desempenho na conclusão de uma vida. Através do *Guardião dos Pergaminhos* e dos *anjos do registro*, os Senhores do Carma têm acesso aos registros completos de cada corrente de vida encarnada na Terra. Eles determinam quem vai encarnar, bem como quando e onde. Atribuem almas a famílias e comunidades, avaliando o peso do carma que deve ser equilibrado como "o jota e o til" da lei. O Conselho do Carma, atuando de acordo com a presença do Eu sou individual e o Cristo pessoal, determina quando a alma adquire o direito de libertar-se da roda do carma e da roda do renascimento. Os Senhores do Carma reúnem-se no Retiro do Royal Teton duas vezes ao ano, no solstício de inverno e de verão, para rever petições da humanidade não ascensa e assegurar dispensações que as assistam. (Ver Mark L. Prophet e Elizabeth Clare Prophet, *Climb the Highest Mountain*, segunda edição, pp. 529-35.)

Senhores dos Sete Raios *Ver* Chohan.

Ser ascenso *Ver* Mestre Ascenso.

Ser cósmico (1) *Mestre Ascenso* que alcançou a *consciência cósmica* e personifica a *luz*/energia/consciência de muitos mundos e sistemas de mundos através das galáxias até o Sol por trás do Grande *Sol Central*. (2) Ser de Deus que jamais desceu abaixo do nível do *Cristo*, jamais teve uma encarnação física, produziu *carma* humano ou envolveu-se com o *pecado*, mas permaneceu como uma parte da *Virgem Cósmica* e mantém o equilíbrio cósmico para o retorno das *almas*, do vale (véu) de lágrimas para o coração imaculado da *Mãe* Abençoada.

Ser não ascenso Aquele que não passou pelo ritual da *ascensão*. 1) Aquele que habita o tempo e o espaço e que ainda não superou as limitações dos planos da *Mater* (em oposição a um *ser ascenso*, que ascendeu à presença de Deus). 2) Aquele que superou todas as limitações da matéria, mas prefere permanecer no tempo e no espaço para focalizar a consciência de Deus para as evoluções menos elevadas.

Serafins Também conhecidos como hostes seráficas. A ordem dos *anjos* dedicada à concentração da chama da pureza e da consciência da pureza diante do trono de Deus, nos anéis eletrônicos de fogo do Grande *Sol Central*, e ao longo do *cosmo* nos planos do *Espírito e* da *matéria*. Justinius é o capitão das Legiões Seráficas. Sob sua direção, eles servem no altar de Deus, no Grande Sol Central, na chama da *ascensão* e no Templo da Ascensão em Luxor. *Serapis Bey*, o Hierarca do Templo da Ascensão e *Chohan* do Quarto *Raio*, pertenceu originalmente à ordem dos serafins. Isaías viu "serafins" (Heb. 'queimadores', 'ardentes') diante do trono do SENHOR, cada qual com seis asas: "Com duas cobriam os seus rostos (perante a glória do SENHOR), com duas cobriam os seus pés (em reverência perante a santidade do SENHOR) e com duas voavam" (aceleravam sua vibração para os planos do Grande Sol Central, desaceleravam para os planos físicos e da forma). Os serafins são iniciadores dos servos do SENHOR na Terra, purgando e purificando aqueles escolhidos para serem seus servos ministrantes — sacerdotes, profetas, *mensageiros* etc. O próprio Isaías recebeu a iniciação seráfica, que descreveu vivamente: "Mas um dos serafins voou para mim, trazendo na sua mão uma brasa viva, que tirara do altar com uma tenaz; e com ela tocou a minha boca, e disse: Eis que isto tocou os teus lábios; e a tua iniquidade foi tirada, e purificado o teu *pecado.*"

Serapis Bey descreve sua visão dos serafins em seu *Dossier sobre a Ascensão:*
"Os serafins vieram e eram como raios flamejantes de fogo atravessando a atmosfera, e eu sabia que eles possuíam a qualidade da penetrabilidade cósmica; como raios cósmicos, eles eram capazes de atravessar a forma carnal do homem, os seus pensamentos e sentimentos. Quando ocorria a penetração e os serafins atravessavam voando a consciência humana, que resíduo deixavam para trás ou que absorção conseguiam efetuar?
"Eu vi claramente que ocorria uma absorção e que um resíduo ficava para trás — absorção por motivo da transmutação instantânea de toda a substância que se acercava à sua trajetória. Notei também que o resíduo que ficava para trás era de intensa devoção de fogo branco, repleta de uma ânsia de pureza. Eu me apercebi que esta qualidade permanecia na consciência de muitas pessoas; a menos, porém, que esta fosse nutrida ou aceita por elas, a sua decomposição nas suas consciências ocorria relativamente rápido, pois ao apartarem-se destas ideias [as pessoas] faziam com que as centelhas remanescentes dos serafins voltassem ao corpo paterno e abandonassem o lar onde temporariamente não eram bem-vindas."

Espero, portanto, que os chelas da luz, cujas esperanças estão em Deus e no poder da Ascensão, que permanecem atentos à intercessão dos exércitos angélicos e reconhecem que os exércitos angélicos podem entrar — e entram de fato — na sua consciência, compreenderão também que sintonizar-se com a consciência angélica — ou seja, com a consciência dos serafins — significa manter os benefícios das hostes seráficas.

Eu não conheço poder mais valentemente capaz de prestar assistência a qualquer pessoa para a sua Ascensão na luz que os efeitos transmutativos para [a manifestação] da pureza do Cristo cósmico emitidos pelas hostes seráficas. No nosso retiro em Luxor, as meditações sobre os serafins são uma parte muito importante da nossa instrução espiritual. O próprio Jesus passou muito tempo em comunhão com as hostes seráficas. Isto fez com que nele se desenvolvesse o poder superior que lhe permitiu expulsar demônios e exercer domínio sobre o mundo exterior da forma. O *mantra* dos serafins, entoado sem cessar diante do trono do SENHOR, é: "Santo, santo, santo é o SENHOR dos Exércitos: toda a terra está cheia de sua glória."

(Isa. 6:2, 3, 6, 7. Ver Serapis Bey, *Dossier on the Ascension*, pp. 115-40.)

Serapis Bey *O Mestre Ascenso.* Senhor *(Chohan)* do Quarto *Raio;* Hierarca do Templo da Ascensão em Luxor, Egito; Guardião da chama da *ascensão.* Conhecido como grande disciplinador, Serapis revê e treina os candidatos à ascensão. No século XIX, trabalhou em associação com *El Morya, Kuthumi,* Djwal Kul e outros mestres para fundar a Sociedade Teosófica. A nota chave de Serapis Bey é "Celeste Aida", de Verdi, e a nota-chave de seu retiro é "Liebestraum", de Liszt. Incluem-se entre as encarnações de Serapis Bey:

Sumo Sacerdote na Atlântida, há mais de 11.500 anos, serviu no Templo da Ascensão.

Amenhotep III, 1417-1379 a.C., faraó egípcio, chamado "O Magnífico". Levou o Egito ao auge do prestígio diplomático, da prosperidade e da paz. Concluiu inúmeros monumentos, palácios e templos, incluindo a construção do templo de Luxor.

Leônidas, 480 a.C., rei de Esparta. Com apenas 300 soldados, ele resistiu ao avanço do grande exército persa de Xerxes, em um esforço hercúleo nas Termópilas. Embora tenham acabado derrotados, lutaram até o último homem, e este combate é celebrado na literatura como epítome do heroísmo diante de dificuldades avassaladoras. *Ver também* Chohan.

(Ver Serapis Bey, *Dossier on the Ascension: The Story of the Soul's Acceleration into Higher Consciousness on the Path of Initiation.* Mark L. Prophet e Elizabeth Clare Prophet, *Lords of the Seven Rays,* Livro I, cap. 4; Livro II, cap. 4. Elizabeth Clare Prophet, *A Retreat on the Ascension — an Experience with God,* álbum com 8 fitas cassete.)

Sete Raios As emanações da *luz* da divindade, por exemplo, os sete raios da luz branca, que emergem através do prisma da *consciência de Cristo.* Os sete raios são: 1) azul, 2) amarelo, 3) rosa, 4) branco, 5) verde, 6) púrpura e dourado, 7) violeta. Existem também cinco "*raios* secretos", que se originam no núcleo e fogo branco do ser, e numerosos raios cósmicos pessoalmente qualificados pelas hostes celestiais que se irradiam através dos corações sagrados dos emissários do Pai para *correntes de vida.*

Sétima Raça-raiz Evolução de *almas* patrocinadas pelo *Grande Diretor divino* e destinadas a encarnar no continente da América do Sul sob a sétima dispensação, a era de Aquário, e o Sétimo *Raio. Ver também* Raça-raiz.

Shamballa Shamballa, a "Cidade Branca" *etérica, retiro* milenar de *Sanat Kumara,* foi originalmente uma réplica física da Cidade Venusiana dos Kumaras. Shamballa foi construída em uma ilha no brilhante mar azul de Gobi (hoje deserto de Gobi) por voluntários que precederam Sanat Kumara na descida à Terra. Do continente, chegava-se a Shamballa por uma bela ponte de mármore. O templo principal, onde Sanat Kumara estabeleceu o foco da *Chama Trina,* há milhares de anos, foi caracterizado por uma cúpula dourada e circundado por terraços, fontes jorrando chamas e sete templos — um para cada raio. Anualmente as pessoas percorriam muitos quilômetros para testemunhar *o fogo sagrado* físico e visível e levar para casa um pedaço de madeira consagrado por Sanat Kumara, para acender seus fogos ao longo do ano seguinte. Assim teve início a tradição do tronco de natal, comemorando o retorno ao fogo da cristicidade. O retiro físico de Shamballa foi retirado para a oitava etérica em épocas trevosas subsequentes.

Em 31 de dezembro de 1976, Gautama *Buda,* Hierarca de Shamballa e sucessor de Sanat Kumara, anunciou que os Estados Unidos são o local "para onde vamos transferir Shamballa". Ele disse: "Um dia transferiremos para cá esta cidade de *luz*. Ela será a implementação de um campo de força secundário, o aspecto Ômega de Shamballa, assim como o aspecto Alfa permanece posicionado onde está (...) no mar de luz de Gobi sobre o deserto de Gobi." O Senhor Gautama estabeleceu recentemente sua *Shamballa Ocidental* na oitava etérica, sobre o Retiro Interno próximo ao Parque Nacional de Yellowstone. Em 18 de abril de 1981, ele anunciou: "De Shamballa faço um arco de luz; Estabelecerei o solo do Ancião de Dias. (...) Nesta hora contemplo — observem bem — o arco da chama de Shamballa para o Retiro Interno como morada ocidental dos Budas, dos atuais e futuros *Bodhisattvas* — que são devotos da luz da Mãe."

(Ver Elizabeth Clare Prophet, *"The Message of the Inner Buddha"*, em *Pearls of Wisdom*, 1989, vol. 32, pp. 419-23.)

Shamballa ocidental *Ver* Shamballa.

Shiva Ver Brahma/Vishnu/Shiva.

Sol Central Um vórtice de energia, física ou espiritual, que se encontra no centro dos sistemas de mundos, de onde é impulsionado, ou que se revolve em torno de si mesmo por meio do magneto do sol central. Seja no *microcosmo* ou no *macrocosmo,* o sol central é a principal fonte de energia vórtice ou nexo de intercâmbio de energia nos átomos, células, no homem (o centro do coração), entre a vida vegetal e no centro da terra. O **Grande Sol Central,** também chamado de **Grande Centro,** é o centro do *cosmo*; ponto de integração do cosmo *Espírito-matéria.*

Ponto de origem de toda criação físico-espiritual; o núcleo, ou núcleo de fogo branco, do *ovo cósmico*. (A estrela divina, Sírio, é o foco do Grande Sol Central em nosso setor da galáxia.) O **Sol por trás do sol** é a causa espiritual por trás do efeito físico que vemos como nosso próprio sol físico e de todas as outras estrelas e sistemas estelares, visíveis ou invisíveis, incluindo o Grande Sol Central. O Sol por trás do sol do cosmo é percebido como o *Cristo cósmico* — a *palavra* através da qual o que não tem forma foi imbuído com forma, e mundos espirituais foram revestidos de forma física. Da mesma maneira, o Sol por trás do sol é o Filho de Deus individualizado no *Cristo pessoal*, reluzindo em todo seu esplendor por trás da *alma* e de seus invólucros interpenetrantes de consciência, chamados de *quatro corpos inferiores*. É o Filho do homem — o 'Sol' de toda manifestação de Deus. O Sol por trás do sol é citado como o "Sol da probidade" capaz de curar a mente, iluminar a alma e toda a sua casa, e, como a "glória de Deus", a *luz da Cidade Quadrangular*. (Mat. 4:2; Ap. 21:23.)

The Summit Lighthouse Uma organização externa da *Grande Fraternidade Branca*, fundada por Mark L. Prophet em 1958 em Washington D.C., sob a direção do *mestre Ascenso El Morya*, Chefe do *Conselho de Darjeeling*, com a finalidade de publicar e propagar os ensinamentos dos mestres Ascensos.

Trabalho sagrado O chamamento, modo de vida ou profissão particular por meio de que se estabelece o valor da *alma* tanto para si mesmo como para seus semelhantes.

Aperfeiçoa-se o trabalho sagrado desenvolvendo-se os próprios talentos concedidos por Deus, bem como os dons e as graças do *Espírito Santo,* e oferecendo-os no altar do serviço à humanidade. O trabalho sagrado não é apenas a contribuição que se dá à própria comunidade, mas o meio pelo qual a alma pode equilibrar a *Chama Trina* e passar nos testes dos *sete raios.* É um componente indispensável da senda de reunião com Deus, através da autodoação na vida prática *para* Deus.

Transfiguração Uma iniciação na senda da *ascensão,* ocorrida quando o iniciado alcançou um certo equilíbrio e expansão da *Chama Trina.*
(Mat. 17:1-8. Ver Jesus e Kuthumi, *Corona Class Lessons,* pp. 113-43.)

Tubo de luz A *luz* branca que desce do coração da *presença do* Eu sou em resposta ao chamado do homem, como um escudo protetor para seus *quatro corpos inferiores* e a evolução de sua *alma. Ver também* Imagem do seu Eu divino.

Uriel *Ver* Arcanjo.

Virgem cósmica A *Mãe* divina, especificamente em sua consciência imaculada *(consciência cósmica)* de nossa totalidade divina, mantida para o bem de todos—nós que somos os filhos de sua presença Solar, nadando em seu ventre cósmico. O Ômega cujo som "OM" conduz ao som sem som subjacente a toda a criação.

Vishnu *Ver* Brahma/Vishnu/Shiva.

Vitória *O Mestre Ascenso.* Mestre Venusiano cuja devoção à chama da vitória durante mais de cem mil anos concedeu-lhe autoridade sobre a chama, através das vastas amplitudes do *cosmo.* O poderoso Vitória foi um dos *Seres cósmicos* que responderam ao pedido de auxílio de *Saint Germain* para dar assistência cósmica à Terra na década de 30. Juntamente com ele, servem doze mestres cósmicos, além de legiões de *anjos e seres ascensos* que concentram a consciência da vitória de Deus e do sentimento de vitória em cada alma em evolução nos planos da matéria.

Zadquiel, Arcanjo *Arcanjo* do Sétimo *Raio;* concentra a consciência da liberdade de Deus em benefício das *almas* em evolução nos planos do *Espírito-matéria.* Juntamente com sua *chama gêmea,* a Arqueia Santa Ametista, Zadquiel ensina aos filhos da *luz* o domínio da chama da liberdade e do Sétimo Raio nos governos e economias das nações, na ciência da alquimia e no ritual da invocação. Zadquiel prepara-os para o sacerdócio na Ordem de Melquisedeque. *Retiro:* Templo da Purificação no *plano etérico,* acima de Cuba e das ilhas do Caribe.

Notas

LIVRO UM

Estudos sobre alquimia

Capítulo 1
1. Mateus 5:45
2. Mateus 11:12

Capítulo 2
1. João 2:1-11
2. I Pedro 4:18

Capítulo 3
1. Mateus 5:13
2. Gên. 19:26
3. II Tim. 2:15

Capítulo 4
1. Heb. 13:2
2. Heb. 12:1
3. Heb. 11:6
4. Amós 5:4
5. Mat. 19:26

Capítulo 5
1. Mat. 11:2-5
2. Êxod. 5:6-19
3. Mat. 16:19, 18:18
4. Lucas 22:42

Capítulo 6
1. Lev. 14:37
2. I Cor. 15:52
3. Marcos 8:22-26
4. Ap. 22:17
5. Mat. 9:16, 17

Capítulo 7
1. Gên. 1:3
2. Lucas 10:37
3. João 14:17; 15:26; 16:13
4. João 2:1-11
5. Mateus 14:15-21
6. II Cor. 7:1-3; II Reis 1:10, 12
7. Mat. 4:3, 4
8. Mat. 6:33
9. Heb. 11:1

Capítulo 8

1. Lucas 22:42
2. Mat. 10:34-36
3. Mat. 19:26
4. Ap. 10:9
5. Ap. 22:19

Capítulo 9

1. Francis Bacon, *Essays or Councils, Civil and Moral* (1625)
2. II Cor. 5:1
3. I Cor. 15:31
4. Efésios 4:22-24; Col. 3:9, 10
5. Julia Ward Howe: "Battle Hymn of the Republic", 5
6. II Cor. 5:17
7. Isa. 35:1
8. João 14:2
9. Oseias 8:7
10. João 1:9
11. Mat. 5:14; João 8:12; 9:5
12. I João l:7
13. João 8:11
14. Mat. 5:18
15. Heb. 10:27
16. Lucas 7:47
17. Salmos 3:6
18. II Cor. 6:2
19. Gên. 4:7
20. João 14:16, 26; 15:26
21. Salmos 2:7
22. Salmos 37:1, 2
23. Jer. 33:3
24. Mat. 6:6

LIVRO DOIS

Estudos intermediários sobre alquimia

Capítulo 1

1. Ap. 3:15, 16
2. Salmos 1:36
3. Salmos 2:7; Atos 13:33; Heb. 1:5, 5:5
4. Rom. 4; Jaime 2:23
5. Zac. 4:6
6. João 14:12
7. Atos 10:15
8. Mat. 21:42
9. Heb. 9:23
10. Mat. 6:33; Lucas 12:31

Capítulo 2

1. Gên. 1:26, 28
2. Lucas 21:19
3. Efésios 5:26

Capítulo 3

1. Destino: divindade estabelecida em você.
2. Prov. 22:6
3. O estabelecimento de uma fonte de luz cósmica sobre a cidade de Los Angeles foi anunciado pelo Grande Vigilante Silencioso na Conferência dos Anjos, em 21 de setembro de 1963, "por um período de cem anos ou enquanto permitir a

grande lei". Esta fonte etérica tripartida estende-se ao longo de quarenta e cinco quilômetros de diâmetro. O anel exterior é composto de uma fonte azul de fé cósmica que se eleva um quilômetro e meio acima da cidade; o anel seguinte, um quilômetro e meio no interior do azul, é uma fonte dourada de iluminação cósmica, com quarenta e cinco quilômetros de largura e dois quilômetros de altura; e no centro há uma fonte rósea de amor cósmico, com quarenta quilômetros de extensão e três quilômetros de altura. Após o anúncio, o poderoso Vitória disse: "Nós estamos fundando os alicerces esta noite, para a vitória cósmica da humanidade." Esta fonte de luz cósmica pode ser estabelecida pela hierarquia com o auxílio dos anjos devas e dos construtores da forma, onde quer que os estudantes invoquem com fé e visualizem a fonte descrita.

4. Salmos 23:1
5. Mat. 23:24
6. I Cor 15:54

Capítulo 4

1. Gên. 2:9; 3:24; Ap. 2:7; 22:2
2. Heb. 13:8
3. Mal. 6:33
4. Alfred Lorde Tennyson, "Sir Galahad", estrofe 1.

Capítulo 5

1. Gên. 3:22, 23
2. Êxodo 7:8-12
3. Heb. 12:1

Capítulo 6

1. Mat. 4:3
2. Webster's Seventh New Collegiate Dictionary define *noblesse oblige* (literalmente, a nobreza obriga) como "obrigação de um comportamento honrado, generoso e responsável, associado ao nascimento ou estirpe elevada"; isto é, os filhos de Deus, devido a seu nascimento e herança elevados, são obrigados a invocar a vontade de Deus e a praticar a ciência da alquimia de maneira altruísta, em prol de toda a humanidade.
3. Ver o Grande Diretor divino, "O Conceito de Mecanização", em Pearls of Wisdom, vol. 8 (1965), págs. 9-142, disponível também em brochura, The Soulless One (Los Angeles: Summit University Press, 1981).

4. João 10:10
5. I Cor. 15:51, 52

Capítulo 7
1. Mat. 5:1
2. Gên. 30:25-43
3. Mat. 6:1
4. Heb. 13:2
5. II Cor. 3:18
6. Mat. 21:1-7
7. Marcos 11:1-7

Capítulo 8
1. Ap. 12:1
2. Ap. 4:6,15:2
3. I Cor. 14:8
4. Mat. 3:17
5. Mat. 16:26
6. Mat. 10:16
7. Isaías 11:9
8. Atos 1:9, 11
9. Mat. 24:40
10. II Cor. 12:2
11. Êxodo 13:21

Capítulo 9
1. Saint Germain utiliza a expressão em seu sentido mais amplo, "qualquer prazer em ser ultrajado ou dominado" (Webster's Seventh New Collegiate Dictionary, v. "masoquismo").

2. Mat. 6:28, 29
3. I Cor. 9:26

Capítulo 10
1. Lucas 18:17
2. Gên. 2:17
3. Mat. 23:37
4. I Cor 2:9
5. Mat. 28:18
6. Gên. 3:24
7. I Cor. 15:47-50
8. Mat. 5:13
9. Saint Germain utiliza a palavra "senil" com o significado de proximidade do fim de uma época.
10. Inocência: sentido interior.

Capítulo 11
1. João 3:17
2. João 5:17
3. Mat 5:48
4. Marcos 10:32-34
5. Lucas 1:52

Capítulo 12
1. Mat. 24:22
2. Marcos 16:17
3. Ideação: EU SOU a divindade em ação.
4. Isaías 40:6-8
5. Mat. 14:15-21
6. João 6:19

Jesus Cristo e Saint Germain

1. Dan. 7:9, 13, 22
   2. Êxodo 3:13-15
   3. João 1:9
   4. Jer. 23:5, 6; 33:15, 16; Zac. 3:8; 6:12; Jer. 31:33, 34; Miq. 4:4.
   5. Ap. 3:4, 5; 6:9-11; 7:9, 13, 14; 19:14
   6. Hab. 2:3; João 8:32
   7. Ap. 12:17; 19:10
   8. Ap. 14:6
   9. Mat. 5:17
   10. João 14:6
   11. Isaías 11:9; Hab. 2:14

LIVRO TRÊS

Uma trilogia sobre a Chama Trina da vida

Capítulo 1
   1. Prov. 16:32
   2. Lucas 21:19
   3. Lorde Acton ao Bispo Mandell Creighton, 5 de abril de 1887, citado em John Bartlett, comp., e Emily Morison Beck, ed., *Familiar Quotations: A Collection of Passages, Phrases and Proverbs Traced To Their Sources in Ancient and Modern Literature*, 14ª edição, rev. (Boston: Little, Brown and Co., 1968), pág. 750.

4. II Pedro 1:19
   5. Gên. 1:16
   6. Col. 3:11; I Cor. 15:28; Gên. 1:26, 27

Capítulo 2
   1. Prov. 4:7
   2. Isaías 22:13; Lucas 12:19; I Cor. 15:32.
   3. Mateus 6:20
   4. Ap. 6:1-8
   5. Mat. 11:12
   6. Gên. 2:9; 3:24; Ap. 2:7.22:2,14.
   7. Pedir *Prayers, Meditations and Dynamic Decrees for the Coming Revolution in Higher Consciousness* — manual de invocações diárias ao fogo sagrado que podem ser usadas para comandar o fluxo do poder, sabedoria e amor de Deus através de seu coração para a transformação positiva da alquimia. Use fórmulas precisas da palavra para harmonizar e expandir sua Chama Trina, transmutar os registros de vidas passadas que frequentemente são a causa de problemas físicos e emocionais atuais, liberte-se de hábitos indesejáveis, e direcione a luz curativa de Deus para a essência e causa de problemas da comunidade, da nação e do mundo. Seções I, II e III, $2.95 cada.

8. Mat. 10:36

9. Mat. 13:24-30, 36-43

10. Refere-se ao livro de George Orwell, 1984, publicado em 1949 e transformado em filme em 1955 (produzido por N. Peter Rath von) e em 1984 (produzido por Simon Perry).

11. Mat. 7:20

12. Lucas 6:39

Capítulo 3

1. João 15:13

2. Ap. 3:16

3. Tiago 1:8, 4:8

4. Ap. 3:12

5. Lucas 23:34

6. Gên. 3:24

7. Isaías 55:8

8. Salmos 61:2

9. I João 4:20

10. I João 4:21

11. II Cor. 5:6

12. I João 4:18

13. I João 4:18

14. Heb. 11:6

15. João 21:6

16. I João 5:7

17. João 3:16

18. I João 4:7

19. Tiago 1:21

20. Êxodo 28:36; Zac. 14:20, 21

21. I João 4:16

22. I João 4:17

23. Mat. 25:21, 23

24. Gên. 17; 18:9-15; 21:1-8; Juízes 13; I Sam. 1; Lucas 1.

25. Lucas 16:8

26. Heb. 13:1

27. Gên. 2:18

28. Gên. 22:17

29. Rom. 12:6-8; I Cor. 12:28; Ef. 4:1-12

30. Jo. 13:34-35

31. Jo. 15:13-14

32. Lc. 23:34

33. Jo. 8:32

34. Mt. 9:27-29

35. Lc. 8:45-46

36. Heb. 12:6

37. Apoc. 3:12; Apoc. 21:16; Apoc. 22:1-2

SUMMIT UNIVERSITY

Aplique os ensinamentos de santos e sábios do Oriente e do Ocidente aos desafios da vida moderna

Summit University possui tudo que você poderia esperar de um retiro espiritual. Localizada no lindo Rancho do Royal Teton no sudoeste de Montana no coração das Montanhas Rochosas, a Summit University lhe oferece a chance de se desligar do barulho e da poluição, da rotina e preocupações diárias. Aqui, pessoas de todas as idades e estilos de vida se juntam para uma comunhão com Deus. Elas experimentam a alegria da renovação física, mental e espiritual através do estudo, da oração e da meditação, de uma dieta equilibrada de alimentos integrais e da comunhão com a natureza.

Mas a Summit University é mais do que apenas um retiro espiritual. É uma oportunidade sem precedentes para estudar as sendas místicas das religiões do mundo da forma como são ensinadas pelos mestres Ascensos e sua mensageira. Aqui você poderá aprender a aplicar os princípios demonstrados pelos profetas, santos e adeptos do Oriente e Ocidente, para desenvolver o potencial interior do seu Eu Criativo e lidar efetivamente com os desafios da vida moderna.

Os Mestres Ascensos são parte de uma ordem espiritual de Santos do Ocidente e mestres do Oriente conhecida como a Grande Fraternidade Branca. (O termo "branca" não se refere à raça, mas sim à aura de luz branca que rodeia esses imortais.) Eles são nossos irmãos e irmãs mais velhos na senda da cristicidade pessoal que se formaram na escola da Terra e ascenderam, como fez Jesus no final de sua missão terrestre. Na Summit University os mestres Ascensos oferecem seu Ensinamento àqueles que desejam seguir seus passos em direção à Fonte daquela realidade que eles se tornaram.

Fundada em 1971 sob a direção dos mensageiros Mark L. Prophet e Elizabeth Clare Prophet, a Summit University oferece um retiro de oito semanas a cada verão. Quando ela começa, a sua autopercepção é centrada no eu e quando termina a sua autopercepção é divina. Você pode experimentar um renascimento diário enquanto, nas palavras do apóstolo Paulo, você "se despoja do homem velho", sendo "renovado no espírito da sua mente" e "se reveste do novo homem, que, segundo Deus, é criado em verdadeira justiça e santidade".

Summit University o prepara para trilhar a senda da reunião com Deus. Trabalhando com este objetivo, você vai aprender como aplicar as sagradas escrituras do Oriente e do Ocidente à sua própria senda de discipulado. E você explorará os ensinamentos de Jesus Cristo, Gautama Buddha, Lao Zi e Confúcio, assim como os ensinamentos do Hinduísmo, da Cabala e de outras tradições espirituais.

Aprenda como purificar a aura e usar orações, mantras e meditações para solucionar problemas pessoais e planetários

A Summit University possui um currículo singular. Aqui você estudará técnicas para autotransformação que poderá usar para viver a vida em sua plenitude. Aprenderá exercícios para purificar e proteger sua aura e os chakras. Aprenderá a usar a astrologia e o relógio cósmico para demarcar os ciclos do karma e da sua psicologia pessoal. Através do estudo do karma e da reencarnação, você irá adquirir noções amplas e profundas a respeito dos testes kármicos por que todos devem passar na senda que escolheram.

Os cursos também incluem instruções detalhadas sobre como utilizar a ciência da palavra falada e chama violeta do Espírito Santo para transmutar karma negativo, causa das doenças e da poluição ambiental. E você aprenderá a usar orações, mantras e meditações, decretos dinâmicos e visualizações para invocar a intercessão de Deus a fim de solucionar problemas pessoais, comunitários e planetários.

A Summit University também oferece os ensinamentos da Mãe divina do Oriente e do Ocidente, incluindo Kuan Yin e Maria, com instruções sobre as chamas gêmeas e como utilizar os ensinamentos dos mestres Ascensos para atender às necessidades práticas pessoais e da sociedade. Ensinamentos e meditações do Buda transmitidos por Gautama, Maitreya e os Bodhisattvas do Oriente e Ocidente são alguns dos destaques da experiência na Summit University.

Auxiliado por profissionais na área médica, você vai aprender a pôr em prática algumas das antigas artes de cura que podem ajudar a alma a se reintegrar com seu padrão interior. Entre estas estão o realinhamento através da alimentação balanceada, cozinha macrobiótica e alternativas naturais. Aulas de hatha yoga também fazem parte do currículo.

Durante os rituais de fim de semana você ouvirá palestras e decretos dos mestres transmitidos através dos mensageiros (ao vivo ou em vídeo). Durante um serviço de cura que acontece no meio da semana, a mensageira ou os ministros oferecem invocações para os enfermos e para a cura das nações. Outros serviços incluem canções e hinos para a Mãe Abençoada em prol da paz mundial.

Os padrões acadêmicos da Summit University enfatizam o domínio das habilidades básicas da comunicação, tanto oral quanto escrita. A Summit prepara os estudantes para se matricularem em cursos de nível universitário em escolas respeitadas e para seguirem carreira como membros construtivos da comunidade internacional.

A Summit University também oferece treinamento para o "Exército de Alfabetização", a solução do mestre Ascenso El Morya para o alarmante crescimento do analfabetismo. Você estudará métodos de leitura baseados em fonética que vão capacitá-lo a auxiliar crianças e adultos de qualquer idade a aprender a ler, escrever e soletrar.

Uma comunidade espiritual no Rancho do Royal Teton

A Summit University é parte integral da Comunidade do Espírito Santo localizada no Rancho do Royal Teton no sudoeste de Montana. Nesta comunidade espiritual, antigas verdades se tornam a alegria da vida diária numa fraternidade de almas afins, unidas para o cumprimento de sua missão.

O Rancho do Royal Teton é a sede internacional da Igreja universal e Triunfante, da Summit Lighthouse, Montessori Internacional, Henry Wadsworth Longfellow Academy e Summit University Press. Elizabeth Clare Prophet faz do Rancho Royal do Teton sua casa e base de operações. Buscadores da verdade vêm ao rancho para fazer retiro, meditar, comungar com a natureza ou participar da vida comunitária com cerca de 600 residentes permanentes. As atividades incluem agricultura orgânica, pecuária, publicação dos ensinamentos dos mestres Ascensos e o aprendizado da arte da cozinha macrobiótica.

Montessori Internacional é o lugar preparado no Rancho do Royal Teton para o ensino das almas dos jovens buscadores na senda. Esta escola particular para crianças do primeiro grau foi fundada em 1970 por Mark e Elizabeth Prophet. A escola preserva os padrões de excelência acadêmica, assim como a verdadeira educação do coração, para o desenvolvimento do Eu Interior da criança. Montessori Internacional se dedica aos princípios educacionais instituídos pela Dra. Maria Montessori e os mestres Ascensos. Os programas da Montessori Internacional também incorporam técnicas efetivas desenvolvidas por Glenn Doman, Romalda Spalding e Anna Ingham.

Para aqueles que desejam se tornar professores montessorianos de crianças entre dois e sete anos, a Summit University patrocina um Curso de Treinamento para Professsores Montessorianos que oferece um estudo profundo de seus princípios e aplicações em casa e na sala de aula. Este curso é ministrado por Professores mestres treinados pela Dra. Elisabeth Caspari, antiga aluna da Dra. Montessori.

Para aqueles que frequentam a Summit University Nível II, o foco é a educação do coração, da alma, da mente e do

461

espírito, assim como a cura da criança interior. Para facilitar a cura da alma, eles combinam seus estudos espirituais com o estudo dos métodos de Maria Montessori e outros pioneiros da educação. Através do estudo da educação na primeira infância, eles aprendem a ensinar e a recuperar os pontos perdidos de seu próprio corpo e desenvolvimento.

Para informações sobre a Summit University, Montessori Internacional, conferências e seminários, biblioteca dos mestres Ascensos e o Grupo de Estudo mais próximo de você, telefone ou escreva para o Summit Lighthouse do Brasil: Rua Machado de Assis, 252, Vila Mariana, São Paulo — SP, CEP 04106-000. Tel. (11)5539-1356, e-mail: summit@summit.org.br

Recebendo sua autoridade e patrocínio do Espírito Santo, dos santos e do chamamento de Deus a seus mensageiros, Summit University não fornece certificados e não busca nem espera reconhecimento oficial. Os cursos e estudos descritos acima não são ministrados com vistas a um credenciamento educacional. Summit University e Montessori Internacional não discriminam raça, cor, sexo, origem étnica ou nacional em sua política de admissão, programas e atividades.

Este livro foi composto na tipografia Minion Pro,
em corpo 11,5/15, e impresso em papel off-white
no Sistema Cameron da Divisão Gráfica da
Distribuidora Record.